제1장

품질경영 시스템 요구사항

(KS Q ISO 9001:2015)

KB160209

0. 개요

이 표준은 2015년 제5판으로 발행된 ISO9001, Quality management systems -Requirements 를 기초로 기술적 내용 및 대응국제표준의 구성을 변경하지 않고 작성한 한국산업표준이다.

0.1 일반사항

품질경영시스템의 도입은 조직의 전체적인 성과를 개선하고, 지속 가능한 발전 계획(initiative)을 위한 건실한 기반을 제공하는 데 도움이 될 수 있는 전략적 의사결정이다.

이 표준을 기반으로 한 품질경영시스템의 실행이 조직에 미치는 잠재적 이점은 다음과 같다.

a) 고객 요구사항, 그리고 적용되는 법적 및 규제적 요구사항에 적합한 제품 및 서비스를 일관되게 제공할 수 있음
b) 고객만족을 증진하기 위한 기회를 촉진함
c) 조직의 상황 및 목표와 연관된 리스크와 기회를 다룸
d) 규정된 품질경영시스템 요구사항에 적합함을 실증할 수 있음

이 표준은 내부 및 외부 당사자에 의해 활용될 수 있다.

이 표준은 다음과 같은 필요성(need)을 나타내려고 의도된 것은 아니다.

· 상이한 품질경영시스템의 구조 통일화
· 이 표준의 조항 구조에 따른 문서화의 정렬
· 조직 내에서 이 표준의 특정 용어 사용

이 표준에서 규정된 품질경영시스템 요구사항은 제품 및 서비스에 대한 요구사항과 상호 보완적이다.

이 표준은 계획·실행·검토·조치(PDCA) 사이클과 리스크기반 사고가 포함된 프로세스 접근법을 활용한다. 프로세스 접근법을 통하여 조직은 프로세스들과 그 상호 작용을 계획할 수 있다. PDCA 사이클을 통하여 조직은 프로세스에 충분한 자원이 제공되어 관리되는 것과, 개선 기회가 파악되어 조치되는 것을 보장할 수 있다.

리스크 기반 사고를 통하여 조직은 프로세스와 품질경영시스템이 계획된 결과로부터 벗어나게 하는 요인을 정할 수 있고, 부정적인 영향을 최소화하는 예방관리를 시행할 수 있으며, 기회가 있으면 기회를 최대한 활용할 수 있다.

요구사항을 일관되게 충족시키고, 미래의 니즈와 기대를 다루는 일은, 점점 더 역동적이고 복잡한 환경에서 조직에게 도전이 된다. 이 목표를 달성하기 위하여, 조직은 시정과 지속적 개선에 추가하여 획기적인 변화, 혁신 및 조직 개편과 같이 다양한 형태의 개선을 채택하는 것이 필요하다는 것을 알게 될 것이다.

이 표준에서 다음과 같은 조동사 형태가 사용된다.

· "하여야 한다(shall)"는 요구사항을 의미한다.
· "하는 것이 좋다/하여야 할 것이다(should)"는 권고사항을 의미한다.
· "해도 된다(may)"는 허용을 의미한다.
· "할 수 있다(can)"는 가능성 또는 능력을 의미한다.

"비고"로 표기된 정보는 관련된 요구사항을 이해하거나 명확히 하기 위한 가이던스(guidance)다.

0.2 품질경영원칙

이 표준은 ISO 9000에 기술된 품질경영원칙을 기반으로 한다. 기술 내용에는 각 원칙의 설명, 품질경영원칙이 조직에 왜 중요한가에 대한 논리적 근거, 품질경영원칙에 연관된 이점의 몇 가지 사례, 그리고 품질경영원칙을 적용할 때에 조직의 성과를 개선하기 위한 대표적 활동의 사례가 포함된다.

품질경영원칙은 다음과 같다.

· 고객중시
· 리더십
· 인원의 적극참여
· 프로세스 접근법
· 개선
· 증거기반 의사결정
· 관계관리/관계경영

0.3 프로세스 접근법

0.3.1 일반사항

이 표준은 고객 요구사항을 충족함으로써 고객만족을 증진시키기 위하여, 품질경영시스템의 효과성을 개발, 실행 및 개선시키고자 할 때 프로세스 접근법의 채택을 권장한다. 프로세스 접근법의 채택에 필수적으로 고려되어야 할 특정 요구사항은 4.4에 포함되어 있다.

상호 관련된 프로세스를 하나의 시스템으로 이해하고 관리하는 것은, 조직이 의도한 결과를 달성하는 데 있어서 조직의 효과성과 효율성에 기여한다. 이 접근법을 통하여, 조직은 시스템의 프로세스 간 상호 관련성과 상호 의존성을 관리할 수 있으므로, 조직의 전반적인 성과가 증진될 수 있다.

조직의 품질방침과 전략적 방향에 따라 의도한 결과를 달성하기 위하여, 프로세스 접근법에는 프로세스의 체계적인 정의와 관리, 그리고 프로세스의 상호 작용이 포함된다. 프로세스와 전체적인 시스템의 관리는, 기회의 이점 활용과 바람직하지 않은 결과의 예방을 목표로 하는 리스크 기반 사고(0.3.3 참조)에 전반적인 중점을 두고, PDCA 사이클(0.3.2 참조)을 활용함으로써 달성될 수 있다.

품질경영시스템에서 프로세스 접근법을 적용하면, 다음 사항이 가능하다.

a) 요구사항 충족의 이해와 일관성
b) 가치부가 측면에서 프로세스의 고려
c) 효과적인 프로세스 성과의 달성
d) 데이터와 정보의 평가에 기반을 둔 프로세스의 개선

그림 1은 모든 프로세스의 도식적 표현이며, 프로세스 요소의 상호 작용을 보여준다. 관리(control)를 위해 필요한 모니터링과 측정의 점검항목은 각 프로세스에 따라 독특하고, 관련된 리스크에 따라 달라질 것이다.

[그림 1] 단일 프로세스의 요소에 대한 도식적 표현

0.3.2 계획·실행·검토·조치 사이클

PDCA(Plan·Do·Check·Act) 사이클은 모든 프로세스와 품질경영시스템 전체에 적용될 수 있다. 그림 2는 4절에서 10절까지가 PDCA 사이클과 관련하여 어떻게 그룹을 이룰 수 있는지를 보여준다.

PDA 사이클은 개략적으로 다음과 같이 기술될 수 있다.

· 계획(Plan): 시스템과 프로세스의 목표 수립, 그리고 고객 요구사항과 조직의 방침에 따른 결과를 인도하기 위하여, 그리고 리스크와 기회를 식별하고 다루기 위하여 필요한 자원의 수립
· 실행(Do): 계획된 것의 실행
· 검토(Check): 방침, 목표, 요구사항 및 계획된 활동에 대비하여, 프로세스와 그 결과로 나타나는 제품 및 서비스에 대한 모니터링과 측정(해당되는 경우), 그리고 그 결과의 보고
· 조치(Act): 필요에 따라 성과를 개선하기 위한 활동

비고 괄호 안의 숫자는 이 표준의 각 절을 의미한다.

[그림 2] PDCA 사이클에서 이 표준의 구조 표현

0.3.3 리스크기반 사고

리스크기반 사고는 효과적인 품질경영시스템을 달성하기 위하여 필수적이다. 리스크기반 사고의 개념은 이 표준의 이전 판에 내포되어 있다. 예를 들면, 잠재적 부적합을 제거하기 위한 예방조치의 수행, 발생하는 모든 부적합의 분석, 그리고 부적합의 영향에 적절한 재발방지 조치를 포함한다.

이 표준의 요구사항에 적합하도록, 조직은 리스크와 기회를 다루기 위한 조치를 계획하고 실행할 필요가 있다. 리스크와 기회 모두를 다루는 것은, 품질경영시스템의 효과성 증진, 개선된 결과 달성 및 부정적 영향 예방을 위한 기반을 확립하는 것이다.

기회는 의도한 결과를 달성하기에 유리한 상황(situation)의 결과로 나타날 수 있는데, 예를 들면, 조직이 고객을 유치하고, 새로운 제품 및 서비스를 개발하며, 낭비를 감소시키거나 생산성을 개선하도록 하는 상황(circumstance)의 집합이다. 기회를 다루기 위한 조치에는 연관된 리스크의 고려도 포함될 수 있다. 리스크는 불확실성의 영향이며, 그러한 모든 불확실성은 긍정적 또는 부정적 영향을 가져올 수 있다. 리스크로부터 발생되는 긍정적인 변경(deviation)은 기회를 제공할 수 있으나, 리스크의 모든 긍정적인 영향이 기회로 되는 것은 아니다.

0.4 다른 경영시스템 표준과의 관계

이 표준은 경영시스템을 위한 표준 간의 정렬을 개선하기 위하여 ISO에서 개발된 틀을 적용한다.
이 표준을 통하여 조직은 PDCA 사이클과 리스크기반 사고에 연계된 프로세스 접근법을 사용할 수 있고, 조직의 경영시스템을 기타 경영시스템 표준의 요구사항과 정렬하거나 통합할 수 있다.

이 표준은 KS Q ISO 9000과 KS Q ISO 9004에 다음과 같이 관련된다.

· KS Q ISO 9000(품질경영시스템 : 기본사항과 용어)은 이 표준의 올바른 이해와 실행을 위한 필수적인 배경을 제공한다.
· KS Q ISO 9004(조직의 지속적인 성공을 위한 경영 : 품질경영 접근법)는 이 표준의 요구사항을 넘어서는 발전을 선택한 조직을 위한 가이던스를 제공한다.

이 표준에는, 환경경영, 안전보건경영 또는 재무경영과 같은 기타 경영시스템의 특정 요구사항이 포함되지 않는다.

이 표준의 요구사항을 기반으로 하는 특정부문(sector·specific)의 품질경영시스템 표준이 여러 부문을 위하여 개발되어 왔다. 이중 몇몇 표준은 추가적인 품질경영시스템 요구사항을 규정하는 반면, 나머지 표준은 특별한 부문 내에서 이 표준의 적용에 대한 가이던스를 제공하는 것으로 한정된다.

1. 적용범위

이 표준은 다음과 같은 경우, 조직의 품질경영시스템에 대한 요구사항을 규정한다.

a) 조직이, 고객 요구사항과 적용되는 법적 및 규제적 요구사항을 충족하는 제품 및 서비스를 일관성 있게 제공하는 능력을 실증할 니즈가 있는 경우
b) 조직이, 시스템 개선을 위한 프로세스를, 그리고 고객 요구사항과 적용되는 법적 및 규제적 요구사항에 적합함을 보증하기 위한 프로세스를 포함하는, 시스템의 효과적인 적용을 통하여 고객만족을 증진시키고자 하는 경우

이 표준의 모든 요구사항은 일반적이며, 조직의 형태, 규모 또는 제공되는 제품 및 서비스에 관계없이 모든 조직에 적용될 수 있다.

비고 1 이 표준에서 "제품" 또는 "서비스"라는 용어는 고객을 위해 의도되거나, 고객에 의해 요구된 제품 및 서비스에만 적용된다.
비고 2 법적 및 규제적 요구사항은 법률적(legal) 요구사항으로도 표현될 수 있다.

2. 인용표준

다음의 인용표준은 전체 또는 부분적으로 이 표준의 적용을 위해 필수적이다. 발행연도가 표기된 인용표준은 인용된 판만을 적용한다. 발행연도가 표기되지 않은 인용표준은 최신판(모든 추록을 포함)을 적용한다.

3. 용어와 정의

이 표준의 목적을 위하여 KS Q ISO 9000:2015에 제시된 용어와 정의를 적용한다.

3.1 사람 관련 용어

3.1.1 최고경영자 / 최고경영진(top management)

최고 계층에서 조직을 지휘하고 관리하는 사람 또는 그룹

비고 1 최고경영자는 조직 내에서 권한을 위임하고 자원을 제공하는 힘을 가진다.

비고 2 경영시스템의 적용범위가 단지 조직의 일부만을 포함하는 경우, 조직의 그 일부분을 지휘하고 관리하는 사람들을 최고경영자로 부를 수 있다.

비고 3 이 용어와 정의는 ISO/IEC Directives, 제1부의 통합 ISO 보충판의 부속서 SL에 제시된 ISO 경영시스템 표준을 위한 공통 용어와 핵심 정의 중의 하나이다.

3.1.2 품질경영시스템 컨설턴트(quality management system consultant)

자문 또는 정보 제공으로 품질경영시스템 실현에 대해 조직을 지원하는 사람

비고 1 품질경영시스템 컨설턴트는 품질경영시스템의 일부를 실현하는 데에도 지원할 수 있다.
비고 2 KS Q ISO 10019:2011는 역량이 없는 품질경영시스템 컨설턴트와 역량 있는 컨설턴트를 어떻게 구분
하는지에 대한 지침을 제공해 준다.

3.2 조직 관련 용어

3.2.1 조직(organization)

조직의 목표 달성에 대한 책임, 권한 및 관계가 있는 자체의 기능을 가진 사람 또는 사람의 집단

비고 1 조직의 개념은 다음을 포함하나 이에 국한되지 않는다. 개인사업자, 회사, 법인, 상사, 기업, 당국, 파트
너십, 협회, 자선단체 또는 기구, 혹은 이들이 통합이든 아니든 공적이든 사적이든 이들의 일부 또는
조합
비고 2 이 용어와 정의는 ISO/IEC Directives, 제1부의 통합 ISO 보충판의 부속서 SL에 제시된 ISO 경영시스
템 표준을 위한 공통 용어와 핵심 정의 중의 하나이다.

3.2.2 조직상황(context of the organization)

조직의 목표 달성과 개발에 대한 조직의 접근법에 영향을 줄 수 있는 내부 및 외부 이슈의 조합

비고 1 조직의 목표는 조직의 제품과 서비스, 투자, 그리고 조직의 이해관계자를 향한 행동양식과 관련이 있
을 수 있다.
비고 2 조직상황에 관한 개념은 이익 추구를 위한 것이므로, 비영리 또는 공공 서비스 조직과 동일하게 적
용 가능하다.
비고 3 영어에서, 이 개념은 종종 "사업환경", "조직환경" 또는 "조직의 에코시스템"과 같은 다른 용어로 언급
되기도 한다.
비고 4 기반구조를 이해하는 것은 조직상황을 정의하는데 도움이 될 수 있다.

3.2.3 이해관계자(interested party) 이해당사자(stakeholder)

의사결정 또는 활동에 영향을 줄 수 있거나, 영향을 받을 수 있거나 또는 그들 자신이 영향을 받는다는 인식을 할 수 있는 사람 또는 조직

보기 고객, 소유주, 조직 내 인원, 공급자, 금융인, 규제당국, 노동조합, 파트너 또는 경쟁자 또는 반대 입장의 압력집단을 포함하는 사회

비고 이 용어와 정의는 ISO/IEC Directives, 제1부의 통합 ISO 보충판의 부속서 SL에 제시된 ISO 경영시스템 표준을 위한 공통 용어와 핵심 정의 중의 하나이다. 본래의 정의는 보기가 추가됨으로써 변경되었다.

3.2.4 고객(customer)

개인 또는 조직을 위해 의도되거나 그들에 의해 요구되는 제품 또는 서비스를 받을 수 있거나 제공받는 개인 또는 조직

보기 소비자, 고객, 최종 사용자, 소매업자, 내부 프로세스로부터의 제품 또는 서비스 수령자, 수혜자 및 구매자

비고 고객은 조직의 내부 또는 외부가 될 수 있다.

3.3 활동 관련 용어

3.3.1 개선(improvement)

성과를 향상시키기 위한 활동

비고 활동은 반복될 수 있거나 한 번일 수 있다.

3.3.2 지속적 개선(continual improvement)

성과를 향상시키기 위하여 반복하는 활동

비고 1 목표를 수립하고 개선을 위한 기회를 찾는 프로세스는 심사발견사항 및 심사 결론, 데이터 분석, 경

영 검토 또는 다른 수단의 활용을 통한 지속적인 프로세스이며, 일반적으로 시정조치 또는 예방조치로 이르게 한다.

비고 2 이 용어와 정의는 ISO/IEC Directives, 제1부의 통합 ISO 보충판의 부속서 SL에 제시된 ISO 경영시스템 표준을 위한 공통 용어와 핵심 정의 중의 하나이다.

3.3.3 품질경영(quality management)

품질에 관한 경영

비고   품질경영에는 품질방침과 품질목표의 수립, 그리고 품질기획, 품질보증, 품질관리 및 품질개선을 통해서 이러한 품질목표를 달성하기 위한 프로세스의 수립이 포함될 수 있다.

3.4 프로세스 관련 용어

3.4.1 프로세스(process)

의도된 결과를 만들어 내기 위해 입력을 사용하여 상호 관련되거나 상호 작용하는 활동의 집합

비고 1 프로세스의 "의도된 결과"는 출력, 제품 또는 서비스 중 무엇인지는 내용의 문맥에 따른다.
비고 2 프로세스에 대한 입력은 일반적으로 다른 프로세스의 출력이고, 프로세스의 출력은 일반적으로 다른 프로세스의 입력이다.
비고 3 연속된 둘 또는 그 이상의 상호 관련되거나 상호 작용하는 연속되는 프로세스도 하나의 프로세스로 볼 수 있다.
비고 4 조직의 프로세스는 가치를 부가하기 위하여, 일반적으로 관리된 조건하에서 계획되고 수행된다.
비고 5 결과로 산출된 출력의 적합성이 즉시, 또는 경제적으로 실현성을 확인할 수 없는 프로세스를 흔히 "특별 프로세스"라고 한다.
비고 6 이 용어와 정의는 ISO/IEC Directives, 제1부의 통합 ISO 보충판의 부속서 SL에 제시된 ISO 경영시스템 표준을 위한 공통 용어와 핵심 정의 중의 하나이다.

본래의 정의는 변경되었으며 프로세스와 출력에 대한 정의 간의 애매함을 방지하기 위해 비고 1 ~ 비고 5가 추가되었음

3.4.2 절차(procedure)

활동 또는 프로세스를 수행하기 위하여 규정된 방식

비고   절차는 문서화될 수도 있고 문서화되지 않을 수도 있다.

3.4.3 설계 및 개발(design and development)

대상에 대한 요구사항을 보다 상세한 요구사항으로 변환시키는 프로세스의 집합

비고 1 설계 및 개발의 입력사항을 구성하는 요구사항은 흔히 연구조사 결과이며, 설계 및 개발의 출력을 구성하는 요구사항보다 넓고 더 일반적인 의미로 표현될 수 있다. 요구사항은 일반적으로 특성에 따라 정의된다. 프로젝트에는 여러 개의 설계 및 개발 단계가 있을 수 있다.

비고 2 영어에서 "설계", 그리고 "개발"이라는 단어와 "설계 및 개발"이라는 용어는 때로는 동의어로 사용되고, 때로는 전체 설계 및 개발의 상이한 단계를 규정하는 데 사용되기도 한다.

비고 3 설계 및 개발되고 있는 것의 성격을 나타내는 수식어가 적용될 수 있다(예: 제품 설계 및 개발, 서비스 설계 및 개발 또는 프로세스 설계 및 개발).

3.5 시스템 관련 용어

3.5.1 시스템(system)

상호 관련되거나 상호 작용하는 요소들의 집합

3.5.2 경영시스템(management system)

방침과 목표를 수립하고 그 목표를 달성하기 위한 프로세스를 수립하기 위한, 상호 관련되거나 상호 작용하는 조직 요소의 집합

비고 1 경영시스템은 예를 들면, 품질경영, 재무경영 또는 환경경영 등 단일 또는 다수의 분야를 다룰 수 있다.

비고 2 경영시스템 요소는 조직의 구조, 역할과 책임, 기획, 운영, 방침, 관행, 규칙, 신념, 목표, 그리고 이들 목표를 달성하기 위한 프로세스 등을 수립한다.

비고 3 경영시스템의 적용범위는 조직 전체, 조직의 특정한, 그리고 파악된 기능. 조직의 특정한, 그리고 파

악된 부문, 또는 조직 그룹 전체에 있는 하나 또는 그 이상의 기능을 포함할 수 있다.

비고 4 이 용어와 정의는 ISO/IEC Directives, Part1에 통합된 ISO 부록판의 부속서 SL에 제시된 ISO 경영시스템 표준을 위한 공통 용어와 핵심 정의 중의 하나이다.

본래의 정의에서 비고 1~비고 3이 변경되었다.

3.5.3 품질경영시스템(quality management system)

품질에 관한 경영시스템의 일부

3.5.4 방침(policy)

〈조직〉 최고경영자에 의해 공식적으로 표명된 조직의 의도 및 방향

비고   이 용어와 정의는 ISO/IEC Directives, 제1부의 통합 ISO 보충판의 부속서 SL에 제시된 ISO 경영시스템 표준을 위한 공통 용어와 핵심 정의 중의 하나이다.

3.5.5 품질방침(quality policy)

품질에 관한 방침

비고 1 일반적으로 품질방침은 조직의 전반적인 방침과 일관성이 있어야 하고, 조직의 비전과 미션에 정렬될 수 있으며, 품질목표를 설정하기 위한 틀을 제공한다.

비고 2 이 표준에 제시된 품질경영원칙은 품질방침의 수립을 위한 토대가 될 수 있다.

3.6 요구사항 관련용어

3.6.1 부적합 (nonconformity)

요구사항의 불충족

비고   이 용어와 정의는 ISO/IEC Directives, 제1부의 통합 ISO 보충란의 부속서 SL에 제시된 ISO 경영시스템 표준을 위한 공통용어와 핵심 정리 중의 하나이다.

3.7 결과 관련 용어

3.7.1 목표(objective)

달성되어야 할 결과

비고 1 목표는 전략적, 전술적, 또는 운영적일 수 있다.

비고 2 목표는(예를 들면, 재무, 안전보건, 그리고 환경목표) 다른 분야와 관련될 수 있고, 상이한 계층 (예를 들면, 전략적, 조직·전반, 프로젝트, 제품, 그리고 프로세스)에 적용될 수 있다.

비고 3 목표는 다른 방식, 예를 들면, 품질목표로서 의도된 결과(outcome), 목적, 운영기준으로, 또는 비슷한 의미를 갖는 다른 용어(예: 목표(aim), 목표(goal), 세부목표(target))의 사용에 의해 표현될 수 있다.

비고 4 품질경영시스템 맥락에서 특정결과를 달성하기 위해서는, 품질목표는 조직에 의해서 수립되고, 품질방침과 일관성이 있다.

비고 5 이 용어와 정의는 ISO/IEC Directives, 제1부의 통합 ISO 보충판의 부속서 SL에 제시된 ISO 경영시스템 표준을 위한 공통 용어와 핵심 정의 중의 하나이다.

본래의 정의는 비고 2를 추가함으로써 변경되었다.

3.8 데이터, 정보 및 문서 관련 용어

3.8.1 데이터(data)

대상에 관한 사실

3.8.2 정보(information)

의미 있는 데이터

3.8.3 객관적 증거(objective evidence)

사물의 존재 또는 사실을 입증하는 데이터

비고 1 객관적 증거는 관찰, 측정, 시험, 또는 다른 수단을 통해 얻어질 수 있다.

비고 2 심사 목적을 위한 객관적 증거는 일반적으로 심사기준에 관련되고, 검증 가능한 기록, 사실의 진술 또는 다른 정보로 구성되어 있다.

3.8.4 정보시스템(information system)

〈품질경영시스템〉 조직 내에서 사용되는 의사소통 채널의 네트워크

3.8.5 문서(document)

정보 및 정보가 포함된 매체

보기 기록, 시방서, 절차문서, 도면, 보고서, 표준

비고 1 매체는 종이, 자기, 전자 또는 광학 컴퓨터 디스크, 사진이나 한도견본 또는 그것의 조합이 될 수 있다.
비고 2 예를 들면, 시방서 및 기록과 같은 일련의 문서를 종종 "문서류"라 칭한다.
비고 3 어떤 요구사항(예: 읽을 수 있어야 하는 요구사항)은 모든 형태의 문서에 관련된다. 그러나 시방서(예: 개정관리가 되어야 하는 요구사항)와 기록(예: 검색 가능해야 하는 요구사항) 에 대한 요구사항은 다를 수 있다.

3.8.6 문서화된 정보(documented information)

조직에 의해 관리되고 유지되도록 요구되는 정보 및 정보가 포함되어 있는 매체

비고 1 문서화된 정보는 어떠한 형태 및 매체일 수 있으며 어떠한 출처로부터 올 수 있다.
비고 2 문서화된 정보는 다음으로 언급될 수 있다.

· 관련 프로세스를 포함하는 품질경영시스템
· 조직에서 운영하기 위해서 만든 정보(문서화)
· 달성된 결과의 증거(기록)

비고 3 이 용어와 정의는 ISO/IEC Directives, 제1부의 통합 ISO 보충판의 부속서 SL에 제시된 ISO 경영시스템 표준을 위한 공통 용어와 핵심 정의 중의 하나이다.

3.9 고객 관련 용어

3.9.1 고객만족(customer satisfaction)

고객의 기대가 어느 정도까지 충족되었는지에 대한 고객의 인식

비고 1 제품 또는 서비스가 인도될 때까지 고객의 기대가 조직, 또는 해당 고객 자신에게조차 알려지지 않을 수 있다. 명시되지도 않고 일반적으로 암시 또는 강제되지 아니 할지라도 높은 고객만족을 달성하는 것이 고객의 기대를 충족시키는 데 필요할 수 있다.

비고 2 불만은 낮은 고객만족의 공통 지표지만 그 부재가 반드시 높은 고객 만족을 암시하지는 않는다.

비고 3 고객 요구사항이 고객과 합의되고 충족되었다 할지라도, 이것이 반드시 높은 고객만족을 암시하지는 않는다.

3.10 특성 관련 용어

3.10.1 역량/적격성(competence)

의도된 결과를 달성하기 위해 지식 및 스킬을 적용하는 능력

비고 1 입증된 역량은 때로는 자격인정이라고 언급된다.

비고 2 이 용어와 정의는 ISO/IEC Directives, 제1부의 통합 ISO 보충판의 부속서 SL에 제시된 ISO 경영시스템 표준을 위한 공통 용어와 핵심 정의 중의 하나이다.

본래의 정의는 비고 1을 추가함으로써 변경되었다.

3.11 결정 관련 용어

3.11.1 모니터링(monitoring)

시스템, 프로세스, 제품, 서비스 또는 활동의 상태를 확인결정

비고 1 상태를 확인 결정하기 위해서는 확인, 감독 또는 심도 있는 관찰이 필요할 수 있다.

비고 2 모니터링은 일반적으로 다른 시간대 또는 다른 단계에서 수행되는 대상의 상태에 대한 확인결정 활동이다.

비고 3 이 용어와 정의는 ISO/IEC Directives, 제1부의 통합 ISO 보충판의 부속서 SL에 제시된 ISO 경영시스템 표준을 위한 공통 용어와 핵심 정의 중의 하나이다.

본래의 정의와 비고 1은 변경되었으며, 비고 2와 비고 3이 추가되었다.

3.11.2 측정(measurement)

값을 결정/확인 결정하는 프로세스

비고 1 KS Q ISO 3534-2에 의하면, 일반적으로 결정된 값은 정량적인 값이다.

비고 2 이 용어와 정의는 ISO/IEC Directives, 제1부의 통합 ISO 보충판의 부속서 SL에 제시된 ISO 경영시스템 표준을 위한 공통 용어와 핵심 정의 중의 하나이다. 본래의 정의는 비고 1이 추가됨으로써 변경되었다.

3.12 조치 관련 용어

3.12.1 예방조치(preventive action)

잠재적 부적합 또는 기타 원하지 않는 잠재적 상황의 원인을 제거하기 위한 조치

비고 1 잠재적 부적합의 원인에는 하나 이상의 원인이 있을 수 있다.

비고 2 예방조치는 발생을 방지하기 위하여 취해지는 반면, 시정조치는 재발을 방지하기 위해 취해진다.

3.12.2 시정조치(corrective action)

부적합의 원인을 제거하고 재발을 방지하기 위한 조치

비고 1 부적합의 원인에는 하나 이상의 원인이 있을 수 있다.

비고 2 시정조치는 재발을 방지하기 위해 취해지는 반면, 예방조치는 발생을 방지하기 위하여 취해진다.

비고 3 이 용어와 정의는 ISO/IEC Directives, 제1부의 통합 ISO 보충판의 부속서 SL에 제시된 ISO 경영시스템 표준을 위한 공통 용어와 핵심 정의 중의 하나이다.

본래의 정의는 비고 1과 비고 2가 추가됨으로써 변경되었다.

3.12.3 특채(concession)

규정된 요구사항에 적합하지 않은 제품 또는 서비스를 사용하거나 불출하는 것에 대한 허가

비고   특채는 일반적으로 부적합한 특성을 갖는 제품 및 서비스가 규정된 제한 조건 내에 제한된 양 또는
일정한 기간 내, 특별한 사용을 위해 인도되는 것에 국한한다.

3.13 심사 관련 용어

3.13.1 심사(audit)

심사기준에 충족되는 정도를 결정하기 위하여 객관적인 증거를 수집하고 객관적으로 평가하기
위한 체계적이고 독립적이며 문서화된 프로세스

비고 1 심사의 기본적인 요소는 심사 대상에 책임이 없는 인원에 의해 수행되는 절차에 따라, 대상의 적합
성에 대한 확인결정을 포함한다.

비고 2 심사는 내부심사(1자 심사), 또는 외부심사(2자 또는 3자)가 있으며, 결합심사 또는 합동심사가 있을
수 있다.

비고 3 때로는 1자 심사로 불리는 내부심사는 경영검토와 기타 내부 목적을 위하여 조직에 의해, 또는 조직
자신을 대신해서 수행되며, 조직의 자체 적합성 선언의 기초로 구성할 수 있다. 독립성은 심사대상
활동에 대한 책임으로부터 자유롭다는 것으로 입증될 수 있어야 한다.

비고 4 외부심사는 일반적으로 2자 심사와 3자 심사로 불리는 심사를 포함한다. 2자 심사는 조직과 이해관
계가 있는 관계자, 예를 들면, 고객 또는 고객을 대신한 다른 사람 등에 의해서 수행된다. 3자 심사는
적합성 인증/등록을 제공하는 외부의 독립된 심사조직 또는 정부기관에 의해 수행된다.

비고 5 이 용어와 정의는 ISO/IEC Directives, 제1부의 통합 ISO 보충판의 부속서 SL에 제시된 ISO 경영시스
템 표준을 위한 공통 용어와 핵심 정의 중의 하나이다. 프로세스와 출력에 대한 정의 간의 애매함을
방지하기 위해 본래의 정의는 변경되었으며 비고 3과 비고 4가 추가되었다.

3.13.2 결합심사(combined audit)

한 피 심사자에 둘 이상의 경영시스템이 함께 수행되는 심사

비고   결합심사에 포함될 수 있는 경영시스템의 일부는 조직에 의해 적용되는 관련 경영시스템, 제품표준,

서비스 표준 또는 프로세스 표준에 의해 식별될 수 있다.

3.13.3 합동심사(joint audit)

둘 이상의 심사 조직에 의해 한 피심사자에게 수행되는 심사

3.13.4 심사 프로그램(audit programme)

특정한 기간 동안 계획되고, 특정한 목적을 위하여 관리되는 하나 또는 그 이상의 심사의 조합

3.13.5 심사범위(audit scope)

심사의 영역과 경계

비고   심사범위는 일반적으로 물리적 위치, 조직단위, 활동, 프로세스에 대한 기술을 포함한다.

3.13.6 심사계획서(audit plan)

심사와 관련된 활동과 준비사항을 기술한 문서

3.13.7 심사기준(audit criteria)

객관적인 증거를 비교하는 기준으로 사용되는 방침, 절차 또는 요구사항의 조합

3.13.8 심사증거(audit evidence)

심사기준에 관련되고 검증할 수 있는 기록, 사실의 기술 또는 기타 정보

3.13.9 심사 발견사항(audit findings)

심사기준에 대하여 수집된 심사증거를 평가한 결과

비고 1 심사 발견사항은 적합 또는 부적합으로 나타난다.
비고 2 심사 발견사항은 개선의 기회 파악 또는 좋은 관행의 기록으로 이어질 수 있다.

비고 3 영어에서, 심사기준이 법규요구사항 또는 규제요구사항으로 선택된 경우, 심사 발견사항은 준수 또는 비 준수라고 불릴 수 있다.

3.13.10 심사결론(audit conclusion)

심사목표 및 모든 심사 발견사항을 고려한 심사 결과

3.13.11 심사 의뢰자(audit client)

심사를 요청하는 조직 또는 개인

3.13.12 피심사자(auditee)

심사를 받는 조직

3.13.13 안내자(guide)

〈심사〉 심사팀을 지원하기 위하여 피심사자가 지명한 인원

3.13.14 심사팀(audit team)

심사를 수행하는 한 사람 또는 그 이상의 인원, 필요한 경우 기술전문가의 지원을 받는다.

비고 1 심사팀의 한 심사원은 심사팀장으로 지명된다.
비고 2 심사팀에는 훈련 중인 심사원을 포함할 수 있다.

3.13.15 심사원(auditor)

심사를 수행하는 인원

3.13.16 기술전문가(technical expert)

〈심사〉 심사팀에 특정한 지식 또는 전문성을 제공하는 사람

비고 1 특정 지식 또는 전문성은 심사 대상이 되는 조직, 프로세스 또는 활동에 관련되거나, 언어 또는 문화와 관련된 것이다.
비고 2 기술전문가는 심사팀에서 심사원의 역할을 하지 않는다.

3.13.17 참관인(observer)

〈심사〉 심사팀과 동행하지만 심사원의 역할을 하지 않는 사람

비고   참관인은 피심사자의 인원, 관계 당국 또는 입회심사를 수행하는 기타 이해관계자가 될 수 있다.

4. 조직상황

4.1 조직과 조직상황의 이해

조직은, 조직의 목적 및 전략적 방향과 관련이 있는 외부와 내부 이슈를, 그리고 품질경영시스템의 의도된 결과를 달성하기 위한 조직의 능력에 영향을 주는 외부와 내부 이슈를 정하여야 한다.

조직은 이러한 외부와 내부 이슈에 대한 정보를 모니터링하고 검토하여야 한다.

비고 1 이슈에는 긍정적, 부정적 요인 또는 고려해야 할 조건이 포함될 수 있다.
비고 2 국제적, 국가적, 지역적 또는 지방적이든 법적, 기술적, 경쟁적, 시장, 문화적, 사회적 및 경제적 환경에서 비롯된 이슈를 고려함으로써, 외부 상황에 대한 이해를 용이하게 할 수 있다.
비고 3 조직의 가치, 문화, 지식 및 성과와 관련되는 이슈를 고려함으로서, 내부 상황에 대한 이해를 용이하게 할 수 있다.

- **요구사항의 취지** : 조직과 관련된 내부이슈, 외부이슈 사항을 파악하고 분석하여 조직상황 변화에 대비하라.

- **주요 체크포인트**
  1. 조직의 목적 및 전략적 방향에 대한 내부이슈는 결정이 되어있는가?
  2. 조직의 목적 및 전략적 방향에 대한 외부이슈는 결정이 되어있는가?

증빙 : 조직의 내부, 외부이슈 사항 정리 자료, 경영검토 시 반영

4.2 이해관계자의 니즈와 기대 이해

고객 요구사항, 그리고 적용되는 법적 및 규제적 요구사항을 충족하는 제품 및 서비스를 일관성 있게 제공하기 위한 조직의 능력에 이해관계자가 영향 또는 잠재적 영향을 미치기 때문에, 조직은 다음 사항을 정하여야 한다.

a) 품질경영시스템에 관련되는 이해관계자
b) 품질경영시스템에 관련되는 이해관계자의 요구사항

조직은 이해관계자와 이해관계자 관련 요구사항에 대한 정보를 모니터링하고 검토하여야 한다.

- **요구사항의 취지** : 조직에 영향을 미칠 수 있는 이해관계자와 그들이 원하는 바를 파악하여 관리하라(예, 고객, 주주. 내부직원, 협력업체, 사회 등).

- **주요 체크포인트**
  1. 조직의 이해관계자는 파악되어 있는가?
  2. 조직의 이해관계자의 요구사항은 무엇인가?

증빙 : 이해관계자 파악 및 요구사항 정리 자료, 경영검토 시 반영

4.3 품질경영시스템 적용범위 결정

조직은 품질경영시스템의 적용범위를 설정하기 위하여 품질경영시스템의 경계 및 적용 가능성을 정하여야 한다.

적용범위를 정할 때, 조직은 다음 사항을 고려하여야 한다.

a) 4.1에 언급된 외부와 내부 이슈
b) 4.2에 언급된 관련 이해관계자의 요구사항
c) 조직의 제품 및 서비스

조직의 품질경영시스템의 정해진 적용범위 내에서 이 표준의 요구사항이 적용 가능하다면, 조직은 이 표준의 모든 요구사항을 적용하여야 한다.

조직의 품질경영시스템의 적용범위는 문서화된 정보로 이용 가능하고 유지되어야 한다.

적용범위에는 포함되는 제품 및 서비스의 형태를 기술하여야 하고, 조직이 그 조직의 품질경영시스템 적용범위에 포함되지 않는다고 정한 이 표준의 어떤 요구사항이 있는 경우, 그에 대한 정당성을 제시하여야 한다.

적용될 수 없다고 정한 요구사항이, 제품 및 서비스의 적합성 보장과 고객만족 증진을 보장하기 위한 조직의 능력 또는 책임에 영향을 미치지 않는 경우에만, 이 표준에 대한 적합성이 주장될 수 있다.

> **요구사항의 취지** : 조직이 적용하고자 하는 경영시스템 부문을 정의하고 표시하여 어떤 부문에 경영시스템이 적용되고 있는지를 나타내라.
>
> **주요 체크포인트**
> 1. 조직의 물리적 경계는 어디인가?
> 2. 조직의 적용되는 제품 및 서비스 활동은 무엇인가?
> 2. 적용범위가 ISO 9001:2015 표준의 모든 요구사항을 적용하고 있는가?
> 3. 적용 제외사항이 있다면 무엇인가?

증빙 : 매뉴얼(적용범위 표시)에 적용되는 주소, 조직의 제품 및 서비스 활동을 표시 등

4.4 품질경영시스템과 그 프로세스

4.4.1 조직은 이 표준의 요구사항에 따라, 필요한 프로세스와 그 프로세스의 상호 작용을 포함하는 품질경영시스템을 수립, 실행, 유지 및 지속적 개선을 하여야 한다.

조직은 품질경영시스템에 필요한 프로세스와 조직 전반에 그 프로세스의 적용을 정해야 하며, 다음사항을 실행하여야 한다.

a) 요구되는 입력과 프로세스로부터 기대되는 출력의 결정
b) 프로세스의 순서와 상호 작용의 결정
c) 프로세스의 효과적 운용과 관리를 보장하기 위하여 필요한 기준과 방법(모니터링, 측정 및 관련 성과지표를 포함)의 결정과 적용
d) 프로세스에 필요한 자원의 결정과 자원의 가용성 보장
e) 프로세스에 대한 책임과 권한의 부여
f) 6.1의 요구사항에 따라 결정된 리스크와 기회의 조치
g) 프로세스의 평가, 그리고 프로세스가 의도된 결과를 달성함을 보장하기 위하여 필요한 모든 변경사항의 실행
h) 프로세스와 품질경영시스템의 개선

4.4.2 조직은 필요한 정도까지 다음 사항을 실행하여야 한다.

a) 프로세스의 운용을 지원하기 위하여 문서화된 정보의 유지
b) 프로세스가 계획대로 수행되고 있다는 확신을 갖기 위하여 문서화된 정보의 보유

> ⊘ **요구사항의 취지** : 조직은 고객의 요구사항을 파악하여 고객 만족을 위한 관련 프로세스를 정의하고 고객 프로세스, 관리 프로세스, 지원 프로세스 등 프로세스가 상호 작용하는 흐름을 정의하고 문서화 하라.
>
> ⊘ **주요 체크포인트**
> 1. 조직은 프로세스 간의 상호작용에 관하여 정의되고 문서화 되어 있는가?

증빙 : 문서화된 정보 (각 프로세스)의 상관관계, 프로세스 맵, 비지니스 매트릭스 등

5. 리더십

5.1 리더십과 의지표명

5.1.1 일반사항

최고경영자/최고경영진은 품질경영시스템에 대한 리더십과 의지표명/실행의지(commitment)을 다음 사항에 의하여 실증하여야 한다.

a) 품질경영시스템의 효과성에 대한 책무(accountability)를 짐

b) 품질방침과 품질목표가 품질경영시스템을 위하여 수립되고, 조직상황과 전략적 방향에 조화됨을 보장

c) 품질경영시스템 요구사항이 조직의 비즈니스 프로세스와 통합됨을 보장

d) 프로세스 접근법 및 리스크기반 사고의 활용 촉진

e) 품질경영시스템에 필요한 자원의 가용성 보장

f) 효과적인 품질경영의 중요성, 그리고 품질경영시스템 요구사항과의 적합성에 대한 중요성을 의사소통

g) 품질경영시스템이 의도한 결과를 달성함을 보장

h) 품질경영시스템의 효과성에 기여하기 위한 인원을 적극 참여시키고, 지휘하고 지원함

i) 개선을 촉진

j) 기타 관련 경영자/관리자의 책임분야에 리더십이 적용될 때, 그들의 리더십을 실증하도록 그 경영자 역할에 대한 지원

비고   이 표준에서 "비즈니스"에 대한 언급은 조직이 공적, 사적, 영리 또는 비영리의 여부에 관계없이, 조직의 존재 목적에 핵심이 되는 활동을 의미하는 것으로 광범위하게 해석될 수 있다.

5.1.2 고객중시

최고경영자는 다음 사항을 보장함으로써 고객중시에 대한 리더십과 의지표명을 실증하여야 한다.

a) 고객 요구사항과 적용되는 법적 및 규제적 요구사항이 결정되고, 이해되며 일관되게 충족됨
b) 제품 및 서비스의 적합성에, 그리고 고객 만족을 증진시키는 능력에 영향을 미칠 수 있는 리스크와 기회가 결정되고 처리됨
c) 고객만족 증진의 중시가 유지됨

> **요구사항의 취지** : ISO 경영시스템을 도입하고자 하는 조직의 최고경영자/최고경영진은 리더십과 의지표명 및 실행의지를 실증하라.
>
> **주요 체크포인트**
> 1. 조직은 방침과 목표가 수립되어 관리되고 있는가?
> 2. 조직은 경영시스템에 필요한 자원의 가용성이 보장되어 있는가?
> 3. 조직은 경영시스템 효과성에 기여하기 위한 인원을 적극 참여시키고 있는가?
> 4. 경영시스템의 적합성, 중요성이 의사소통되고 있는가?

증빙 : 품질방침과 품질목표, 법적 규제적 준수의무사항, 경영진의 인터뷰 등

5.2 방침

5.2.1 품질방침의 수립

최고경영자는 다음과 같은 품질방침을 수립, 실행 및 유지하여야 한다.

a) 조직의 목적과 상황에 적절하고 조직의 전략적 방향을 지원
b) 품질목표의 설정을 위한 틀을 제공
c) 적용되는 요구사항의 충족에 대한 의지표명을 포함
d) 품질경영시스템의 지속적 개선에 대한 의지표명을 포함

5.2.2 품질방침에 대한 의사소통

품질방침은 다음과 같아야 한다.

a) 문서화된 정보로 이용 가능하고 유지됨
b) 조직 내에서 의사소통되고 이해되며 적용됨
c) 해당되는 경우, 관련 이해관계자에게 이용 가능함

⊘ **요구사항의 취지** : ISO 경영시스템 도입 시 최고경영자는 규격에서 요구하는 품질방침을 수립, 실행 및 유지 하라.

⊘ **주요 체크포인트**
  1. 조직은 품질방침을 문서화하고 유지하고 있는가?
  2. 조직의 품질방침은 무엇인가?
  3. 품질 방침은 규격요구사항을 반영하고 있는가?

증빙 : 품질 방침 , 방침에 대한 공개(홈페이지, 현수막, 액자 등), 규격요구사항 반영 유무, 방침에 대한 교육, 직원들의 인식(interview) 여부 등

5.3 조직의 역할, 책임 및 권한

최고경영자는 관련된 역할에 대한 책임과 권한이 조직 내에서 부여되고, 의사소통되며, 이해됨을 보장하여야 한다.

최고경영자는 다음 사항에 대하여 책임과 권한을 부여하여야 한다.

a) 품질경영시스템이 이 표준의 요구사항에 적합함을 보장
b) 프로세스가 의도된 출력을 도출하고 있음을 보장
c) 품질경영시스템의 성과와 개선 기회(10.1 참조)를, 특히 최고경영자에게 보고
d) 조직 전체에서 고객중시에 대한 촉진을 보장
e) 품질경영시스템의 변경이 계획되고 실행되는 경우, 품질경영시스템의 온전성 (integrity)이 유지됨을 보장

> **요구사항의 취지** : 조직의 프로세스(조직도 등)에 따른 업무를 정의하고 구성원의 역할과 책임 권한을 정하라.
>
> **주요 체크포인트**
> 1. 조직의 직무분장 프로세스에 따라 조직구성 및 각 조직별 역할분담이 되어있는가?

증빙 : 조직의 업무 분장 표, 경영시스템 조직도 등

6. 기획

6.1 리스크와 기회를 다루는 조치

6.1.1 품질경영시스템을 기획할 때, 조직은 4.1의 이슈와 4.2의 요구사항을 고려하여야 하며, 다음사항을 위하여 다루어야 할 필요성이 있는 리스크와 기회를 정하여야 한다.

a) 품질경영시스템이 의도된 결과를 달성할 수 있음을 보증
b) 바람직한 영향의 증진
c) 바람직하지 않은 영향의 예방 또는 감소
d) 개선의 성취

6.1.2 조직은 다음 사항을 기획하여야 한다.

a) 리스크와 기회를 다루기 위한 조치
b) 다음 사항에 대한 방법

1) 조치를 품질경영시스템의 프로세스에 통합하고 실행(4.4 참조)
2) 이러한 조치의 효과성 평가

리스크와 기회를 다루기 위하여 취해진 조치는, 제품 및 서비스의 적합성에 미치는 잠재적 영향에 상응하여야 한다.

비고 1 리스크를 다루기 위한 선택사항에는 리스크 회피, 기회를 잡기 위한 리스크 감수, 리스크 요인 제거, 발생가능성 또는 결과의 변경, 리스크 공유 또는 정보에 근거한 의사결정에 의한 리스크 유지가 포함될 수 있다.

비고 2 기회는 새로운 실행방안의 채택, 신제품 출시, 새로운 시장 개척, 신규 고객 창출, 파트너십 구축, 신기술 활용, 그리고 조직 또는 고객의 니즈를 다루기 위한 그 밖의 바람직하고 실행 가능한 방안으로 이어질 수 있다.

> ⊘ **요구사항의 취지** : 조직에 있어 향후 발생할 가능성이 있는 조직의 리스크를 정의하고 조직에 미칠 영향을 파악하여 대비하라. 또한 조직에 좋은 영향을 줄 수 있는 상황을 파악하여 대비함으로써 기회를 획득하라.
>
> ⊘ **주요 체크포인트**
> 1. 조직은 분석을 통하여 도출된 리스크와 기회에 대한 조치계획이 명확히 구분되어 있는가?

증빙 : 리스크 파악 및 기회관리 조치계획서, SWOT 분석표, FMEA(고장형태 영향분석) 등

6.2 품질목표와 품질목표 달성 기획

6.2.1 조직은 품질경영시스템에 필요한 관련 기능, 계층 및 프로세스에서 품질목표를 수립하여야 한다.

품질목표는 다음과 같아야 한다.

a) 품질방침과 일관성이 있어야 함

b) 측정 가능해야 함

c) 적용되는 요구사항이 고려되어야 함

d) 제품 및 서비스의 적합성과 고객만족의 증진과 관련되어야 함

e) 모니터링 되어야 함

f) 의사소통되어야 함

g) 필요에 따라 갱신되어야 함

조직은 품질목표에 관하여 문서화된 정보를 유지하여야 한다.

6.2.2 품질목표를 달성하는 방법을 기획할 때, 조직은 다음 사항을 정하여야 한다.

a) 달성 대상
b) 필요 자원
c) 책임자
d) 완료 시기
e) 결과 평가 방법

> ◎ **요구사항의 취지** : 조직에서 달성하고자 하는 품질목표 및 세부목표를 설정하고 관리하라.
>
> ◎ **주요 체크포인트**
> 1. 조직은 품질목표 달성을 위한 추진계획이 수립되고 실적이 관리되고 있는가?

증빙 : 품질목표 추진 계획 및 실적표, 세부목표 변경요청서 등

6.3 변경의 기획

조직이 품질경영시스템의 변경이 필요하다고 정한 경우, 변경은 계획적인 방식으로 수행되어야 한다.

조직은 다음 사항을 고려하여야 한다.

a) 변경의 목적과 잠재적 결과
b) 품질경영시스템의 온전성
c) 자원의 가용성
d) 책임과 권한의 부여 또는 재부여

◎ 요구사항의 취지 : 조직에서 품질경영시스템을 변경하고자 할 때는 신중히 변경하라.

◎ 주요 체크포인트

1. 조직은 경영시스템 변경 시 리스크를 포함한 변경관리 절차에 따라 이루어지고 있는 가?

증빙 : 변경관리 절차, 변경(이력) 관리 대장 등

7. 지원

7.1 자원

7.1.1 일반사항

조직은 품질경영시스템의 수립, 실행, 유지 및 지속적 개선에 필요한 자원을 정하고 제공하여야
한다.

조직은 다음 사항을 고려하여야 한다.

a) 기존 내부자원의 능력과 제약사항
b) 외부공급자로부터 획득할 필요가 있는 것

7.1.2 인원

조직은 품질경영시스템의 효과적인 실행, 그리고 프로세스의 운용과 관리에 필요한 인원을 정하
고 제공하여야 한다.

7.1.3 기반구조

조직은 프로세스의 운용에 필요한 그리고 제품 및 서비스의 적합성 달성에 필요한 기반구조를 결정, 제공 및 유지하여야 한다.

비고 기반구조에는 다음이 포함될 수 있다.

a) 건물 및 연관된 유틸리티
b) 장비(하드웨어, 소프트웨어 포함)
c) 운송자원
d) 정보통신 기술

7.1.4 프로세스 운용 환경

조직은 프로세스 운용에 필요한, 그리고 제품 및 서비스의 적합성 달성에 필요한 환경을 결정, 제공 및 유지하여야 한다.

비고 적절한 환경은, 다음과 같이 인적 요인과 물리적 요인의 조합이 될 수 있다.

a) 사회적(예: 비차별, 평온, 비대립)
b) 심리적(예: 스트레스 완화, 극심한 피로예방, 정서적 보호)
c) 물리적(예: 온도, 열, 습도, 밝기, 공기흐름, 위생, 소음)

이러한 요인은 제공되는 제품 및 서비스에 따라 상당히 달라질 수 있다.

> ◎ **요구사항의 취지** : 조직은 프로세스 운영과 제품 및 서비스를 제공하는 동안 업무환경을 관리하라.
>
> ◎ **주요 체크포인트**
> 1. 조직은 프로세스운용에 필요한 적절한 업무환경이 갖추어지고 관리되고 있는가?

증빙 : 업무환경 점검표, 3정5S 점검표 등

7.1.5 모니터링 자원과 측정 자원

7.1.5.1 일반사항

제품 및 서비스가 요구사항에 대하여 적합한지를 검증하기 위하여 모니터링 또는 측정이 활용되는 경우, 조직은 유효하고 신뢰할 수 있는 결과를 보장하기 위하여 필요한 자원을 정하고 제공하여야 한다.

조직은 제공되는 자원이 다음과 같음을 보장하여야 한다.

a) 수행되는 특정 유형의 모니터링과 측정 활동에 적절함
b) 자원의 목적에 지속적으로 적합함(fitness)을 보장하도록 유지됨

조직은 모니터링 자원과 측정 자원의 목적에 적합하다는 증거로, 적절한 문서화된 정보를 보유하여야 한다.

7.1.5.2 측정 소급성(traceability)

측정 소급성이 요구사항이거나, 조직이 측정결과의 유효성에 대한 신뢰제공을 필수적인 부분으로 고려하고 있는 경우, 측정 장비는 다음과 같아야 한다.

a) 규정된 주기 또는 사용 전에, 국제 또는 국가 측정표준에 소급 가능한 측정표준에 대하여 교정 또는 검증 혹은 두 가지 모두 시행될 것. 그러한 표준이 없는 경우, 교정 또는 검증에 사용된 근거는 문서화된 정보로 보유될 것
b) 측정장비의 교정 상태를 알 수 있도록 식별될 것
c) 교정상태 및 후속되는 측정 결과를 무효화할 수 있는 조정, 손상 또는 열화로부터 보호될 것

조직은 측정장비가 의도한 목적에 맞지 않는 것으로 발견된 경우, 이전 측정 결과의 유효성에 부정적인 영향을 미쳤는지 여부를 규명하고, 필요하다면 적절한 조치를 취하여야 한다.

> 🔹 **요구사항의 취지** : 제품 및 서비스가 요구사항에 적합한지를 검증하기 위한 필요한 자원을 정하고 제공하라. 또한 제공된 모니터링 및 측정 자원을 관리하라.
>
> 🔹 **주요 체크포인트**
> 1. 조직은 프로세스 운용에 필요한 모니터링 및 측정 장비를 갖추고 관리되고 있는가?

증빙 : 계측장비 관리대장, 계측장비 이력카드, 계측장비 식별 등

7.1.6 조직의 지식

조직은 프로세스 운용에 필요한, 그리고 제품 및 서비스의 적합성 달성에 필요한 지식을 정하여야 한다.

이 지식은 유지되고, 필요한 정도까지 이용 가능하여야 한다.

변화하는 니즈와 경향(trend)을 다룰 경우, 조직은 현재의 지식을 고려하여야 하고, 추가로 필요한 모든 지식 및 요구되는 최신 정보의 입수 또는 접근 방법을 정하여야 한다.

비고 1 조직의 지식은 조직에게 특정한 지식으로, 일반적으로 경험에 의해 얻어진다. 이는 조직의 목표를 달

성하기 위하여 활용되고 공유되는 정보이다.

비고 2 조직의 지식은 다음을 기반으로 할 수 있다.

> a) 내부 출처(예: 지적 재산, 경험에서 얻은 지식, 실패 및 성공한 프로젝트로부터 얻은 교훈, 문서화 되지 않은 지식 및 경험의 포착과 공유, 프로세스, 제품 및 서비스에서 개선된 결과)
>
> b) 외부 출처(예: 표준, 학계, 컨퍼런스, 고객 또는 외부공급자로부터 지식수집)

> ◎ **요구사항의 취지** : 조직은 프로세스 운영과 제품 및 서비스의 적합성에 필요한 지식을 정하고 이용 가능하게 하라.
>
> ◎ **주요 체크포인트**
> 1. 조직은 프로세스운용에 필요한 업무관련 지식을 조직원들과 공유하고 있는가?

증빙 : 조직의 지식관리 현황 표(특허, 고객표준 포함) 등

7.2 역량/적격성

조직은 다음 사항을 실행하여야 한다.

a) 품질경영시스템의 성과 및 효과성에 영향을 미치는 업무를 조직의 관리 하에 수행하는 인원에 필요한 역량을 결정

b) 이들 인원이 적절한 학력, 교육훈련 또는 경험에 근거하여 역량이 있음을 보장

c) 적용 가능한 경우, 필요한 역량을 얻기 위한 조치를 취하고, 취해진 조치의 효과성을 평가

d) 역량의 증거로 적절한 문서화된 정보를 보유

비고   적용할 수 있는 조치에는, 예를 들어 현재 고용된 인원에 대한 교육훈련 제공, 멘토링이나 재배치 실시, 또는 역량이 있는 인원의 고용이나 그러한 인원과의 계약 체결을 포함할 수 있다.

> ℓ **요구사항의 취지** : 조직에 필요한 업무를 분석하여 적격성을 갖춘 인원을 확보하라. 또한 역량 및 적격성을 갖출 수 있도록 조치를 취하라.
>
> ℓ **주요 체크포인트**
> 1. 조직은 프로세스운용에 필요한 역량을 얻기 위한 조치를 취하고 있는가?

증빙 : 교육훈련계획서 , 교육결과 보고서, 개인별 교육이력 카드, 교육의 효과성을 확인할 수 있는 서류(합격증, 자격증, 수료증) , 적격성 평가표 등

7.3 인식

조직은 조직의 관리하에 업무를 수행하는 인원이 다음 사항을 인식하도록 보장하여야 한다.

a) 품질 방침
b) 관련된 품질목표
c) 개선된 성과의 이점을 포함하여, 품질경영시스템의 효과성에 대한 자신의 기여
d) 품질경영시스템의 요구사항에 부적합한 경우의 영향

> ℓ **요구사항의 취지** : 조직은 조직원들이 품질 방침 및 자신의 기여도, 준수의무에 대하여 인식 할 수 있도록 하라.
>
> ℓ **주요 체크포인트**
> 1. 조직은 방침이 게시되어 있고 조직원에게 인식되고 있는가?
> 2. 조직은 경영시스템에 대한 조직원이 인식을 할 수 있도록 교육이 이루어지고 있는가?

증빙 : 교육훈련계획서, 교육결과 보고서 , 직원 인터뷰, 현황판/게시판의 게시물 등

7.4 의사소통

조직은 다음 사항을 포함하여 품질경영시스템에 관련되는 내부 및 외부 의사소통을 결정하여야 한다.

a) 의사소통 내용
b) 의사소통 시기
c) 의사소통 대상
d) 의사소통 방법
e) 의사소통 담당자

요구사항의 취지 : 조직의 내부 및 외부 의사소통 채널을 구축하라.

주요 체크포인트
1. 조직은 내부 및 외부와의 의사소통에 대하여 프로세스가 정의되고 관리되고 있는가?

증빙 : 회의록, 의사소통관리 대장, 내부 인트라넷, 사내게시판, 홈페이지, 주간(월간)업무보고서 등

7.5 문서화된 정보

7.5.1 일반사항

조직의 품질경영시스템에는 다음 사항이 포함되어야 한다.

a) 이 표준에서 요구하는 문서화된 정보
b) 품질경영시스템의 효과성을 위하여 필요한 것으로, 조직이 결정한 문서화된 정보

비고   품질경영시스템을 위한 문서화 된정보의 정도는, 다음과 같은 이유로 조직에 따라 다를 수 있다.

· 조직의 규모, 그리고 활동, 프로세스, 제품 및 서비스의 유형

· 프로세스의 복잡성과 프로세스의 상호 작용
· 인원의 역량

7.5.2 작성(creating) 및 갱신

문서화 된 정보를 작성하거나 갱신할 경우, 조직은 다음 사항의 적절함을 보장하여야 한다.

a) 식별 및 내용(description)(예: 제목, 날짜, 작성자 또는 문서번호)
b) 형식(예: 언어, 소프트웨어 버전, 그래픽) 및 매체(예: 종이, 전자 매체)
c) 적절성 및 충족성에 대한 검토 및 승인

7.5.3 문서화된 정보의 관리

7.5.3.1 품질경영시스템 및 이 표준에서 요구되는 문서화된 정보는, 다음 사항을 보장하기 위하여 관리되어야 한다.

a) 필요한 장소 및 필요한 시기에 사용 가능하고 사용하기에 적절함
b) 충분하게 보호됨(예: 기밀유지 실패, 부적절한 사용 또는 완전성 훼손으로부터)

7.5.3.2 문서화된 정보의 관리를 위하여, 다음 활동 중 적용되는 사항을 다루어야 한다.

a) 배포, 접근, 검색 및 사용
b) 가독성 보존을 포함하는 보관 및 보존
c) 변경 관리(예: 버전 관리)
d) 보유 및 폐기

품질경영시스템의 기획과 운용을 위하여 필요하다고, 조직이 정한 외부 출처의 문서화된 정보는 적절하게 식별되고 관리되어야 한다.

적합성의 증거로 보유 중인 문서화된 정보는, 의도하지 않은 수정으로부터 보호되어야 한다.

비고   접근(access)이란 문서화된 정보를 보는 것만 허락하거나, 문서화된 정보를 보고 변경하는 허락 및 권한에 관한 결정을 의미할 수 있다.

◎ **요구사항의 취지** : 조직에서 사용되는 문서 및 기록을 관리하라.

◎ **주요 체크포인트**

　1. 조직은 문서관리(기록관리) 프로세스에 따라 문서화된 정보가 관리되고 있는가?

증빙 : 문서 제·개정 심의서(전자문서 포함), 문서배포관리대장, 문서목록, 외부문서 관리대장, 디스
　　　켓 및 CD 관리대장, 홈페이지 관리대장 등

8. 운용

8.1 운용 기획 및 관리

조직은 다음 사항을 통하여, 제품 및 서비스의 제공을 위한 요구사항을 충족하기 위해 필요한, 그리고 6절에서 정한 조치를 실행하기 위해 필요한 프로세스(4.4 참조)를 계획, 실행 및 관리하여 야 한다.

a) 제품 및 서비스에 대한 요구사항 결정
b) 다음에 대한 기준 수립

   1) 프로세스
   2) 제품 및 서비스의 합격 판정

c) 제품 및 서비스 요구사항에 대한 적합성을 달성하기 위해 필요한 자원의 결정
d) 기준에 따라 프로세스 관리의 실행
e) 다음을 위해 필요한 정도로 문서화된 정보의 결정, 유지 및 보유

   1) 프로세스가 계획된 대로 수행되었음에 대한 신뢰 확보
   2) 제품과 서비스가 요구사항에 적합함을 실증

이 기획의 출력은 조직의 운용에 적절하여야 한다.

조직은 계획된 변경을 관리하고, 의도하지 않은 변경의 결과를 검토해야 하며, 필요에 따라 모든 부정적인 영향을 완화하기 위한 조치를 취하여야 한다.

조직은 외주처리 프로세스가 관리됨을 보장하여야 한다(8.4 참조).

⊘ **요구사항의 취지** : 조직은 수립된 제품 및 서비스 제공에 대한 계획을 실현하라. 또한 조직의 제품 및 서비스 제공에 대한 공정흐름 등을 파악하여 관리하라.

⊘ **주요 체크포인트**
1. 제조 및 서비스관리에 대한 공정의 흐름, 검사의 기준, 표준 작업지도서, 공정관리 계획 등에 의해 제품 및 서비스의 요구사항이 실행되고 있는가?
2. 외주처리 부분은 관리 관리되고 있는가?

증빙 : 제품 및 서비스 관련 공정도, 제품 및 서비스 제공 관련 관리도, 검사기준서, 작업표준서, 작업지도서, 관리 계획, 변경관리 대장, 외주처리 흐름도 등

8.2 제품 및 서비스 요구사항

8.2.1 고객과의 의사소통

고객과의 의사소통에는 다음 사항이 포함되어야 한다.

a) 제품 및 서비스 관련 정보 제공
b) 변경을 포함하여 문의, 계약 또는 주문의 취급
c) 고객 불평을 포함하여 제품 및 서비스에 관련된 고객 피드백 입수
d) 고객 재산의 취급 및 관리
e) 관련될 경우, 비상조치를 위한 특정 요구사항 수립

8.2.2 제품 및 서비스에 대한 요구사항의 결정

고객에게 제공될 제품 및 서비스에 대한 요구사항을 결정할 경우, 조직은 다음 사항을 보장하여야 한다.

a) 제품 및 서비스 요구사항은 다음을 포함하여 규정됨

    1) 적용되는 모든 법적 및 규제적 요구사항
    2) 조직에 의해 필요하다고 고려된 요구사항

b) 조직은 제공하는 제품 및 서비스에 대한 요구(claim)를 충족시킬 수 있음

8.2.3 제품 및 서비스에 대한 요구사항의 검토

8.2.3.1 조직은 고객에게 제공될 제품 및 서비스에 대한 요구사항을 충족시키는 능력이 있음을 보장하여야 한다. 또한 조직은 고객에게 제품 및 서비스의 공급을 결정하기 전에, 다음 사항을 포함하여 검토를 실시하여야 한다.

a) 인도 및 인도 이후의 활동에 대한 요구사항을 포함하여, 고객이 규정한 요구사항
b) 고객이 명시하지 않았으나 알려진 경우, 규정되거나 의도된 사용에 필요한 요구사항
c) 조직에 의해 규정된 요구사항
d) 제품이나 서비스에 적용되는 법적 및 규제적 요구사항
e) 이전에 표현된 것과 상이한 계약 또는 주문 요구사항

조직은 이전에 규정한 요구사항과 상이한 계약 또는 주문 요구사항이 해결되었음을 보장하여야 한다.

고객이 요구사항을 문서화된 상태로 제시하지 않는 경우, 고객 요구사항은 수락 전에 조직에 의해 확인되어야 한다.

비고   인터넷 판매 등과 같은 상황에서는, 각각의 주문에 대한 공식적인 검토가 비현실적이다. 이러한 경우, 카탈로그와 같은 관련 제품정보를 검토하는 것으로 대신할 수 있다.

8.2.3.2 조직은 적용될 경우, 다음 사항에 대한 문서화된 정보를 보유하여야 한다.

a) 검토결과
b) 제품 및 서비스에 대한 모든 새로운 요구사항

8.2.4 제품 및 서비스에 대한 요구사항의 변경

제품 및 서비스에 대한 요구사항이 변경된 경우, 조직은 관련 문서화된 정보가 수정됨을, 그리고 관련 인원이 변경된 요구사항을 인식하고 있음을 보장하여야 한다.

> ⊘ **요구사항의 취지** : 조직이 제공하는 제품 및 서비스에 대한 고객의 요구사항을 검토하고 관리하라.
>
> ⊘ **주요 체크포인트**
>   1. 제품 및 서비스 요구사항 절차에 의해 기존 고객 및 신규 고객에 대한 제품 및 서비스 요구사항이 결정 및 검토되고 있는가?

증빙 : 발주서, 계약검토서, 시방서, 고객 표준, 법규 및 규제관리대장, 계약변경 검토서, 제품품질계획 등

8.3 제품 및 서비스의 설계와 개발

8.3.1 일반사항

조직은 제품 및 서비스의 설계와 개발 이후의 공급을 보장하기에 적절한 설계와 개발 프로세스를 수립, 실행 및 유지하여야 한다.

8.3.2 설계와 개발 기획

설계와 개발에 대한 단계 및 관리를 결정할 때, 조직은 다음 사항을 고려하여야 한다.

a) 설계와 개발 활동의 성질, 기간 및 복잡성
b) 적용되는 설계와 개발 검토를 포함하여, 요구되는 프로세스 단계
c) 요구되는 설계와 개발 검증 및 실현성 확인/타당성 확인(validation) 활동
d) 설계와 개발 프로세스에 수반되는 책임 및 권한
e) 제품 및 서비스의 설계와 개발에 대한 내부 및 외부 자원 필요성
f) 설계와 개발 프로세스에 관여하는 인원 간 인터페이스의 관리 필요성

g) 설계와 개발 프로세스에 고객 및 사용자의 관여 필요성

h) 제품 및 서비스의 설계와 개발 이후의 공급을 위한 요구사항

i) 설계와 개발 프로세스에 대해 고객 및 기타 관련 이해관계자가 기대하는 관리의 수준

j) 설계와 개발 요구사항이 충족되었음을 실증하는데 필요한 문서화된 정보

8.3.3 설계와 개발 입력

조직은 설계와 개발이 될 특정 형태의 제품 및 서비스에 필수적인 요구사항을 정하여야 한다. 조직은 다음 사항을 고려하여야 한다.

a) 기능 및 성능/성과 요구사항

b) 이전의 유사한 설계와 개발활동으로부터 도출된 정보

c) 법적 및 규제적 요구사항

d) 조직이 실행을 약속한 표준 또는 실행지침

e) 제품 및 서비스의 성질에 기인하는 실패의 잠재적 결과

입력은 설계와 개발 목적에 충분하며, 완전하고 모호하지 않아야 한다. 상충되는 설계와 개발 입력은 해결되어야 한다.

조직은 설계와 개발 입력에 대한 문서화된 정보를 보유하여야 한다.

8.3.4 설계와 개발관리

조직은 설계와 개발 프로세스에 다음 사항을 보장하기 위하여 관리/통제하여야 한다.

a) 달성될 결과의 규정

b) 설계와 개발 결과가 요구사항을 충족하는지의 능력을 평가하기 위한 검토 시행

c) 설계와 개발의 출력이 입력 요구사항에 충족함을 보장하기 위한 검증활동 시행

d) 결과로 나타난 제품 및 서비스가 규정된 적용에 대한, 또는 사용 의도에 대한 요구사항을 충족시킴을 보장하기 위한 실현성 확인 활동의 시행

e) 검토 또는 검증 및 실현성 확인 활동 중 식별된 문제점에 대해 필요한 모든 조치의 시행

f) 이들 활동에 대한 문서화된 정보의 보유

비고   설계와 개발 검토, 검증 및 실현성 확인에는 별개의 다른 목적이 있다. 설계와 개발 검토, 검증 및 실
       현성 확인은 조직의 제품 및 서비스에 적절하도록 별도로 또는 조합하여 시행될 수 있다.

8.3.5 설계와 개발 출력

조직은 설계와 개발 출력이 다음과 같음을 보장하여야 한다.

a) 입력 요구사항 충족
b) 제품 및 서비스 제공을 위한 후속 프로세스에 대해 충분함
c) 해당되는 경우, 모니터링과 측정 요구사항의 포함 또는 인용, 그리고 합격 판정기준의 포함 또
   는 인용
d) 의도한 목적에 그리고 안전하고 올바른 공급에 필수적인 제품 및 서비스의 특성규정 조직은
   설계와 개발 출력에 대한 문서화된 정보를 보유하여야 한다.

8.3.6 설계와 개발 변경

조직은 제품 및 서비스의 설계와 개발 과정, 또는 이후에 발생된 변경사항을 요구사항의 적합성
에 부정적 영향이 없음을 보장하는데 필요한 정도까지 식별, 검토 및 관리하여야 한다.

조직은 다음 사항에 대한 문서화된 정보를 보유하여야 한다.

a) 설계와 개발 변경
b) 검토 결과
c) 변경의 승인
d) 부정적 영향을 예방하기 위해 취한 조치

⊙ **요구사항의 취지** : 조직이 제품 및 서비스의 설계 및 개발 시, 검토해야 할 사항을 정의하
   고 관리하라.

⊙ **주요 체크포인트**
   1. 제품 및 서비스의 설계와 개발 이후의 공급을 보장하기에 적절한, 설계와 개발 프로세
      스를 수립, 실행 및 유지하고 있는가?

증빙 : 설계 및 개발 계획서, 설계 및 개발 검토(검증)서, 설계 및 개발 검토(검증) 체크리스트, 설계
       및 개발 변경 협의서, 도면관리 대장 등

8.4 외부에서 제공되는 프로세스, 제품 및 서비스의 관리

8.4.1 일반사항

조직은 외부에서 제공되는 프로세스, 제품 및 서비스가 요구사항에 적합함을 보장하여야 한다. 조직은 다음의 경우, 외부에서 제공되는 프로세스, 제품 및 서비스에 적용할 관리방법을 결정하여야 한다.

a) 외부공급자의 제품 및 서비스가 조직 자체의 제품 및 서비스에 포함되도록 의도한 경우
b) 제품 및 서비스가 조직을 대신한 외부공급자에 의해 고객에게 직접 제공되는 경우
c) 프로세스 또는 프로세스 일부가 조직에 의한 결정의 결과로, 외부공급자에 의해 제공된 경우

조직은 요구사항에 따라 프로세스 또는 제품 및 서비스를 공급할 수 있는 능력을 근거로, 외부공급자의 평가, 선정, 성과 모니터링 및 재평가에 대한 기준을 결정하고 적용하여야 한다. 또한 조직은 이들 활동에 대한, 그리고 평가를 통해 발생한 모든 필요한 조치에 대한 문서화 된 정보를 보유하여야 한다.

8.4.2 관리의 유형과 정도(extent)

조직은 외부에서 제공되는 프로세스, 제품 및 서비스가, 적합한 제품 및 서비스를 고객에게 일관되게 인도하는 조직의 능력에 부정적인 영향을 미치지 않음을 보장하여야 한다.

조직은 다음 사항을 수행하여야 한다.

a) 외부에서 제공되는 프로세스가 조직의 품질경영시스템 관리 내에서 유지됨을 보장
b) 외부공급자에게 적용하기로 한 관리와, 결과로 나타나는 출력에 적용하기로 한 관리 모두를 규정
c) 다음에 대한 고려

　　1) 고객 요구사항과 법적 및 규제적 요구사항을 일관되게 충족시켜야 하는 조직의 능력에 미치는, 외부에서 제공되는 프로세스, 제품 및 서비스의 잠재적 영향
　　2) 외부공급자에 의해 적용되는 관리의 효과성

d) 외부에서 제공되는 프로세스, 제품 및 서비스가 요구사항을 충족시킴을 보장하기 위하여 필요한 검증 또는 기타 활동의 결정

8.4.3 외부공급자를 위한 정보

조직은 외부공급자와 의사소통하기 이전에 요구사항이 타당함/충분함(adequacy)을 보장하여야 한다.

조직은 다음 사항에 대한 조직의 요구사항을 외부공급자에게 전달하여야 한다.

a) (외부공급자가) 제공하는 프로세스, 제품 및 서비스
b) 다음에 대한 승인

　　1) 제품 및 서비스
　　2) 방법, 프로세스 및 장비
　　3) 제품 및 서비스의 불출(release)

c) 요구되는 관련 모든 인원의 자격을 포함한 역량/적격성
d) 조직과 외부공급자의 상호 작용
e) 외부공급자의 성과에 대하여 조직이 적용하는 관리 및 모니터링
f) 조직 또는 조직의 고객이 외부공급자의 현장에서 수행하고자 하는 검증 또는 실현성 확인 활동

◎ 요구사항의 취지 : 조직에게 프로세스, 제품 및 서비스를 제공하는 협력업체는 공급 능력에 맞게 평가, 재평가를 통해서 관리해야 하며, 공급되는 프로세스, 제품 및 서비스는 기준에 따라 평가 및 관리하라.

◎ 주요 체크포인트
1. 조직은 외부공급자 관리절차에 따라 외부공급자를 평가, 선정 및 재평가되고 있는가?
2. 조직은 공급업체의 공급되는 프로세스 제품 및 서비스는 기준에 따라 평가되고 있는가?

증빙 : 구매요청서, 발주서, 자재입고출고 재고관리, 수입검사기준서, 수입검사성적서, 출하검사기준서, 출하검사성적서, 공급업체실태조사서, 협력업체 관리대장, 신규업체평가표, 협력업체 정기평가표, 공급계약서 등

8.5 생산 및 서비스 제공

8.5.1 생산 및 서비스 제공의 관리

조직은 제품 및 서비스 제공을 관리되는 조건하에서 실행하여야 한다.

관리되는 조건에는 해당되는 경우, 다음 사항이 포함되어야 한다.

a) 다음을 규정하는 문서화된 정보의 가용성

   1) 생산되어야 하는 제품의, 제공되어야 하는 서비스의, 또는 수행되어야 하는 활동의 특성
   2) 달성되어야 하는 결과

b) 적절한 모니터링 자원 및 측정 자원의 가용성 및 활용
c) 프로세스 또는 출력의 관리에 대한 기준, 그리고 제품 및 서비스에 대한 합격 판정기준이 충족되었음을 검증하기 위하여, 적절한 단계에서 모니터링 및 측정 활동의 실행
d) 프로세스 운용을 위한 적절한 기반구조 및 환경의 활용
e) 요구되는 모든 자격을 포함하여, 역량이 있는 인원의 선정
f) 결과로 나타난 출력이, 후속되는 모니터링 또는 측정에 의해 검증될 수 없는 경우, 생산 및 서비스 제공을 위한 프로세스의 계획된 결과를 달성하기 위한 능력의 실현성 확인 및 주기적 실현성 재확인
g) 인적 오류를 예방하기 위한 조치의 실행
h) 불출, 인도 및 인도 후 활동의 실행

8.5.2 식별과 추적성

조직은 제품 및 서비스의 적합성을 보장하기 위하여 필요한 경우, 출력을 식별하기 위하여 적절한 수단을 활용하여야 한다.

조직은 생산 및 서비스 제공 전체에 걸쳐 모니터링 및 측정 요구사항에 관한 출력의 상태를 식별하여야 한다.

추적성이 요구사항인 경우, 조직은 출력의 고유한 식별을 관리하여야 하며, 추적이 가능하기 위하여 필요한 문서화된 정보를 보유하여야 한다.

8.5.3 고객 또는 외부공급자의 재산

조직은 조직의 관리하에 있거나, 조직이 사용중에 있는 고객 또는 외부공급자의 재산에 대하여 주의를 기울여야 한다. 조직은 제품 및 서비스에 사용되거나 포함되도록 제공된 고객 또는 외부공급자의 재산을 식별, 검증, 보호 및 안전하게 유지하여야 한다.

고객 또는 외부공급자의 재산이 분실, 손상 또는 사용하기에 부적절한 것으로 판명된 경우, 조직은 고객 또는 외부공급자에게 이를 통보하여야 하며, 발생한 사항에 대해 문서화된 정보를 보유하여야 한다.

비고   고객 또는 외부공급자의 재산에는 자재, 부품, 공구 및 장비, 고객 부동산, 지적 소유권 및 개인 정보가 포함될 수 있다.

8.5.4 보존

조직은 요구사항에 적합함을 보장하기 위해 필요한 정도까지, 생산 및 서비스를 제공하는 동안 출력을 보존하여야 한다.

비고   보존에는 식별, 취급, 오염관리, 포장, 보관, 전달 또는 수송 및 보호가 포함될 수 있다.

8.5.5 인도 후 활동

조직은 제품 및 서비스에 연관된 인도 후 활동에 대한 요구사항을 충족하여야 한다.

조직은 요구되는 인도 후 활동에 관한 정도를 결정할 때, 다음 사항을 고려하여야 한다.

a) 법적 및 규제적 요구사항
b) 제품 및 서비스와 관련한 잠재적으로 원하지 않은 결과
c) 제품 및 서비스의 성질, 용도 및 계획수명
d) 고객 요구사항
e) 고객 피드백

비고   인도 후 활동에는 보증규정에 따른 조치, 정비 서비스와 같은 계약상 의무사항, 그리고 재활용이나 최종 폐기와 같은 보충적인 서비스가 포함될 수 있다.

8.5.6 변경관리

조직은 생산 또는 서비스 제공에 대한 변경을, 요구사항과의 지속적인 적합성을 보장하기 위하여 필요한 정도까지 검토하고 관리하여야 한다.

조직은 변경에 대한 검토의 결과, 변경 승인자 및 검토 결과 도출된 필요한 모든 조치사항을 기술한 문서화된 정보를 보유하여야 한다.

> ✅ **요구사항의 취지** : 조직에서 제공하는 제품 및 서비스에 대한 관리기준을 마련하여 관리하라.
>
> ✅ **주요 체크포인트**
> 1. 생산 및 서비스 절차서에 의해 제품 및 서비스가 실행되고 있는가?
> 2. 제품 및 서비스 제공 시 적절한 모니터링 및 측정 장비가 사용되고 있는가?
> 3. 제품 및 서비스의 식별 및 추적성 프로세스가 실행되고 있는가?
> 4. 외부공급자 재산에 대한 관리가 되고 있는가?
> 5. 제품 및 서비스의 인도 후 활동은 제품 및 서비스 요구사항 절차에 따라 관리되고 있는가?
> 6. 변경 관리에 대해서는 생산 및 서비스절차에 따라 변경관리가 되고 있는가?

> 증빙 : 작업일보, 작업표준서, 작업지시서, 제조/QC공정도, 연간생산 계획 및 실적, 월간생산 계획 및 실적, 설비 가동율 실적, 공정검사성적서, 제품검사기준서, 고객재산 관리대장, 자재점검일지, 자재수불대장, 시효/위험자재 관리대장, 완제품점검일지, 변경점 관리대장 등

8.6 제품 및 서비스의 불출/출시(release)

조직은 제품 및 서비스 요구사항이 충족되었는지 검증하기 위하여, 적절한 단계에서 계획된 결정사항을 실행하여야 한다. 계획된 결정사항이 만족스럽게 완료될 때까지, 제품 및 서비스는 고객에게 불출되지 않아야 한다. 다만, 관련 권한을 가진 자가 승인하고, 고객이 승인한 때(해당되는 경우)에는 불출할 수 있다.

조직은 제품 및 서비스의 불출에 관련된 문서화된 정보를 보유하여야 한다. 문서화된 정보에는 다음사항이 포함되어야 한다.

a) 합격 판정기준에 적합하다는 증거
b) 불출을 승인한 인원에 대한 추적성

> ◉ **요구사항의 취지** : 조직은 제공하는 제품 및 서비스의 출하 시 출하검사기준을 마련하여 관리해야 하며 기준을 벗어난 경우에는 불출하지 마라.
>
> ◉ **주요 체크포인트**
> 1. 제품 및 서비스의 불출에 대한 합격판정기준이 수립되어 있는가?
> 2. 제품 및 서비스 불출의 승인권자는 지정되어 있는가?

증빙 : 출하관리 대장, 출하검사 기준서, 출하검사성적서(검사자 날인 확인) 등

8.7 부적합 출력/산출물(output)의 관리

8.7.1 조직은 의도하지 않은 사용 또는 인도를 방지하기 위하여, 제품 요구사항에 적합하지 않은 출력이 식별되고 관리됨을 보장하여야 한다.

조직은 부적합 성질(nature)에, 그리고 제품 및 서비스의 적합성에 대하여 부적합이 미치는 영향에 따라 적절한 조치를 취하여야 한다. 이것은 제품의 인도 후, 그리고 서비스의 제공 중 또는 제공 후에 발견된 제품 및 서비스의 부적합에도 적용된다.

조직은 부적합 출력을 다음의 하나 또는 그 이상의 방법으로 처리하여야 한다.

a) 시정
b) 제품 및 서비스 제공의 격리, 봉쇄/억제, 반품 또는 정지
c) 고객에게 통지
d) 특채에 의해 인수를 위한 승인의 획득

부적합 출력이 조치되는 경우, 요구사항에 대한 적합성이 검증되어야 한다.

8.7.2 조직은 다음의 문서화된 정보를 보유하여야 한다.

a) 부적합에 대한 기술

b) 취해진 조치에 대한 기술

c) 승인된 특채에 대한 기술

d) 부적합에 관한 활동을 결정하는 책임의 식별

> ⊘ **요구사항의 취지** : 조직에서 제공하는 제품 및 서비스가 의도하지 않은 사용을 방지하기 위한 관리를 하라.
>
> ⊘ **주요 체크포인트**
> 1. 부적합출력물 관리절차에 따라 실행 및 관리되고 있는가?
> 2. 부적합품에 대해 별도 보관 장소에 식별조치 되고 이에 대한 시정조치가 실행되고 있는가?

증빙 : 부적합 보고서, 부적합 관리대장, 특채관리대장, 재작업 관리대장 등

9. 성과 평가

9.1 모니터링, 측정, 분석 및 평가

9.1.1 일반사항

조직은 다음 사항을 결정하여야 한다.

a) 모니터링 및 측정의 대상
b) 유효한 결과를 보장하기 위하여, 필요한 모니터링, 측정, 분석 및 평가에 대한 방법
c) 모니터링 및 측정 수행 시기
d) 모니터링 및 측정의 결과에 대한 분석 및 평가 시기

조직은 품질경영시스템의 성과 및 효과성을 평가하여야 한다.

조직은 결과의 증거로, 적절한 문서화된 정보를 보유하여야 한다.

9.1.2 고객만족

조직은 고객의 니즈 및 기대가 어느 정도 충족되었는지에 대한 고객의 인식을 모니터링 하여야 한다.

조직은 이 정보를 수집, 모니터링 및 검토 하기위한 방법을 결정하여야 한다.

비고   고객인식에 대한 모니터링의 사례에는 고객 설문조사, 인도된 제품 또는 서비스에 대한 고객피드백, 고객과의 미팅, 시장점유율 분석, 고객의 칭찬, 보증 클레임, 그리고 판매업자 보고서가 포함될 수 있다.

9.1.3 분석 및 평가

조직은 모니터링 및 측정에서 나온 적절한 데이터와 정보를 분석하고, 평가하여야 한다.

분석의 결과는 다음 사항의 평가를 위하여 사용되어야 한다.

a) 제품 및 서비스의 적합성
b) 고객 만족도
c) 품질경영시스템의 성과 및 효과성
d) 기획의 효과적인 실행 여부
e) 리스크와 기회를 다루기 위하여 취해진 조치의 효과성
f) 외부공급자의 성과
g) 품질경영시스템의 개선 필요성

비고   데이터 분석 방법에는 통계적인 기법이 포함될 수 있다.

요구사항의 취지 : 조직의 품질경영시스템 구축, 실행, 유지에 대한 성과를 확인하라.

주요 체크포인트
1. 모니터링, 측정 및 평가를 절차에 따라 실행되고 있는가?

증빙 : 년간 성과지표 관리대장, 고객만족도 조사서, 고객만족도 평가서 등

9.2 내부심사

9.2.1 조직은 품질경영시스템이 다음 사항에 대한 정보를 제공하기 위하여, 계획된 주기로 내부심사를 수행하여야 한다.

a) 다음 사항에 대한 적합성 여부

· 품질경영시스템에 대한 조직 자체 요구사항
· 이 표준의 요구사항

b) 품질경영시스템이 효과적으로 실행되고 유지되는지 여부

9.2.2 조직은 다음 사항을 실행하여야 한다.

a) 주기, 방법, 책임, 요구사항의 기획 및 보고를 포함하는, 심사 프로그램의 계획, 수립, 실행 및 유지, 그리고 심사프로그램에는 관련 프로세스의 중요성, 조직에 영향을 미치는 변경, 그리고 이전심사 결과가 고려되어야 한다.
b) 심사기준 및 개별 심사의 적용범위에 대한 규정
c) 심사 프로세스의 객관성 및 공평성을 보장하기 위한 심사원 선정 및 심사 수행
d) 심사결과가 관련 경영자에게 보고됨을 보장
e) 과도한 지연 없이 적절한 시정 및 시정조치 실행
f) 심사 프로그램의 실행 및 심사결과의 증거로 문서화된 정보의 보유

비고 가이던스로서 KS Q ISO 19011 참조

9.3 경영검토/경영평가(management review)

9.3.1 일반사항

최고경영자는 조직의 전략적 방향에 대한 품질경영시스템의 지속적인 적절성, 충족성, 효과성 및 정렬성을 보장하기 위하여 계획된 주기로 조직의 품질경영시스템을 검토하여야 한다.

9.3.2 경영검토 입력사항

경영검토는 다음 사항을 고려하여 계획되고 수행되어야 한다.

a) 이전 경영검토에 따른 조치의 상태

b) 품질경영시스템과 관련된 외부 및 내부 이슈의 변경

c) 다음의 경향을 포함한 품질경영시스템의 성과 및 효과성에 대한 정보

　1) 고객만족 및 관련 이해관계계자로부터의 피드백

　2) 품질목표의 달성 정도

　3) 프로세스 성과, 그리고 제품 및 서비스의 적합성

　4) 부적합 및 시정조치

　5) 모니터링 및 측정 결과

6) 심사결과

7) 외부공급자의 성과

d) 자원의 충족성

e) 리스크와 기회를 다루기 위하여 취해진 조치의 효과성

f) 개선 기회

9.3.3 경영검토 출력사항

경영검토의 출력사항에는 다음 사항과 관련된 결정과 조치가 포함되어야 한다.

a) 개선 기회

b) 품질경영시스템 변경에 대한 모든 필요성

c) 자원의 필요성

조직은 경영검토 결과의 증거로, 문서화된 정보를 보유하여야 한다.

⦿ **요구사항의 취지** : 조직의 전략적 방향에 대한 품질경영시스템의 지속적인 적절성, 충족성, 효과성 및 정렬성을 보장하기 위하여 계획된 주기로 조직의 품질경영 시스템을 검토하라.

⦿ **주요 체크포인트**

1. 경영검토는 절차에 따라 적절하게 실시 되었는가?

2. 경영검토는 언제 실시 하였는가?

3. 경영검토 검토(입력) 항목은 규격 요구사항을 반영하고 있는가?

4. 경영검토 출력 항목은 다음 요구사항을 반영하고 있는가?

   1) QMS 및 프로세스의 효과성에 대한 개선

   2) 고객 요구사항과 관련한 제품의 개선

   3) 자원의 필요성 등의 결정과 조치

   4) 경영시스템 변경에 대한 필요성

증빙 : 경영검토서(일부 조직은 사업계획서에 나타내기도 함)

10. 개선

10.1 일반사항

조직은 개선 기회를 결정하고 선택하여야 하며, 고객 요구사항을 충족시키고 고객만족을 증진시키기 위하여 필요한 모든 조치를 실행하여야 한다.

조치에는 다음 사항이 포함되어야 한다.

a) 요구사항을 충족시키기 위한 것뿐만 아니라, 미래의 니즈와 기대를 다루기 위한 제품 및 서비스의 개선
b) 시정, 예방 또는 바람직하지 않는 영향의 감소
c) 품질경영시스템의 성과 및 효과성 개선

비고   개선의 사례에는 시정, 시정조치, 지속적 개선, 획기적인 변화, 혁신 및 조직 개편이 포함될 수 있다.

10.2 부적합 및 시정조치

10.2.1 불만족에서 야기된 모든 것을 포함하여 부적합이 발생하였을 때, 조직은 다음 사항을 실행하여야 한다.

a) 부적합에 대처하여야 하며 해당되는 경우, 다음 사항이 포함되어야 한다.

  1) 부적합을 관리하고 시정하기 위한 조치를 취함
  2) 결과를 처리함

b) 부적합이 재발하거나 다른 곳에서 발생하지 않게 하기 위해서, 부적합의 원인을 제거하기 위한 조치의 필요성을 다음 사항에 의하여 평가하여야 한다.

  1) 부적합의 검토와 분석
  2) 부적합 원인의 결정
  3) 유사한 부적합의 존재 여부 또는 잠재적인 발생 여부 결정

c) 필요한 모든 조치의 실행
d) 취해진 모든 시정조치의 효과성 검토
e) 필요한 경우, 기획 시 결정된 리스크와 기회의 갱신
f) 필요한 경우, 품질경영시스템의 변경

시정조치는 직면한 부적합의 영향에 적절하여야 한다.

10.2.2 조직은 다음 사항의 증거로, 문서화된 정보를 보유하여야 한다.

a) 부적합의 성질 및 취해진 모든 후속조치

b) 모든 시정조치의 결과

> ● **요구사항의 취지** : 불만족에서 야기된 사항에 대하여 근본원인 분석, 수평전개(파급력 확인), 방지대책 수립, 효과성 평가, 경영시스템 변경 등을 통해 관리하라.
>
> ● **주요 체크포인트**
> 1. 시정 조치 절차에 따라 부적합에 대한 시정조치가 실행되며 관리되고 있는가?

증빙 : 부적합 보고서 시정조치요구서, 시정조치요구 관리대장 등

10.3 지속적 개선

조직은 품질경영시스템의 적절성, 충족성 및 효과성을 지속적으로 개선하여야 한다.

조직은 지속적 개선의 일부로서 다루어야 할 니즈 또는 기회가 있는지를 결정하기 위하여, 분석 및 평가의 결과, 그리고 경영검토의 출력사항을 고려하여야 한다.

> ● **요구사항의 취지** : 조직은 품질경영시스템의 적절성, 충족성 및 효과성을 지속적으로 개선하라.
>
> ● **주요 체크포인트**
> 1. 조직은 품질경영시스템의 적절성, 충족성 및 효과성을 지속적으로 개선하기 위한 계획이 있는가?
> 2. 지속적 개선을 위한 수집된 데이터의 분석 및 평가가 이루어지고 있는가?

증빙 : 개선 추진계획서 등

제2장

환경경영 시스템 요구사항

(KS Q ISO 14001:2015)

0. 개요

이 표준은 2015년 제3판으로 발행된 ISO14001, Environmental management systems — Requirements with guidance for use를 기초로 기술적 내용 및 대응국제표준의 구성을 변경하지 않고 작성한 한국산업표준이다.

0.1 배경

미래 세대의 니즈(needs)를 충족시키는 능력(ability)을 손상시키지(compromising) 않고 현재 세대의 니즈(needs)를 충족시키기 위해, 환경, 사회 및 경제 사이의 균형을 이루는 것은 필수적이라고 여겨진다.

지속가능한 발전의 목표는 지속가능성의 세 가지 분야(pillar) 사이의 균형을 만족시킴으로서 달성될 수 있다. 지속가능한 발전, 투명성 그리고 책무에 대한 사회적 기대는 보다 더 엄격한 법률, 오염으로 인해 환경에 미치는 압력의 증가, 자원의 비효율적 사용, 폐기물의 부적절한 관리, 기후변화, 생태계의 파괴 및 생물다양성의 훼손과 함께 진화하여 왔다.

비고 지속가능성의 세 가지 분야(pillar)는 환경, 사회, 경제를 의미한다.

이러한 점이 조직으로 하여금, 지속가능성의 환경 분야(pillar)에 기여할 목적으로, 환경경영시스템을 실행함으로써 체계적으로 환경경영에 접근하도록 이끌고 있다.

0.2 환경경영시스템의 목표(aim)

이 표준의 목적은 조직에게 환경을 보호하고, 사회경제적 니즈(needs)와 균형 있게 변화하는 환경여건에 대응할 수 있는 틀을 제공하는 것이다. 이 표준은 조직이 환경경영시스템을 통해 의도한 결과를 달성할 수 있도록 하는 요구사항을 규정한다.

환경경영에 대한 체계적 접근은 최고경영자에게 장기적인 성공 달성을 위한 정보를 제공할 수 있으며, 지속가능한 발전에 기여할 수 있는 선택사항(option)을 만들 수 있다.

그 수단은 다음과 같다.

· 환경적 악영향을 예방하거나 완화함으로써 환경을 보호
· 환경여건이 조직에 미치는 잠재적 악영향을 완화
· 조직의 준수의무사항을 충족하도록 지원
· 환경성과의 증진
· 의도한 바와 다르게 환경영향이 전과정(life cycle)의 다른 단계로 전이되는 것을 방지할 수 있도록, 전 과정 관점을 활용하여 조직의 제품 및 서비스가 설계, 제조, 유통, 폐기되는 방식을 관리하거나 영향을 미치도록 함
· 조직의 시장 내 지위를 강화할 수 있는 환경적으로 건전한 대안을 실행함으로써 재정 및 운용 편익 달성
· 이해관계자와 환경정보에 대한 의사소통

다른 표준과 같이 이 표준은 조직의 법규 요구사항을 가중 또는 변경시키도록 의도한 것은 아니다.

0.3 성공요인

환경경영시스템의 성공은 최고경영자의 주도 하에 조직의 모든 계층(level)과 부서(function)에서 실행되는가의 여부에 달려 있다. 특히, 전략 및 경쟁 측면에서 환경적 악영향을 예방하거나 완화시키고 유익한 환경영향을 증진시키기 위해, 조직은 기회(opportunity)를 지렛대(leverage)로 활용할 수 있다.

최고경영자는 환경경영을 조직의 비즈니스 프로세스, 전략적 방향 및 의사결정에 통합시키고, 다른 비즈니스 우선순위와 조율하여, 환경 거버넌스를 조직 전체의 경영시스템에 통합시킴으로써, 조직의 리스크와 기회를 효과적으로 다룰 수 있다. 이해관계자에게 효과적인 환경경영시스템이 운용되고 있음을 보장하기 위해, 이 표준이 성공적으로 적용되고 있음을 보여줄 수 있을 것이다.

그러나 이 표준의 채택 자체가 최적의 환경적 결과를 보증하는 것은 아니다. 이 표준의 적용은 조직의 상황에 따라 조직마다 다를 수 있다. 두 조직이 유사한 활동을 수행하더라도, 서로 다른 준수의무사항, 환경방침에 드러난 의지, 환경기술 및 환경성과 목표를 가질 수 있다. 그럼에도 불구하고 두조직 모두는 이 표준의 요구사항에 부합할 수 있다.

환경경영시스템의 상세함과 복잡함의 수준은 조직의 환경측면 및 관련 환경영향을 포함하여 조직의 상황, 환경경영시스템의 적용범위, 조직의 준수의무사항 및 조직의 활동, 제품 및 서비스 특성에 따라 다를 것이다.

0.4 계획·실행·점검·조치(PDCA) 모델

환경경영시스템의 기초가 되는 기본 접근방법은 계획·실행·점검·조치(PDCA) 개념에서 찾아 볼 수 있다. PDCA 모델은 조직이 지속적 개선을 달성하기 위해 사용하는 반복적인(iterative) 프로세스를 제공한다. 이 모델은 환경경영시스템과 환경경영시스템의 개별 요소에 적용될 수 있다. 다음과 같이 이 모델을 간략하게 설명할 수 있다.

· 계획(Plan): 조직의 환경방침과 일치하는 결과를 만들어 내는(deliver) 데 필요한 환경목표와

프로세스를 수립
- 실행(Do): 계획에 따라 프로세스를 실행
- 점검(Check): 조직의 의지, 환경목표 및 운용기준을 포함하여 환경방침에 대한 프로세스를 모니터링 및 측정하고, 그 결과를 보고
- 조치(Act): 지속적 개선을 위한 조치를 취함

그림 1은 이 표준의 신규 또는 기존 사용자들이 시스템 접근방법의 중요성을 이해할 수 있도록, 이 표준에서 소개된 틀(framework)이 PDCA 모델과 어떻게 통합될 수 있는지를 보여준다.

[그림 1] PDCA 사이클에서 이 표준의 구조 표현

0.5 이 표준의 내용

이 표준은 ISO의 경영시스템표준(MSS) 요구사항을 준수한다. 이 요구사항은, 여러 ISO 경영시스템 표준(MSS)을 사용하는 사용자들에게 도움이 되도록 설계된, 상위 문서 구조(high level structure), 동일한 핵심문구, 공통 용어 및 핵심 용어 정의를 포함한다.

이 표준은 품질, 안전보건, 에너지, 재무경영과 같은 다른 경영시스템의 특정 요구사항을 포함하

지 않는다. 그러나 이 표준은 조직이 환경경영시스템을 다른 경영시스템 요구사항들과 통합할 수 있도록 동일한 접근방법과 리스크 기반의 사고방식을 사용할 수 있게 한다.

이 표준은 적합성평가에 사용된 요구사항을 포함하고 있다. 조직은 다음과 같은 방법을 통하여 이 표준에의 적합성을 입증할 수 있다.

· 자기주장(self·determination) 및 자기선언
· 고객 등 조직의 이해관계자에 의해 조직의 적합성에 대한 확인을 추구
· 조직 외부의 당사자에 의해 자기선언의 확인을 모색
· 외부 조직에 의한 조직의 환경경영시스템 인증/등록 추진

이 표준에서는 다음과 같은 조동사 형태가 사용된다.

· "하여야 한다(shall)"는 요구사항을 의미한다.
· "하여야 할 것이다/하는 것이 좋다(should)"는 권고사항을 의미한다.
· "해도 된다(may)"는 허용을 의미한다.
· "할 수 있다(can)"는 가능성 또는 능력을 의미한다.

"비고"로 표시된 정보는 문서의 이해나 사용을 돕고자 하는 것이다. 3절에서 사용하는 "비고"는 용어에 대한 부가적인 정보를 제공하며, 용어 사용과 관련된 조항을 포함 할 수 있다.

3절의 용어와 정의는 개념상의 순서에 따라 배열되었으며, 가나다순으로 배열된 용어 색인 목록은 이 문서의 마지막에 있다.

1. 적용범위

이 표준은 조직이 환경성과를 증진시키기 위해 활용할 수 있는 환경경영시스템에 대한 요구사항을 규정한다. 이 표준은 조직이 지속가능성의 환경 분야((environmental pillar)에 기여하는 환경책임을 체계적인 방법으로 관리하고자 하는 의도로 작성되었다.

이 표준은 조직이 환경경영시스템의 의도된 결과를 달성할 수 있도록 도와준다. 이러한 것은 환경, 조직자체 및 조직의 이해관계자에게 가치를 제공한다. 조직의 환경방침과 일관되게 환경경영시스템의 의도한 결과에는 다음 사항이 포함된다.

· 환경성과의 향상
· 준수의무사항의 충족
· 환경목표의 달성

이 표준은 조직의 규모나 형태, 성격(nature)에 상관없이 모든 조직에 적용할 수 있으며, 전 과정의 관점에서 조직이 관리할 수 있거나 영향을 미칠 수 있다고 정한(determine) 조직의 활동, 제품 및 서비스의 환경측면에 적용할 수 있다. 이 표준은 구체적인 환경성과기준(environmental performance criteria)을 명시하지 않는다.

체계적인 환경경영 개선을 위해 이 표준의 전체 또는 일부분이 사용될 수 있다. 그러나 만약 이 표준의 모든 요구사항이 조직의 환경경영시스템에 통합(incorporated)되지 않거나 예외 없이 충족되지 않는다면, 이 표준에 대한 적합성 선언은 인정될 수 없다.

2. 인용표준

인용표준은 없다.

3. 용어의 정의

[참고] 이 표준의 용어와 정의는 경영시스템표준(MSS) 간의 용어 일치를 위해 KS Q ISO 9000:2015 용어를 최대한 적용하였다.

3.1 조직 및 리더십 관련 용어

3.1.1 경영시스템(management system)

방침과 목표를 수립하고, 그 목표의 달성을 위한 프로세스를 수립하는, 조직의 상호 관련되거나 상호작용하는 조직 요소의 집합

비고 1 경영시스템은 하나 또는 다수의 분야를 다룰 수 있다(예: 품질, 환경, 산업안전보건, 에너지, 재무 경영).

비고 2 시스템 요소에는 조직구조, 역할 및 책임, 기획 및 운용, 성과평가 및 개선이 포함된다.

비고 3 경영시스템의 적용범위에는 조직 전체, 조직의 특정한 그리고 파악된 기능, 조직의 특정한 그리고 파악된 부문, 또는 조직 그룹 전체에 있는 하나 또는 그 이상의 기능을 포함할 수 있다.

3.1.2 환경경영시스템(environmental management system)

환경측면을 관리하고, 준수의무사항을 충족하며, 리스크 및 기회를 다루기 위한 경영시스템의 일부

3.1.3 환경방침(environmental policy)

최고경영자에 의해 공식적으로 제시된 환경성과와 관련된 조직의 의도 및 방향

3.1.4 조직(organization)

조직의 목표 달성에 책임, 권한 및 관계가 있는 자체의 기능을 가진 사람 또는 사람의 집단

비고   조직의 개념은 다음을 포함하나, 이에 국한되지 않는다. 개인사업자, 회사, 법인상사, 기업당국, 파트너십, 협회, 자선단체 또는 기구, 혹은 이들이 통합이든 아니든 공적이든 사적이든 이들의 일부 또는 조합

3.1.5 최고경영자(top management)

최고의 계층에서 조직을 지휘하고 관리하는 사람 또는 그룹

비고 1 최고경영자는 조직 내에서 권한을 위임하고 자원을 제공할 힘을 갖는다.
비고 2 경영시스템의 적용범위가 단지 조직의 일부만을 포함하는 경우, 조직의 그 일부분을 지휘하고 관리하는 사람들을 최고경영자라고 부를 수 있다.

3.1.6 이해관계자(interested party)

의사결정 또는 활동에 영향을 줄 수 있거나 영향을 받을 수 있거나 또는 그들 자신이 영향을 받는다는 인식을 할 수 있는 사람 또는 조직

보기   고객, 공동체, 공급자, 규제당국, 민간단체(NGO), 투자자 및 종업원

비고   "그들 자신이 영향을 받는다고 인식한다"는 것은 이러한 인식이 조직에게 알려진 것을 의미한다.

3.2 기획 관련 용어

3.2.1 환경(environment)

조직이 운용되는 주변여건(공기, 물, 토양, 천연자원, 식물군(群), 동물군, 인간 및 이들 요소 간의 상호관계를 포함)

비고 1 주변여건이란 조직 내부에서부터 국지적(local), 지역적(regional), 전 지구적인 시스템까지 확대될 수 있다.
비고 2 주변여건은 생물다양성, 생태계, 기후 또는 기타 특성으로 표현될 수 있다.

3.2.2 환경측면(environmental aspect)

환경과 상호작용하거나 상호작용할 수 있는 조직의 활동 또는 제품 또는 서비스 요소

비고 1 환경측면은 환경영향을 야기할 수 있다. 중대한 환경측면이란, 하나 또는 그 이상의 중대한 환경영향을 미치거나 미칠 수 있는 측면을 말한다.
비고 2 중대한 환경측면은 조직이 하나 또는 그 이상의 기준을 적용하여 결정한다.

3.2.3 환경여건(environmental condition)

어떤 시점에서 결정된 환경의 상태 또는 특성

3.2.4 환경영향(environmental impact)

조직의 환경측면에 의해 전체적 또는 부분적으로 환경에 좋은 영향을 미치거나 나쁜 영향을 미칠 수 있는 모든 환경 변화

3.2.5 목표(objective)

달성되어야 할 결과

비고 1 목표는 전략적, 전술적 또는 운용적일 수 있다.
비고 2 목표는 다른 분야(재무, 산업안전보건, 그리고 환경목표)와 관련될 수 있고, 상이한 계층(전략적, 조직 전반, 프로젝트, 제품, 서비스 그리고 프로세스)에 적용될 수 있다.

비고 3 목표는 다르게 표현될 수 있다. 예를 들면, 의도된 결과, 목적(purpose), 운용기준 또는 환경목표, 또는 비슷한 의미를 갖는 다른 용어(예: 영어의 경우 aim, goal, target)의 사용으로 표현될 수 있다.

3.2.6 환경목표(environmental objective)

환경방침과 일관성이 있게 조직이 설정한 목표

3.2.7 오염예방(prevention of pollution)

부정적 환경적 영향을 감소시키기 위하여 어떠한 형태의 오염물질 또는 폐기물의 발생, 방출 또는 배출의 회피, 저감 또는 관리(분리 또는 조합하여)를 위한 프로세스, 관행, 기술, 재료, 제품, 서비스 또는 에너지의 사용

비고   오염예방에는 발생원의 감소 또는 제거, 프로세스, 제품 또는 서비스의 변경, 자원의 효율적인 활용, 재료 및 에너지의 대체, 재사용, 회수, 재활용, 재생이용 및 처리를 포함할 수 있다.

3.2.8 요구사항(requirement)

명시적이거나 일반적으로 묵시적이거나 또는 의무적인 니즈(needs) 또는 기대

비고 1 "일반적으로 묵시적"은 조직 및 이해관계자의 요구 또는 기대가 묵시적으로 고려되는 관습 또는 일상적인 관행을 의미한다.
비고 2 명시적 요구사항은, 예를 들면 문서화된 정보에 명시된 것을 말한다.
비고 3 법규 요구사항 이외의 사항은 조직이 준수하기로 결정한 경우에 의무적인 요구사항이 된다.
비고 4 KS Q ISO 9000:2015 참조
비고 5 ISO 14001:2015에서는 "need"로 표현되어 있으나, 문맥상 "니즈(needs)"로 번역함

3.2.9 준수의무사항(compliance obligations, 표준용어)

법적 요구사항 및 그 밖의 요구사항. 조직이 준수해야 하는 법적 요구사항과 조직이 준수해야 하거나 준수하기로 선택한 그 밖의 요구사항

비고 1 준수의무사항은 환경경영시스템과 관련이 있다.
비고 2 준수의무사항은 적용 가능한 법규나 규제에 따른 의무 요구사항으로부터 발생할 수 있거나,또는 회사 및 산업 표준, 계약 관계, 실행 규칙(code of practice) 그리고 지역사회 그룹이나 NGO와의 합의 등 자발적인 서약으로부터 발생할 수 있다.

3.2.10 리스크(risk)

불확실성의 영향(effect)

비고 1 영향은 긍정적이든 부정적이든 예상한 것으로부터 벗어난 것이다.

비고 2 불확실성은 사건, 사건의 결과 또는 가능성에 대한 이해 또는 지식에 관련된 정보의 부족, 심지어 부분적으로 부족한 상태이다.

비고 3 리스크는 흔히 잠재적인 "사건"(ISO Guide 73:2009, 3.5.1.3)과 "결과"(ISO Guide 73:2009,3.6.1.3) 또는 이들의 조합으로 특징지어진다.

비고 4 리스크는 사건의 결과(주변환경의 변화를 포함하는)와 그 사건 결과에 연관된 발생 "가능성"(ISO Guide 73:2009, 3.6.1.1에 정의된 의미로)의 조합으로 종종 표현된다.

3.2.11 리스크와 기회(risks and opportunities)

잠재적 악영향(위협)과 잠재적 유익한 결과(기회)

3.3 지원 및 운용 관련 용어

3.3.1 역량(competence)

의도된 결과를 달성하기 위해 지식과 기술을 적용하는 능력

3.3.2 문서화된 정보(documented information)

조직에 의해 관리되고 유지되도록 요구되는 정보와 그 정보가 포함되어 있는 매체

비고 1 문서화된 정보는 어떠한 형태 및 매체일 수 있으며, 어떠한 출처로부터 올 수 있다.

비고 2 문서화된 정보는 다음으로 언급될 수 있다.

· 관련 프로세스를 포함하는 환경경영시스템

· 조직에서 운용하기 위해서 만든 정보(문서화로 언급될 수 있음)

· 달성된 결과의 증거(기록으로 언급될 수 있음)

3.3.3 전 과정(life cycle)

천연자원으로부터 원료의 획득 또는 채취에서 최종 폐기까지의 제품(또는 서비스) 시스템의 연속적이고 상호 연결된 단계

비고 1 전과정 단계에는 원료물질의 채취, 설계, 생산, 운송/배송, 사용, 사용 후 처리 및 최종 폐기가 포함된다.
비고 2 KS I ISO 14025:2007, 3.20 참조

3.3.4 외주처리 하다(outsource(verb))

외부 조직이 조직의 기능 또는 프로세스의 일부를 수행하도록 하다.

비고　외주처리 된 기능 또는 프로세스가 경영시스템의 적용범위 내에 있다 하더라도, 외부 조직은 경영시스템 적용범위 밖에 존재한다.

3.3.5 프로세스(process)

입력을 출력으로 전환하는 상호 관련되거나 상호 작용하는 활동의 집합

비고 프로세스는 문서화될 수도 있고 문서화되지 않을 수도 있다.

3.4 성과평가 및 개선 관련 용어

3.4.1 심사(audit)

심사기준에 충족되는 정도를 결정하기 위하여 심사증거를 수집하고 객관적으로 평가하기 위한, 체계적이고 독립적이며 문서화된 프로세스

비고 1 내부 심사는 조직이 스스로 수행하거나, 조직을 대신하는 외부 당사자가 수행할 수 있다.
비고 2 심사는 결합심사(combined audit)(둘 이상의 경영시스템 분야를 결합)가 될 수 있다.
비고 3 독립성은 심사 대상이 되는 활동에 대한 책임으로부터 또는 편견과 이해상충으로부터 자유롭다는 것으로 입증될 수 있다.

비고 4 "심사 증거"는 KS Q ISO 19011:2013, 3.3에 정의된 대로 심사기준에 관련되고 검증할 수 있는 기록, 사실의 진술 또는 기타 정보로 구성되며, "심사기준"은 KS Q ISO 19011:2013, 3.2에 정의된 대로 심사 증거를 비교하는 기준으로 사용하는 방침, 절차 또는 요구사항의 집합이다.

3.4.2 적합(conformity)

요구사항의 충족

3.4.3 부적합(nonconformity)

요구사항의 불 충족

비고　부적합은 이 표준의 요구사항 및 조직이 자체적으로 수립한 추가적인 환경경영시스템 요구사항과 관련이 있다.

3.4.4 시정조치(corrective action)

부적합의 원인을 제거하고 재발을 방지하기 위한 조치

비고　부적합에는 하나 이상의 원인이 있을 수 있다.

3.4.5 지속적 개선(continual improvement)

성과를 향상시키기 위하여 반복하는 활동

비고 1 성과 향상은 조직의 환경방침과 일관된 환경성과의 개선을 위해 환경경영시스템을 활용하는 것과 관련이 있다.
비고 2 활동이 모든 분야에서 동시에, 또는 끊임없이 이루어질 필요는 없다.

3.4.6 효과성(effectiveness)

계획한 활동이 실현되어 계획한 결과가 달성되는 정도

3.4.7 지표(indicator)

운용, 경영 또는 여건의 조건 및 상태를 측정할 수 있는 대표값

3.4.8 모니터링(monitoring)

시스템, 프로세스 또는 활동의 상태를 규명(determine)하는 것

비고   상태를 규명(determine)하기 위해서는 확인, 감독 또는 심도 있는 관찰이 필요할 수 있다.

3.4.9 측정(measurement)

하나의 값을 결정하는 프로세스

3.4.10 성과(performance)

측정 가능한 결과

비고 1 성과는 정량적 또는 정성적 발견사항과 관련될 수 있다.
비고 2 성과는 활동, 프로세스, 제품(서비스 포함), 시스템 또는 조직의 경영에 관련될 수 있다.

3.4.11 환경성과(environmental performance)

환경측면의 관리(management)와 관련된 성과

비고   환경경영시스템에 대하여, 결과는 지표를 사용하여 조직의 환경방침, 환경목표 또는 그 밖의 기준에
        따라 측정될 수 있다.

4. 조직상황

4.1 조직상황의 이해

조직은 조직의 목적과 관련이 있고, 환경경영시스템의 의도된 결과를 달성하기 위한 능력에 영향이 있는 내부 및 외부의 이슈를 규명(determine)하여야 한다. 이러한 이슈에는 조직에 의해 영향을 받거나 영향을 미칠 수 있는 환경여건(environmental condition)이 포함되어야 한다.

> ◎ **요구사항의 취지** : 조직에 의해 영향을 받거나 영향을 미칠 수 있는 환경여건을 감안하여 내부 및 외부이슈를 파악하여 관리하라.
>
> ◎ **주요 체크포인트**
> 1. 조직의 목적 및 전략적 방향에 따라 내부이슈는 결정이 되어있는가?
> 2. 조직의 목적 및 전략적 방향에 따라 외부이슈는 결정이 되어있는가?

증빙 : 조직의 내부, 외부이슈 사항 정리 자료

4.2 이해관계자의 니즈(needs)와 기대 이해

조직은 다음을 규명(determine)하여야 한다.

a) 환경경영시스템과 관련이 있는 이해관계자
b) 이러한 이해관계자의 니즈(needs)와 기대(즉, 요구사항)
c) 이러한 니즈(needs)와 기대에서 비롯된 조직의 준수의무사항

> **요구사항의 취지** : 조직의 환경적인 관점에서 영향을 미칠 수 있는 이해관계자와 그들이 원하는 바를 파악하여 관리하라(예 고객, 주주. 내부직원, 협력업체, 사회 등).
>
> **주요 체크포인트**
> 1. 조직의 이해관계자는 파악되어 있는가?
> 2. 조직의 이해관계자의 요구사항은 무엇인가?

증빙 : 이해관계자 파악 및 요구사항 정리 자료

4.3 환경경영시스템의 적용범위 결정

조직은 환경경영시스템의 적용범위를 결정(establish)하기 위해 환경경영시스템의 경계와 적용가능성을 규명(determine)하여야 한다.

적용범위를 결정할 때, 조직은 다음을 고려하여야 한다.

a) 4.1에 언급된 외부 및 내부이슈
b) 4.2에 언급된 준수의무사항
c) 조직의 부서단위, 기능 및 물리적 경계
d) 조직의 활동, 제품 및 서비스
e) 관리와 영향을 행사하기 위한 조직의 권한과 능력

적용범위가 결정(define)되면, 이 적용범위 내 조직의 모든 활동, 제품 및 서비스를 환경경영시스템에 포함시킬 필요가 있다.

이 적용범위는 문서화된 정보로 유지되어야 하며, 이해관계자가 이용할 수 있어야 한다.

◉ **요구사항의 취지** : 조직이 경영시스템을 적용하는 부분 정의하고 표시하여 어떤 부문에 환경경영시스템이 적용되고 있는지를 나타내라.
조직의 부서단위, 기능 및 물리적 경계, 조직의 활동, 제품 및 서비스를 표시하며, 조직의 환경 관련 모든 활동, 제품 및 서비스를 포함 시켜라.

◉ **주요 체크포인트**
1. 조직의 물리적 경계는 지정되어 있는가?
2. 조직의 환경경영시스템이 적용되는 제품 및 서비스 활동은 무엇인가?

증빙 : 환경 매뉴얼에 적용되는 주소 및 조직의 활동표시 등

4.4 환경경영시스템

의도된 결과(환경성과 향상을 포함하는)를 달성하기 위해, 조직은 이 표준의 요구사항에 따라 필요한 여러 프로세스와 이 프로세스 간의 상호작용을 포함하는 환경경영시스템을 수립, 실행, 유지하고 지속적으로 개선해야 한다. 조직이 환경경영시스템을 수립하고 유지할 때에는 4.1과 4.2에서 습득한 지식을 고려하여야 한다.

◉ **요구사항의 취지** : 조직 내의 환경관련 전 과정(원재료 투입부터 고객에게 전달되는 모든 과정)을 정의하고 관리프로세스, 지원프로세스 등과 관련된 각각의 프로세스가 작용하는 흐름을 정의하고 문서화하라.

◉ **주요 체크포인트**
1. 조직은 환경 관련 전 과정의 프로세스간의 상호작용에 관하여 정의되고 문서화 되어 있는가?

증빙 : 문서화된 정보(각 프로세스)의 상관관계, 프로세스 맵, 비즈니스 매트릭스 등

5. 리더십

5.1 리더십과 의지표명

최고경영자는 환경경영시스템에 대한 리더십과 의지를 다음을 통해 표명(demonstrate)하여야 한다.

a) 환경경영시스템의 효과성에 대한 책무(accountability)를 짐

b) 환경방침과 환경목표가 수립되고, 이들이 조직의 전략방향과 상황에 부합됨을 보장

c) 환경경영시스템 요구사항을 조직의 비즈니스 프로세스에 통합함을 보장

d) 환경경영시스템에 필요한 자원이 가용함을 보장

e) 효과적인 환경경영의 중요성과 환경경영시스템 요구사항에 적합함의 중요성을 의사소통

f) 환경경영시스템이 그 의도한 결과를 달성함을 보장

g) 환경경영시스템의 효과성에 기여하도록 인원을 지휘하고 지원함

h) 지속적인 개선을 촉진

i) 기타 관련 책임분야에 리더십이 적용될 때, 그들의 리더십을 실증하도록 그 경영자 역할에 대한지원

비고   이 표준에서 "비즈니스"라 함은 조직의 존재 목적의 핵심이 되는 활동들을 광범위하게 의미하는 것으로 해석할 수 있다.

조직은 조직의 목적과 관련이 있고, 환경경영시스템의 의도된 결과를 달성하기 위한 능력에 영향이 있는 내부 및 외부의 이슈를 규명(determine)하여야 한다. 이러한 이슈에는 조직에 의해 영향을 받거나 영향을 미칠 수 있는 환경여건(environmental condition)이 포함되어야 한다.

> **◎ 요구사항의 취지** : 조직의 최고 경영자는 환경방침 등을 통하여 의지를 표명하라.
>
> **◎ 주요 체크포인트**
> 1. 조직은 방침과 목표가 수립되어 관리되고 있는가?
> 2. 조직은 경영시스템에 필요한 자원의 가용성이 보장되어 있는가?
> 3. 조직은 경영시스템 효과성에 기여하기 위한 인원을 적극 참여시키고 있는가?
> 4. 경영시스템의 적합성, 중요성이 의사소통되고 있는가?
>
> 증빙 : 환경 방침 및 환경목표, 법적 규제적 준수의무사항, 경영진의 인터뷰 등

5.2 환경방침(Environmental Policy)

최고경영자는 조직의 환경경영시스템 적용범위 내에서 다음과 같은 환경방침을 수립, 실행 및 유지하여야 한다.

a) 조직의 활동, 제품, 서비스의 성격(nature), 규모 및 환경영향을 포함한, 조직의 목적과 상황에 적절할 것
b) 환경목표를 설정하는 틀을 제공할 것
c) 조직의 상황에 관련이 있는 오염예방과 그 밖의 구체적인(specific) 의지를 포함한, 환경보호에 대한 의지를 포함할 것

비고　환경보호를 위한 '그 밖의 구체적인(specific) 의지'에는 지속가능한 자원 사용, 기후변화의 완화와 적응, 생물다양성과 생태계의 보호가 포함될 수 있다.

d) 조직의 준수의무사항을 충족한다는 의지를 포함할 것
e) 환경성과의 향상을 위해 환경경영시스템의 지속적인 개선에 대한 의지를 포함할 것

환경방침은 다음과 같아야 한다.

· 문서화된 정보로 유지되어야 함
· 조직 내에서 의사소통 되어야 함
· 이해관계자가 이용 가능해야 함

> ◉ **요구사항의 취지** : 환경경영시스템을 도입 시 최고경영자는 규격에서 요구하는 환경방침을 수립, 실행 및 유지 하라.
>
> ◉ **주요 체크포인트**
> 1. 조직은 환경방침을 문서화하고 유지하고 있는가?
> 2. 조직의 환경방침은 무엇입니까?
> 3. 환경방침은 규격요구사항을 반영하고 있는가?

증빙 : 환경 방침, 방침에 대한 공개(홈페이지, 현수막, 액자 등), 방침에 대한 교육, 직원들의 인식 (interview) 등

5.3 조직의 역할, 책임 및 권한

최고경영자는 관련 역할(relevant roles)에 대한 책임과 권한을 부여하고 조직 내에서 의사소통 됨을 보장하여야 한다.

최고경영자는 다음에 대한 책임과 권한을 부여하여야 한다.

a) 환경경영시스템이 이 표준의 요구사항에 적합함을 보장
b) 환경성과를 포함한 환경경영시스템의 성과를 최고경영자에게 보고

◎ **요구사항의 취지** : 조직의 프로세스(조직도 등) 에 따른 업무의 정의와 구성원 각각의 역할과 책임을 정의하라.

◎ **주요 체크포인트**
1. 조직 및 직무분장 프로세스에 따라 조직구성 및 각 조직별 환경부분 직무와 역할이 정의되어 있는가?

증빙 : 조직의 업무 분장표, 경영시스템 조직도 등

6. 기획

6.1 리스크 와 기회를 다루기 위한 조치

6.1.1 일반사항

조직은 6.1.1부터 6.1.4까지의 요구사항을 충족하기 위해, 필요한 프로세스를 수립, 실행 및 유지하여야 한다.

환경경영시스템을 기획할 때, 조직은 다음을 고려하여야 한다.

a) 4.1에 언급된 이슈
b) 4.2에 언급된 요구사항
c) 조직의 환경경영시스템 적용범위

그리고 환경측면, 준수의무사항 그리고 4.1 및 4.2에 명시된 기타 이슈 및 요구사항과 관련된 리스크 및 기회를 규명(determine)하여야 한다. 조직은 이를 통해 다음을 다룰 필요가 있다.

· 환경경영시스템이 의도한 결과를 달성할 수 있음에 대한 확신을 줌
· 조직에 영향을 주는 외부 환경여건의 잠재가능성을 포함하는 바람직하지 않은 결과를 예방하거나 감소시킴

· 지속적인 개선을 달성함

환경경영시스템의 적용범위 내에서 조직은 환경영향이 있을 수 있는 것들을 포함하는 잠재적인 비상 상황을 규명(determine)하여야 한다.

조직은 다음 사항에 대해 문서화된 정보를 유지하여야 한다.

· 다루어져야 할 필요가 있는 리스크 및 기회
  · 6.1.1부터 6.1.4에서 요구된(needed) 프로세스(계획대로 실행되고 있음을 확신하는데 필요한 수준으로)

6.1.2 환경측면

환경경영시스템의 결정된(defined) 적용범위 내에서 전 과정 관점을 고려하여, 조직이 관리할 수 있고 영향을 미칠 수 있는 조직의 활동, 제품 및 서비스의 환경측면과 그와 연관된 환경영향을 규명(determine)하여야 한다.

환경측면을 규명(determine)할 때 조직은 다음을 반영(take into account)하여야 한다.

a) 계획된 또는 새로 수립된 변경사항, 그리고 신규 또는 수정된(modified) 활동, 제품 및 서비스
b) 비정상적인 조건 및 합리적으로 예측 가능한 비상상황

조직은 수립된 기준을 활용하여, 환경에 중대한 영향을 미치거나 미칠 가능성이 있는 측면, 즉, 중대한 환경측면을 규명(determine)하여야 한다.

조직은 적절한 수준에서(as appropriate), 중대한 환경측면을 조직의 다양한 계층과 부서 (function)들과 의사소통 하여야 한다.

조직은 다음을 문서화된 정보로 유지하여야 한다.

· 환경측면 및 관련된 환경영향
· 조직의 중대한 환경측면을 규명(determine)하는 데 사용한 기준

·중대한 환경측면

비고   중대한 환경측면은 환경 악영향(위협) 또는 유익한 환경영향(기회)과 관련된 리스크 및 기회로 귀결될 수 있다.

6.1.3 준수의무사항

조직은 다음을 실행해야 한다.

a) 환경측면과 관련된 준수의무사항을 규명(determine)하고 그것에 접근(access)할 수 있어야 함
b) 이러한 준수의무사항이 어떻게 조직에 적용되는지를 규명(determine)하여야 함
c) 조직의 환경경영시스템을 수립, 실행, 유지 및 지속적으로 개선할 때, 이러한 준수의무사항을 반영(take into account)하여야 함

조직은 조직의 준수의무사항과 관련된 문서화된 정보를 유지하여야 한다.

비고   준수의무사항은 조직의 리스크 및 기회로 귀결될 수 있다.

6.1.4 조치계획

조직은 다음을 계획하여야 한다.

a) 다음 사항을 다루기 위한 조치

   1) 중대한 환경측면
   2) 준수의무사항
   3) 6.1.1에서 파악된 리스크 및 기회

b) 환경성과를 포함한 환경경영시스템의 성과를 최고경영자에게 보고
c) 다음을 실행하기 위한 방법

   1) 상기 조치를 어떻게 환경경영시스템 프로세스(6.2, 7절, 8절 및 9.1 참조)에 또는   다른 비즈니스프로세스에 통합하고 실행할 것인가?
   2) 이러한 조치의 효과성을 어떻게 평가할 것인가?

이러한 조치를 계획할 때, 조직은 조직의 기술적 옵션과 조직의 재무적, 운용상 및 사업상 요구사항을 고려하여야 한다.

◎ **요구사항의 취지** : 조직에 있어 향후 발생할 가능성이 있는 조직의 리스크와 기회를 정의하고 조직에 영향을 미칠 수 있는 환경측면, 환경영향, 환경법규 등을 파악하여 관리하라.

◎ **주요 체크포인트**
1. 조직은 분석을 통하여 도출된 리스크와 기회에 대한 조치계획이 명확히 구분되어 있는가?
2. 환경영향평가는 언제 실시하였는가?
3. 환경측면 및 영향평가 프로세스에 따라 환경측면을 파악하여 관리하고 있는가?
4. 파악된 환경측면은 무엇인가?
5. 환경측면과 관련된 준수의무사항은 준수의무사항 절차에 따라 파악 관리하고 있는가?
6. 조직의 파악된 준수의무사항은 무엇인가?

증빙 : 리스크 및 기회관리 조치계획서, SWOT 분석, 환경측면파악표, 환경영향평가서, 환경영향등록표, 부서별 환경영향 평가표, 환경법규등록대장, 환경법규 등록표 등

6.2 환경목표와 이를 달성하기 위한 기획

6.2.1 환경목표

조직은 조직의 중대한 환경측면과 이와 관련된 준수의무사항 그리고 조직의 리스크와 기회를 고려하여, 관련 부서와 계층에서 환경목표를 수립하여야 한다.

환경목표는 다음과 같아야 한다.

a) 환경방침과 일관성이 있음
b) (실행 가능할 경우) 측정 가능하여야 함
c) 모니터링 되어야 함
d) 의사소통 되어야 함

e) 해당되는 경우(as approprate) 최신화되어야 함

조직은 환경목표에 대한 문서화된 정보를 유지하여야 한다.

6.2.2 환경목표 달성을 위한 조치기획

조직의 환경목표를 어떻게 달성할 것인지를 기획할 때, 조직은 다음을 규명(determine)하여야 한다.

a) 무엇을 하여야 하는가?
b) 어떤 자원이 필요한가?
c) 누가 책임을 질 것인가?
d) 언제까지 완료할 것인가?
e) 조직의 측정 가능한 환경목표 달성에 대한 진척상황을 모니터링 하기 위한 지표를 포함하여, 어떻게 결과를 평가할 것인가?

조직은 조직의 환경목표를 달성하기 위한 활동을 조직의 비즈니스 프로세스에 어떻게 통합할 것인지를 고려하여야 한다.

⊘ **요구사항의 취지** : 조직에서 달성하고자 하는 환경목표 및 세부목표를 설정하고 관리하라.

⊘ **주요 체크포인트**
1. 환경방침, 환경목표, 목표 책임부서, 주기, 완료 일정 등이 문서화되어 있는가?
2. 환경목표 및 실적에 대한 근거는 무엇인가?

증빙 : 년간 목표 추진 계획 및 실적서, 세부목표 변경요청서

7. 지원(support)

7.1 자원(resource)

조직은 환경경영시스템의 수립, 실행, 유지와 지속적인 개선을 위해 필요한 자원을 결정하고 제공해야 한다.

> ◎ **요구사항의 취지** : 조직의 환경경영시스템 운영에 필요한 자원을 정의하고 제공하라.
>
> ◎ **주요 체크포인트**
> 　1. 조직은 환경 경영시스템 운영에 필요한 자원이 확보되어 있는가?

증빙 ·환경관련 자산 목록, 환경관련 직원명부 등

7.2 역량(competence)

조직은 다음을 실행하여야 한다.

a) 조직의 환경성과에 영향을 미치는 업무와 준수의무사항을 충족시키는 조직의 능력(ability)에 영향을 미치는 업무를 수행하는(조직에 의해 통제되는) 인력에게 필요한 역량(competence) 의 결정
b) 적절한 학력, 교육훈련 또는 경력을 기준으로 해당 인력의 역량이 있음을 보장
c) 환경경영시스템, 환경측면과 관련한 교육훈련 니즈(needs)를 결정
d) 해당된다면, 필요한 역량(competence)을 얻기 위한 조치 실행과 실행된 조치의 효과성 평가

비고 해당되는 활동의 예에는 교육훈련의 제공, 멘토링이나, 현재 고용인원의 재배치나 역량이 있는 인원 의 고용(또는 계약)이 포함될 수 있다.

조직은 역량(competence)의 증거로, 적절히 문서화된 정보를 보유해야 한다.

● **요구사항의 취지** : 조직에 필요한 업무를 분석하여 적격성을 갖춘 인원을 확보하라. 또한 역량 및 적격성을 갖출 수 있도록 조치를 취하라.

● **주요 체크포인트**
  1. 조직은 프로세스운용에 필요한 역량을 얻기 위한 조치를 취하고 있는가?

증빙 : 교육훈련계획서, 교육결과 보고서, 개인별 교육이력 카드, 교육의 효과성을 확인 할 수 있는 서류 (합격증, 자격증, 수료증), 적격성 평가표 등

7.3 인식

조직은 조직의 관리 하에 업무를 수행하는 인원이 다음을 인식하고 있음을 보장해야 한다.

a) 환경방침

b) 그들의 업무와 연관된 중대한 환경측면과 관련된 실제 또는 잠재적인 환경영향

c) 향상된 환경성과의 편익을 포함해서, 환경경영시스템의 효과성에 기여

d) 조직 준수의무사항의 불충족을 포함하여, 환경경영시스템 요구사항의 미준수에 따른 영향

> **요구사항의 취지** : 조직원들이 조직의 환경방침 및 자신의 기여도, 준수의무에 대하여 인식하게 하라.
>
> **주요 체크포인트**
>   1. 조직은 방침이 게시되어 있고 직원에게 인식되고 있는가?
>   2. 조직은 경영시스템에 대한 인식을 할 수 있도록 교육이 이루어지고 있는가?

증빙 : 교육훈련계획서, 교육결과 보고서, 직원 인터뷰, 현황판/게시판의 게시물 등

7.4 의사소통

7.4.1 일반사항

조직은 다음을 포함하는 환경경영시스템과 관련된 내·외부 의사소통에 필요한 프로세스를 수립, 실행 및 유지하여야 한다.

a) 무엇에 대해 의사소통 할 것인가?

b) 언제 의사소통 할 것인가?

c) 누구와 의사소통 할 것인가?

d) 어떻게 의사소통 할 것인가?

의사소통 프로세스를 수립할 때, 조직은 다음을 실행하여야 한다.

· 준수의무사항을 고려
· 의사소통 하는 환경정보가 환경경영시스템 내에서 작성된 정보와 일치하며, 신뢰할 수 있음을
  보장

조직은 조직의 환경경영시스템과 관련된 의사소통에 대해 대응하여야 한다.

조직은 의사소통의 증거로 문서화된 정보를 적절한 수준에서(as appropriate) 보유해야 한다.

7.4.2 내부 의사소통

조직은 다음을 실행하여야 한다.

a) 환경경영시스템의 변경을 포함하여, 조직의 다양한 계층과 부서 간에 환경경영시스템과 관련
   된 정보를 내부적으로 적절한 수준에서(as appropriate) 의사소통
b) 조직의 의사소통 프로세스가 조직의 관리 하에 업무를 수행하는 인원이 지속적인 개선에 기
   여하도록 하는 것을 보장

7.4.2 외부 의사소통

조직은 수립된 조직의 의사소통 프로세스에 따라, 그리고 준수의무사항에서 요구하는 바대로,
환경경영시스템과 관련된 정보를 외부와 의사소통 하여야 한다.

📎 **요구사항의 취지** : 조직의 환경관련 내부 및 외부 의사소통 채널의 구축하라.

📎 **주요 체크포인트**
   1. 조직은 내부 및 외부와의 의사소통에 대하여 프로세스가 정의되고 관리되고 있는가?

증빙 : 회의록, 의사소통관리 대장, 내부 인트라넷, 사내게시판, 홈페이지 주간(월간) 업무보고서, 비
      상연락망, 환경 정보보고서 등

7.5 문서화된 정보의 관리

7.5.1 일반사항

조직의 환경경영시스템은 다음을 포함하여야 한다.

a) 이 표준에서 요구하는 문서화된 정보
b) 환경경영시스템의 효과성을 위해 조직이 필요하다고 결정한 문서화된 정보

비고   환경경영시스템을 위한 문서화된 정보의 범위는 다음에 의해 조직에 따라 다를 수 있다.

· 조직의 규모와 조직의 활동, 프로세스, 제품 및 서비스의 유형
· 조직의 준수의무사항 충족에 대한 증명의 필요성
· 프로세스의 복잡성과 프로세스 간의 상호작용
· 조직의 관리 하에 업무를 수행하는 인력의 역량(competence)

7.5.2 작성(creating) 및 갱신

문서화된 정보를 작성(creating)하고 갱신할 때, 조직은 다음이 적절함을 보장하여야 한다.

a) 문서식별(identification) 및 그 내용(description)(예: 제목, 날짜, 작성자, 또는 문서번호)
b) 형식(예: 언어, 소프트웨어 버전, 그래픽) 및 매체(예: 종이, 전자매체)
c) 적절성(suitability) 및 충족성(adequacy)을 위한 검토 및 승인

7.5.3 문서화된 정보의 관리

환경경영시스템과 이 표준에서 요구하는 문서화된 정보는 다음을 보장하기 위해 관리되어야 한다.

a) 필요한 장소 및 필요한 시기에 사용 가능하고 사용하기에 적절함
b) 충분하게 보호됨(예: 기밀유지의 실패, 부적절한 사용 또는 완전성(integrity)의 실패로부터)

문서화된 정보의 관리를 위해 조직은 적용 가능한 경우 다음을 다루어야 한다.

· 배포, 접근, 검색 및 사용

· 가독성(legibility)의 보존을 포함하는 보관 및 보존

· 변경 관리(예: 버전 관리)

· 보유 및 폐기

환경경영시스템의 기획 및 운용을 위하여 필요하다고 조직이 정한 외부 출처의 문서화된 정보는
적절한 수준에서(as appropriate) 파악되고 관리되어야 한다.

비고   접근이란 문서화된 정보에 대해 보는 것만 허락하거나, 문서화된 정보를 보고 변경하는 허락 및 권한
        에 관한 결정을 의미할 수 있다.

⬥ **요구사항의 취지** : 조직에서 사용되는 환경경영시스템 관련 문서 및 기록을 관리하라.

⬥ **주요 체크포인트**
　　1. 조직은 문서관리(기록관리) 프로세스에 의해 문서화된 정보가 관리되고 있는가?
　　2. 환경경영시스템만 적용되는 단독절차가 수립되고 그 외 절차는 타 경영시스템에
　　　　통합되어 운영되고 있는가?

증빙 : 문서 제 개정 심의서, 문서배포대장, 문서파일목록, 외부문서관리대장, 환경경영시스템 절차 등

8. 운용

8.1 운용기획 및 관리(control)

조직은 다음을 통하여 환경경영시스템 요구사항을 충족하고 6.1 및 6.2에 명시된 조치를
실행하기 위해 필요한 프로세스를 수립, 실행, 관리 및 유지하여야 한다.

· 프로세스를 위한 운용기준 수립
· 운용기준에 부합하는 프로세스 관리를 실행

비고   관리에는 공학적 관리(engineering control) 및 절차가 포함될 수 있다. 관리는 위계(hierarchy, 예:
제거, 대체, 운용관리(administrative)에 따라 실행될 수 있고, 이 위계의 부분 또는 조합으로 실행될
수 있다.

조직은 계획된 변경사항을 관리하고, 의도하지 않은 변경사항의 결과를 검토해야 하며, 필요에
따라 모든 악영향을 완화하기 위한 조치를 취해야 한다.

조직은 외주처리 프로세스를 관리하고 영향을 미칠 수 있음을 보장하여야 한다.

이 프로세스에 적용될 관리나 영향의 유형과 범위는 환경경영시스템 내에 정의되어야 한다.

전 과정 관점과 일관되게, 조직은 다음을 수행하여야 한다.

a) 조직의 환경 요구사항이 각 전 과정 단계를 고려하여 제품이나 서비스의 설계 및 개발 프로세스에서 다루어짐을 보장하기 위해 관리방법(controls)을 적절한 수준에서(as appropriate) 수립

b) 제품 및 서비스의 구매에 대한 조직의 환경 요구사항을 적절한 수준에서(as appropriate) 결정

c) 조직의 관련 환경 요구사항을 계약자를 포함한 외부 공급자와 의사소통

d) 조직의 제품이나 서비스의 운송 또는 배송, 사용, 사용 후 처리 및 최종 폐기와 관련된 잠재적인 중대한 환경영향에 대한 정보의 제공 필요성을 고려

조직은 프로세스가 계획된 대로 실행되었음을 확신할 수 있는 범위까지 필요한 문서화된 정보를 유지하여야 한다.

◎ **요구사항의 취지** : 조직의 제품 및 서비스 제공에 따른 환경관련 전 과정 흐름도를 파악하여 관리하라.

◎ **주요 체크포인트**
1. 전 과정의 공정 흐름도를 통하여 프로세스의 운용기준에 따라 환경경영시스템이 실행되고 있는가?
2. 유해물질에 대한 MSDS(Material Safety Data Sheet)구비하여 현장에 비치하고 관리하고 있는가?
3. 폐기물 처리방법은 무엇입니까?

증빙 : 전 과정 공정 흐름도, 소음 및 진동관리 대장, 오수처리장일일점검표, 폐기물 관리대장, 유해 자재 관리대장, 유해 물질 자재 목록 등

8.2 비상사태 대비 및 대응

조직은 6.1.1에서 파악된 잠재적인 비상상황에 대비하고 대응하기 위한 필요한 프로세스를 수립, 실행 및 유지하여야 한다.

조직은 다음을 수행하여야 한다.

a) 비상상황으로부터 환경 악영향을 예방 또는 완화하기 위한 조치계획을 통한 대응 준비
b) 실제 비상상황에 대응
c) 비상상황에서 비롯된 결과(consequence)를 예방 또는 완화하기 위해 비상사태와 잠재적인 환경영향의 크기에 적절한 조치 시행
d) 실제적으로 가능한 경우, 계획된 대응 조치를 주기적으로 연습(test)
e) 특히, 비상사태 발생 또는 연습(test) 실시 이후, 주기적으로 대응 프로세스와 계획된 대응조치를 검토하고 개정
f) 비상사태 대비 및 대응과 관련된 타당한 정보와 교육훈련을 조직의 관리 하에 업무를 수행하는 인력을 포함한 관련 이해관계자에게 적절한 수준에서(as appropriate) 제공

조직은 프로세스가 계획된 대로 실행됨을 확신할 수 있는 범위까지 필요한 문서화된 정보를 유지하여야 한다.

> **요구사항의 취지** : 조직에서 발생 할 가능성에 있는 환경관련 사고에 대하여 시나리오를 작성하고 훈련을 실시하여 비상사태에 대한 대비를 하고 실제 상황이 발생하면 훈련에 따른 대응을 하라.
>
> **주요 체크포인트**
> 1. 비상사태 대비 및 대응 절차에 따라 비상시 대비 및 대응 프로세스를 수립하여 관리하고 있는가?
> 2. 현장에 비상사태 대비 및 대응 관련 장애물 및 불필요한 요소(물건 등) 는 없는가?
> 3. 현장에 비상사태 대응관련 비품 등은 구비 되어 있는가?

증빙 : 비상사태훈련계획서, 비상사태 훈련보고서, 비상연락망 체계표, 비상사태 시나리오 등

9. 성과평가

9.1 모니터링, 측정, 분석 및 평가

9.1.1 일반사항

조직은 조직의 환경성과를 모니터링, 측정, 분석 및 평가하여야 한다.

조직은 다음을 결정하여야 한다.

a) 무엇을 모니터링하고 측정할 필요가 있는가?

b) 유효한 결과를 보장하기 위해 적용 가능한 모니터링, 측정, 분석 및 평가 방법

c) 조직이 조직의 환경성과를 평가하기 위한 기준과 적절한 지표

d) 언제 모니터링 및 측정을 수행할 것인가?

e) 언제 모니터링 및 측정 결과를 분석하고 평가할 것인가?

조직은 적절한 수준에서(as appropriate), 교정되거나 검증된 모니터링 및 측정장비를 사용하고 유지하고 있음을 보장하여야 한다.

조직은 조직의 환경성과와 환경경영시스템의 효과성을 평가하여야 한다.

조직은 관련 환경성과 정보를 조직의 의사소통 프로세스와 조직의 준수의무사항의 요구에 따라 내부와 외부에 의사소통 하여야 한다.

조직은 모니터링, 측정, 분석 및 평가 결과의 증거로 적절한 문서화된 정보를 유지하여야 한다.

9.1.2 준수 평가

조직은 조직의 준수의무사항을 충족함을 평가하기 위해 필요한 프로세스를 수립, 실행 및 유지하여야 한다.

조직은 다음을 수행하여야 한다.

a) 준수평가의 빈도를 결정
b) 준수평가를 수행하고 필요한 조치를 취함
c) 조직의 준수 상황에 대한 지식과 이해를 유지

조직은 준수평가 결과의 증거로 문서화된 정보를 유지하여야 한다.

> **요구사항의 취지** : 조직의 환경경영시스템 구축, 실행, 유지에 대한 성과를 확인하라.
>
> **주요 체크포인트**
>   1. 환경관련 모니터링, 측정 및 평가가 절차에 의해 실행되고 있는가?
>   2. 환경법규 및 규제요구사항에 대하여 준수하고 있으며 위반사항 등이 없는지 관리 되고 있는가?

증빙 : 환경점검 및 측정계획, 환경관리체크리스트, 준수평가 계획, 준수평가 체크리스트

9. 2 내부심사

9.2.1 일반사항

조직은 다음 사항에 대한 정보를 제공하기 위해 계획된 주기에 따라 내부심사를 수행하여야 한다.

a) 환경경영시스템이 다음 사항에 적합한지

   1) 환경경영시스템에 대한 조직 자체의 요구사항

   2) 이 표준의 요구사항

b) 환경경영시스템이 효과적으로 실행되고 유지되는지

9.2.2 내부심사 프로그램

조직은 내부심사의 빈도, 방법, 책임, 계획 요구사항과 보고를 포함하는 내부심사 프로그램을 수립, 실행 및 유지하여야 한다.

내부심사 프로그램을 수립할 때 조직은 관련 프로세스의 환경적 중요성, 조직에 영향을 주는 변경사항 및 이전 심사의 결과를 고려하여야 한다.

조직은 다음을 수행하여야 한다.

a) 각 심사별 심사기준 및 범위를 결정
b) 심사 프로세스의 객관성과 공평성(impartiality)을 보장하기 위해 심사원을 선정하고 심사를 수행
c) 심사결과가 관련 경영자에게 보고됨을 보장

조직은 심사프로그램의 실행과 심사결과의 증거로 문서화된 정보를 유지하여야 한다.

● **요구사항의 취지** : 조직의 환경경영시스템과 관련된 요구사항과 조직자체의 요구사항을 주기적으로 내부심사를 통하여 점검하라.

● **주요 체크포인트**
  1. 조직의 내부심사는 절차에 따라 자격이 부여된 내부심사원의 의해 내부심사를 실시 하였는가?
  2. 조직의 내부심사는 언제 실시 하였는가?
  3. 조직의 내부심사 조치사항은 무엇인가?

증빙 : 내부심사 계획표, 내부실시계획 통보서, 내부심사 체크리스트,내부심사 결과 보고서, 자격인 증관리대장/자격인증서/자격인증평가표 등

9.3 경영검토

최고경영자는 조직의 지속적인 적절성(suitability), 충족성(adequacy) 및 효과성(effectiveness)을 보장하기 위하여 계획된 주기로 조직의 환경경영시스템을 검토하여야 한다.

경영검토에는 다음에 대한 고려를 포함하여야 한다.

a) 이전 경영검토에서 취한 조치의 상황
b) 다음의 변경사항

1) 환경경영시스템과 관련된 외부 및 내부 이슈
2) 준수의무사항을 포함한 이해관계자의 니즈(needs)와 기대
3) 조직의 중대한 환경측면
4) 리스크와 기회

c) 환경목표의 달성 정도
d) 조직의 환경성과에 대한 정보(다음 항목에서의 경향을 포함한)

1) 부적합 및 시정조치
2) 모니터링 및 측정 결과
3) 준수의무사항 충족
4) 심사결과

e) 자원의 충족성(adequacy)
f) 불만을 포함한 이해관계자로부터의 의사소통
g) 지속적 개선 기회

경영검토의 결과물에는 다음이 포함되어야 한다.

a) 환경경영시스템의 지속적인 적절성(suitability), 충족성(adequacy) 및 효과성(effectiveness)에 대한 결론
b) 지속적 개선 기회와 관련된 의사결정

c) 자원을 포함한 환경경영시스템 변경 필요성과 관련된 의사결정

d) 환경목표가 달성되지 않은 경우 필요한 조치

e) 필요할 경우, 환경경영시스템과 다른 비즈니스 프로세스와의 통합체계(integration)를 개선할 수 있는 기회

f) 조직의 전략적 방향에 대한 영향(any implications)

조직은 경영검토의 결과의 증거로 문서화된 정보를 유지하여야 한다.

요구사항의 취지 : 조직의 전략적 방향에 대한 환경경영시스템의 지속적인 적절성, 충족성, 효과성 및 정렬성을 보장하기 위하여 계획된 주기로 조직의 경영시스템을 검토하라.

주요 체크포인트
1. 경영검토는 절차에 따라 적절하게 실시되었는가?
2. 경영검토는 언제 실시하였는가?
3. 경영검토 검토(입력) 항목은 규격 요구사항을 반영하고 있는가?
4. 경영검토 출력 항목은 요구사항을 반영하고 있는가?
   1) EMS 및 프로세스의 효과성에 대한 개선
   2) 자원 및 경영시스템 변경에 대한 필요성 등의 결정과 조치

증빙 : 경영검토 보고서 등

10. 개선

10.1 일반사항

조직은 조직의 환경경영시스템의 의도한 결과를 달성하기 위해 개선의 기회를 규명(determine) 하고 (9.1, 9.2 및 9.3 참조), 필요한 활동을 실행하여야 한다.

> **◎ 요구사항의 취지** : 조직은 개선 기회를 결정 필요한 활동을 실행하라.
>
> **◎ 주요 체크포인트**
> 1. 조직의 환경경영시스템의 의도한 결과를 달성하기 위해 개선절차에 따라 개선 활동이 실행되고 있는가?

증빙 : 개선 추진 실적보고서 등

10.2 부적합 및 시정조치

부적합이 발생한 경우, 조직은 다음을 수행하여야 한다.

a) 부적합에 대응하여야 하며, 적용 가능한 경우 다음을 수행

  1) 부적합을 관리하고 시정하기 위한 조치를 취함
  2) 결과(consequences) 처리(환경 악영향의 완화를 포함)

b) 부적합이 재발하거나 다른 곳에서 발생하지 않도록 다음을 통해 부적합의 원인을 제거하기
   위한 조치의 필요성을 평가

  1) 부적합을 검토
  2) 부적합의 원인을 규명(determining)
  3) 유사한 부적합이 존재하는지, 또는 잠재적으로 발생할 수 있는지를 규명(determining)

c) 필요한 모든 조치를 실행
d) 취해진 모든 시정조치의 효과성을 검토
e) 필요한 경우 환경경영시스템을 변경

시정조치는 환경영향을 포함하여 발생한 부적합의 영향의 중요성에 적절하여야 한다.

조직은 다음의 증거로 문서화된 정보를 유지하여야 한다.

부적합의 성격(nature) 및 취해진 모든 후속적인 조치 모든 시정조치의 결과

> ⊘ **요구사항의 취지** : 불만족에서 야기되는 모든 사항에 대하여 근본원인분석, 수평전개(파
> 급력 확인), 방지대책수립, 효과성 평가, 경영시스템 변경 등을 관리하라.
>
> ⊘ **주요 체크포인트**
> 1. 시정조치 절차에 따라 부적합에 대한 시정조치가 실행되며 관리되고 있는가?

증빙 : 시정조치요구서, 시정조치요구 관리대장 등

10.3 지속적 개선

조직은 품질경영시스템의 적절성, 충족성 및 효과성을 지속적으로 개선하여야 한다.

조직은 지속적 개선의 일부로서 다루어야 할 니즈 또는 기회가 있는지를 결정하기 위하여, 분석 및 평가의 결과, 그리고 경영검토의 출력사항을 고려하여야 한다.

> **요구사항의 취지** : 조직은 환경경영시스템의 적절성, 충족성 및 효과성을 지속적으로 개선하라.
>
> **주요 체크포인트**
> 1. 조직은 환경경영시스템의 적절성, 충족성 및 효과성을 지속적으로 개선하고 있는가?
> 2. 지속적 개선을 위한 수집된 데이터의 분석 및 평가가 이루어 지고 있는가?

증빙 : 개선 추진계획서 등

ISO 품질환경 통합 매뉴얼 (샘플)

(주)이큐	품질환경경영매뉴얼	문서번호	EQ·QEM·001
		제정일	20XX. XX. XX
		개정일	20XX. XX. XX
	표지	개정번호	01
		PAGE	1 / 1

주식회사 이큐

작성	검토				승인
품질(환경)팀	영업/관리팀	연구개발팀	생산팀	생산기술팀	대표이사

(주)이큐	품질환경경영매뉴얼	문서번호	EQ·QEM·001
		제정일	20XX. XX. XX
		개정일	20XX. XX. XX
	목차 및 개정이력	개정번호	01
		PAGE	1 / 1

목 차

| 장 | 제목 | | 개정번호 |
	ISO 9001:2015	ISO 14001:2015	
1	목차 및 개정이력	목차 및 개정이력	01
2	적용범위 및 용어의 정의	적용범위 및 용어의 정의	01
3	방침/조직/프로세스	방침/조직/프로세스	01
4	조직 상황	조직 상황	01
5	리더쉽	리더쉽	01
6	기획	기획	01
7	지원	지원	01
8	운영	운영	01
9	성과 평가	성과 평가	01
10	개선	개선	01

개정 번호 REV. NO.	개정 일자 REV. DATE	개정 내용 REVISION CONTENTS
00 01	20XX.XX.XX 20XX.XX.XX.	제정 기존 시스템에서 ISO 9001:2015 & ISO 14001:2015 도입에 따른 적합한 품질경영시스템으로의 전환

1. 일반사항

1.1 본 매뉴얼은 고객 및 이해관계자 요구사항, 적용되는 법적 및 규제적 요구사항 그리고 ISO 9001:2015 요구사항, ISO 14001:2015 요구사항에 대한 적합성 및 효과성을 확보하고 품질, 환경경영시스템의 지속적인 개선을 통하여 고객 및 이관계자 만족을 증진 시키고자 수립되었다.

1.2 본 매뉴얼은 상기 2.1.1요구사항의 핵심요소와 당사의 품질, 환경경영 관련 프로세스/문서와의 상호관계를 기술한 최상위 문서로써 당사 품질, 환경경영시스템의 근간이 되며, 하위 문서와 상충사항이 발생될 경우에는 본 매뉴얼이 우선한다.

2. 적용범위

2.1 본 매뉴얼은 당사의 다음 사업장의 품질, 환경경영시스템에 대하여 적용한다.
2.1.1 본사 : 서울시 노원구 석계로 OOOO
　　　공장 :　경북 구미시 공단동 OOOO
　　　제품 및 활동 : (예 : 반도체 제조설비 및 부품(Heating Jacket, 기구물 등)에 대한 설계, 개발, 생산, 및 서비스

3. 용어의 정의

· 조직상황 : 조직의 목표 달성과 개발에 대한 조직의 접근법에 영향을 줄 수 있는 내부 및 외부 이슈의 조합

· 이해관계자 : 의사결정 또는 활동에 영향을 줄 수 있거나, 영향을 받을 수 있거나 또는 그들 자신이 영향을 받는다는 인식을 할 수 있는 사람 또는 조직

· 의사소통(Communication) : 조직의 구성원들 간의 생각이나 감정 등을 교환하는 총체적인 행위

· 리스크 : 불확실한 영향

· 리스크와 기회 : 잠재적인 부정적인 영향(위험) 그리고 잠재적인 유익한 영향(기회)

· 문서화된 정보 : 조직에 의해 관리되고 유지되도록 요구되는 정보 및 정보가 포함되어 있는 매체

· 전과정 : 천연자원으로부터 원료의 획득 및 생성에서 최종처분까지 제품 (또는 서비스) 시스템의 연속 또는 연결된 단계

· 외주처리(하다) : 조직의 기능 또는 프로세스의 일부를 외부 조직이 수행하도록 계약하는 것을 말한다.

· 심사 : 심사기준에 충족되는 정도를 결정하기 위하여 심사증거를 수집하고 평가하기 위한 체계적이고 독립적이며 문서화된 프로세스

· 지표 : 조건 또는 운영, 관리 또는 조건의 측정 가능한 표시

· 모니터링 : 시스템, 프로세스 또는 활동의 상황을 결정하는 것

· 환경성과 : 환경측면의 관리와 관련된 성과

· 고객 요구사항 : 고객의 명시적인 니즈 또는 기대, 일반적으로 묵시적이거나 의무적인 요구 또는 기대

· 문서화된 정보(documented inoformation) : 조직에 의해 관리되고 유지되도록 요구되는 정보 및 정보가 포함되어 있는 매체

· 품질(QUALITY) : 고객에 의해 규정된 요구사항

· 품질경영(QUALITY MANAGEMENT) : 작업결과 또는 서비스가 주어진 품질요건을 만족시킬 것이라는 적절한 신뢰감을 주는데 필요한 계획적이고 체계적인 활동을 말한다.

· 경영시스템 : 목표 달성을 위한 방침 및 목표 그리고 프로세스 수립을 위해 조직의 상호 관련되거나 상호 작용하는 요소의 집합으로 품질, 환경, 안전보건 통합 경영시스템을 말한다.

· 환경경영시스템 : 환경측면 관리, 준수의무의 충족 및 리스크와 기회를 다루기 위해 사용되는 경영시스템의 일부

· 환경 : 공기, 물, 토양, 천연자원, 식물군, 동물군, 인간 및 이들 요소간의 상호관계를 포함하여 조직이 운영되는 주변여건

· 환경측면 : 환경과 상호작용하거나 할 수 있는 조직의 활동 또는 제품 또는 서비스의 요소

· 환경영향 : 조직의 환경측면에 의해 전체적 또는 부분적으로 좋은 영향을 미치거나 또는 나쁜 영향을 미칠 수 있는 환경변화

- 준수의무 : 법적 요구사항 및 다른 요구사항으로써, 조직이 준수하여야 하는 법적 요구사항 그리고 조직이 준수하여야 하는 또는 준수하기로 선택한 다른 요구사항
- 법적요구사항 및 기타 요구사항 : 준수의무를 포함한 단체협약 조항, 관행에 따라 근로자대표를 결정하는 요구사항 등이 포함된 요구사항
- 대비 (Preparedness) : 비상사태 발생을 미연에 방지하기 위한 대응책
- 대응 (Response) : 어떤 비상사태에 맞추어 태도, 행동을 취하는 상태
- 리싸이클(Recycle) : 폐기물을 재생하는 것
- 배출시설 (Emission or Discharge Facility) : 오염물질을 배출하는 시설물, 기계, 기구 등을 말한다.
- 방지시설 (Prevention Facility) : 오염물질 배출시설로부터 배출되는 오염물질을 제거하거나 감소시키는 시설
- 비상사태 (Emergency) : 천재지변 등 예상되지 않는 사고로 환경에 심각한 피해 또는 인적, 재산적 손실이 발생할 수 있는 상태
- 오염예방 (Prevention of Pollution) : 부정적인 환경영향을 감소시키기 위하여, 어떠한 형태의 오염물질 또는 폐기물의 발생, 방출 또는 배출의 회피, 저감 또는 관리(분리 또는 조합하여)를 위한 프로세스, 관행, 기술, 재료, 제품, 서비스 또는 에너지의 활용(비고 : 오염예방에는 발생원의 감소 또는 제거, 프로세스, 제품 또는 서비스의 변경, 자원의 효율적인 활용, 재료 및 에너지의 대체, 재사용, 회수, 재활용, 재생이용 및 처리가 포함될 수 있다.)
- 환경 세부목표 (Environmental Target) : 환경목표를 달성하기 위해 설정되고 충족될 필요가 있는, 환경목표에 따라 조직의 전체 또는 일부에 적용되는 세부적인 성과 요구사항
- 환경영향등록부 (Environmental Impact Inventory) : 이미 알고 있는 것, 잠재적인 것, 예상할 수 있는 것으로 조직의 활동, 제품 및 서비스가 미치는 환경영향 일람표
- 환경영향평가 (Environmental Impact Assessment) : 조직의 활동, 제품 및 서비스가 전체적 또는 부분적으로 환경에 미치는 변화를 평가하는 것
- 환경위원회 혹은 환경관리위원회(Environmental Committee) : 경영자 환경검토를 위해 구성하는 조직체로 환경위원장, 간사, 위원으로 구성되며 조직의 환경 측면의 중대한 문제에 대해 협의를 통해 결정을 한다.

· 폐기물(Waste) : 쓰레기, 연소재, 오니, 폐유, 폐산, 폐알카리, 동물의 사체 등으로 일상의 생활이나 사업활동에 필요하지 아니하게 된 물질로 사업활동에 수반하여 발생하는 오니, 폐유, 폐산, 폐알카리, 폐고무, 폐합성수지 등 환경 및 국민보건에 유해한 물질을 특정폐기물이라 하고 이외의 폐기물을 일반폐기물이라 한다.

· 근로자(Woker) : 조직의 관리하에서 업무/작업 또는 업무 관련 활동을 수행하는 인원/사람

· 참여(Participation) : 의사결정 과정에의 참여(Involvement)

· 협의(Consultation) : 의사결정을 내리기 전에 의견을 구함

· 작업장(Workplace) : 인원이 업무 목적으로 근무하거나 업무를 위하여 이동할 필요가 있는 조직의 관리 하에 있는 장소

· 계약자(Contractor) : 합의된 계약서, 규정 및 조건에 따라 조직에 서비스를 제공하는 외부 조직

· 상해/부상 및 건강상 장해(Injury and Ill Health) : 사람의 신체적, 정신적 또는 인지적 상태에 대한 악영향

· 위험요인(Hazard) : 상해 및 건강상 장해를 가져올 잠재적인 요인

· 사건(Incident) : 상해 및 건강상 장해를 초래하거나, 초래할 수 있는 작업으로부터 일어나는, 또는 작업 중 에 발생한 것

본 매뉴얼에서 사용하고 있는 모든 용어는 "ISO 9001:2015", "ISO 14001:2015"의 정의를 따르며, 정의되지 않은 용어는 관련법규 및 당사의 제 규정 또는 규칙에서 규정된 정의를 준용한다.

	품질환경경영매뉴얼	문서번호	EQ·QEM·001
		제정일	20XX. XX. XX
(주)이큐		개정일	20XX. XX. XX
	조직/방침/프로세스/문서목록	개정번호	01
		PAGE	1 /5

1. 조직도

2. 품질방침 및 목표

품 질 방 침

품질을 최우선으로 합리적인 가격과 적기공급으로 고객만족을 실현하며, 기술력을 배양하고, 고객의 요구에 한걸음 다가가는 최상의 품질경영시스템을 구축하여 고객이 먼저 찾는 반도체 제조설비 및 부품 제조업체를 이룩한다.

품 질 목 표

· 품질 : 고객입고불량 0 ppm
· 납기 : 100%

· 가격 : 지속적 원가절감 3% 이상
· 기술력 : 고객만족도 100%

3. 환경방침 및 환경목표

환 경 방 침

(주)이큐는 반도체 제조설비 및 부품 제조업체로서 우리의 활동이 환경에 미치는 영향을 최소화하는 것이 경영의 소명임을 인식하고 국제표준에 따른 환경경영시스템 ISO 14001을 구축하여 지속적인 환경개선을 위하여 다음과 같이 환경방침이 실행되도록 관리한다.

환 경 목 표

· 환경관련 법규 및 제반규정을 철저히 준수한다.
· 모든 생산활동의 환경영향을 파악하고 이를 최소화하기 위해 환경목표와 세부목표를 수립 및 시행하며 재활용, 재사용, 폐기물 감량화 등을 추진하여 환경개선과 오염방지 활동을 지속적으로 전개한다.
· 환경영향 및 유해성을 최소화하는 제품을 생산한다.

20XX. XX. XX.
주식회사 이큐
대표이사 홍길동

(주)이큐	품질환경경영매뉴얼	문서번호	EQ·QEM·001
		제정일	20XX. XX. XX
		개정일	20XX. XX. XX
	조직/방침/프로세스/문서목록	개정번호	01
		PAGE	3 /5

4. 프로세스 맵

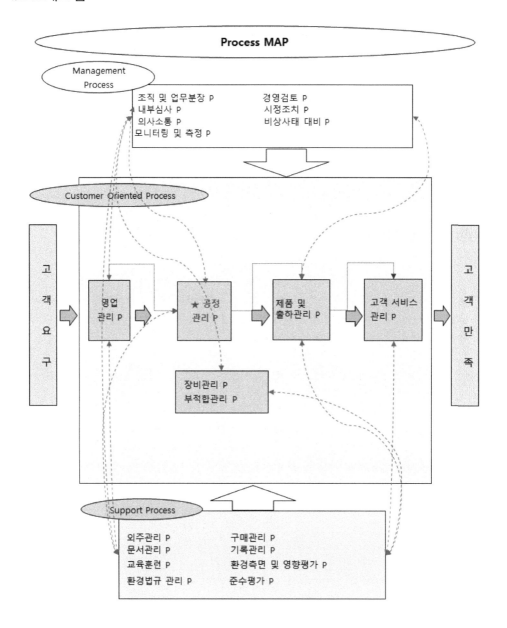

5. 문서목록

본 매뉴얼을 아래와 같은 국제규격의 요구사항을 적용하여 작성하였다.

규격		요구사항	관련 절차서
QM	EM		
		4. 조직상황	
○	○	4.1 조직과 조직상의 이해	EQP-0401 조직상황 관리
○	○	4.2 이해관계자의 니즈와 기대 이해	
○	○	4.3 품질, 환경 경영시스템 적용범위 결정	EQP-0402 적용범위 관리
○	○	4.4 품질, 환경 경영시스템과 그 프로세스	
		5. 리더십	
○	○	5.1 리더십과 의지표명	EQP-0501 리더십
○	○	5.2 방침	EQP-0502 방침관리
○	○	5.3 조직의 역할, 책임과 권한	EQP-0503 책임과 권한
		6. 기획	
○	○		EQP-0601 리스크 및 기회 관리
○	○	6.1 리스크와 기회를 다루는 조치	EQP-0602 환경측면파악 및 영향평가
○	○		EQP-0603 준수의무
○	○	6.2 목표 및 목표달성 기획	EQP-0605 목표관리
○	○	6.3 변경의 기획	
		7. 지원	
○	○	7.1 자원	EQP-0701 자원관리
○	○	7.2 역량/적격성	EQP-0702 인적자원관리
○	○	7.3 인식	
○	○	7.4 의사소통	EQP-0703 의사소통
○	○	7.5 문서화된 정보	EQP-0704 문서관리

규격		요구사항	관련
QM	EM		
		8. 운용	
○	○	8.1 운용 기획 및 관리	EQP-0801 운용 기획 및 관리
○	○	8.2 제품 및 서비스 요구사항	EQP-0802 제품 및 서비스 요구사항 관리
	○	8.3 비상사태 대비 및 대응	EQP-0803 비상사태 대비 및 대응
○		8.4 제품 및 서비스의 설계와 개발	EQP-0804 설계와 개발
○		8.5 외부에서 제공되는 프로세스, 제품 및 서비스의 관리	EQP-0805 외부공급자 관리
○		8.6 생산 및 서비스 제공	EQP-0806 생산 및 서비스
○		8.7 제품 및 서비스의 불출/출시(Release)	
○		8.8 부적합 출력/산출물(Output)의 관리	EQP-0807 부적합 출력물 관리
		9. 성과측정	
○	○	9.1 모니터링, 측정, 분석 및 평가	EQP-0901 모니터링, 측정, 분석 및 평가
	○	9.1.2 준수평가	EQP-0902 준수평가
○	○	9.2 내부심사	EQP-0902 내부심사
○	○	9.3 경영검토/경영평가(Management review)	EQP-0903 경영검토
		10. 개선	
		10.1 일반사항	
○	○	10.2 부적합 및 시정조치	EQP-1001 개선
○	○	10.3 지속 개선	

1. 조직 및 조직의 상황에 대한 이해

1) 조직은, 조직의 목적 및 전략적 방향과 관련이 있는 외부와 내부 이슈를 그리고, 경영시스템의 의도된 결과를 달성하기 위한 조직의 능력에 영향을 주는 외부와 내부 이슈를 결정 하여야 한다.
2) 조직은 이러한 외부와 내부 이슈에 대한 정보를 모니터링하고 검토하여야 한다.
   (1) 이슈에는 긍정적, 부정적 요인 또는 고려해야 할 조건이 포함될 수 있다.
   (2) 국제적, 국가적, 지역적 또는 지방적, 법적, 기술적, 경쟁적, 시장, 문화적, 사회적 및 경제적 환경에서 비롯된 이슈를 고려함으로써, 외부 상황에 대한 이해를 용이하게 할 수 있다.
   (3) 조직의 가치, 문화, 지식 및 성과와 관련되는 이슈를 고려함으로써, 내부 상황에 대한 이해를 용이하게 할 수 있다.

2. 이해관계자의 니즈와 기대 이해

1) 고객 요구사항, 그리고 적용되는 법적 및 규제적 요구사항을 충족하는 제품 및 서비스를 일관성 있게 제공하기 위한 조직의 능력에 이해관계자가 영향 또는 잠재적 영향을 미치기 때문에, 조직은 다음 사항을 정하여야 한다.
   (1) 경영시스템에 관련되는 근로자와 기타 이해관계자
   (2) 경영시스템에 관련되는 근로자 및 기타 이해관계자의의 니즈 및 기대(즉, 요구사항)
   (3) 이러한 니즈와 기대 중 어느 것이 법적 요구사항 및 기타 요구사항인지 또는 될 수 있는지 여부
2) 조직은 이해관계자와 이해관계자 관련 요구사항에 대한 정보를 모니터링하고 검토하여야 한다.

3. 경영시스템 적용범의 결정

1) 조직은 경영시스템의 적용범위를 설정하기 위하여 경영시스템의 경계 및 적용가능성을 정하여야 한다.
2) 경영시스템 적용범위를 정할 때, 조직은 다음 사항을 고려하여야 한다.
   (1) 4.1에 따른 외부와 내부 이슈
   (2) 4.2에 따른 관련 이해관계자의 요구사항 및 준수사항
   (3) 조직의 단위, 기능 및 물리적 경계
   (4) 조직의 제품 및 서비스
   (5) 관리 및 영향을 행사할 수 있는 권한 및 능력
   (6) 계획되거나 수행된 작업 관련 활동의 반영

3) 조직의 경영시스템의 정해진 적용범위 내에서 이 표준의 요구사항이 적용 가능하다면, 조직은 이 표준의 모든 요구사항을 적용하여야 한다.

4) 조직의 경영시스템의 적용범위는 문서화된 정보로 이용가능하고 유지되어야 한다. 적용범위에는 포함되는 제품 및 서비스의 형태를 기술하여야 하고, 조직이 그 조직의 경영시스템 적용범위에 포함되지 않는다고 정한 이 표준의 어떤 요구사항이 있는 경우, 그에 대한 정당성을 제시하여야 한다.

5) 적용될 수 없다고 정한 요구사항이, 제품 및 서비스의 적합성 보장과 고객만족 증진을 보장하기 위한 조직의 능력 또는 책임에 영향을 미치지 않는 경우에만, 이 표준에 대한 적합성이 주장될 수 있다

4. 경영시스템 및 그 프로세스

1) 조직은 이 표준의 요구사항에 따라, 필요한 프로세스와 그 프로세스의 상호 작용을 포함하고, 환경성과의 중대를 포함한 목표로 세운 결과를 이루기 위해서 경영시스템을 수립, 실행, 유지 및 지속적 개선을 하여야 한다. 조직은 경영시스템에 필요한 프로세스와 조직 전반에 그 프로세스의 적용을 정해야 하며, 다음 사항을 실행하여야 한다.

   (1) 요구되는 입력과 프로세스로부터 기대되는 출력의 결정

   (2) 프로세스의 순서 및 상호 작용의 결정

   (3) 프로세스의 효과적 운용과 관리를 보장하기 위하여 필요한 기준 과 방법(모니터링, 측정 및 관련 성과지표를 포함)의 결정과 적용

   (4) 프로세스에 필요한 자원의 결정과 자원의 가용성 보장

   (5) 프로세스에 대한 책임과 권한의 부여

   (6) 6.1의 요구사항에 따라 결정된 리스크와 기회의 조치

   (7) 프로세스의 평가, 그리고 프로세스가 의도된 결과를 달성함을 보장하기 위하여 필요한 모든 변경사항의 실행

   (8) 프로세스와 품질경영시스템의 개선

2) 조직은 필요한 정도까지 다음 사항을 실행하여야 한다.

   (1) 프로세스의 운용을 지원하기 위하여 문서화된 정보를 유지하여야 한다.

   (2) 프로세스가 계획대로 수행되고 있다는 확신을 갖기 위하여 문서화된 정보를 보유하여야 한다.

3) 조직은 환경경영시스템을 수립하고 유지할 때 4.1과 4.2에서 얻은 지식을 고려(consider)해야 한다.

[관련문서]
1. EQP-0401 조직상황 관리 절차서
2. EQP-0402 적용범위 관리 절차서

(주)이큐	품질환경경영매뉴얼	문서번호	EQ·QEM·001
		제정일	20XX. XX. XX
		개정일	20XX. XX. XX
	리더십	개정번호	01
		PAGE	1/2

1. 리더십과 의지표명

1.1 일반사항
최고경영자는 경영시스템에 대한 리더십과 의지표명/실행의지(commitment)을 다음 사항에 의하여 실증하여야 한다.
1) 경영시스템의 효과성에 대한 책임(accountability)을 진다.
2) 안전하고 건강한 작업장 및 활동의 제공뿐만 아니라 작업과 관련된 상해 및 건강상 장해 예방을 위한 전반적인 책임과 책무를 진다.
3) 방침 및 목표가 경영시스템을 위하여 수립되고, 조직상황과 전략적 방향에 조화됨을 보장하여야 한다.
4) 경영시스템 요구사항이 조직의 비즈니스 프로세스와 통합됨을 보장하여야 한다.
5) 프로세스 접근법 및 리스크기반 사고의 활용 촉진하여야 한다.
6) 경영시스템에 필요한 자원의 가용성 보장하여야 한다.
7) 효과적인 경영시스템 운영의 중요성, 그리고 경영시스템 요구사항과의 적합성에 대한 중요성을 의사소통되어야 한다.
8) 경영시스템이 의도한 결과를 달성함을 보장하여야 한다.
9) 경영시스템의 효과성에 기여하기 위한 인원을 적극 참여시키고, 지휘하고 지원하여야 한다.
10) 개선을 촉진하여야 한다.
11) 기타 관련 경영자/관리자의 책임분야에 리더십이 적용될 때, 그들의 리더십을 실증하도록 그 경영자 역할에 대한 지원을 하여야 한다.
12) 경영시스템의 의도된 결과를 지원하는 조직의 문화를 개발, 선도 및 촉진하여야 한다.
13) 조직이 근로자의 협의 및 참여를 위한 프로세스를 수립하고 실행을 보장하여야 한다.

1.2 고객중시
최고경영자는 다음 사항을 보장함으로써 고객중시에 대한 리더십과 의지표명을 실증하여야 한다.
1) 고객 요구사항과 적용되는 법적 및 규제적 요구사항이 결정되고, 이해되며 일관되게 충족됨
2) 제품 및 서비스의 적합성에, 그리고 고객 만족을 증진시키는 능력에 영향을 미칠 수 있는 리스크와 기회가 결정되고 처리되어야 한다.
3) 고객만족 증진의 중시가 유지되어야 한다.

2. 방침

2.1 경영시스템 방침의 개발
최고경영자는 다음과 같은 경영시스템 방침을 수립, 실행 및 유지하여야 한다.
1) 조직의 목적과 상황에 적절하고 조직의 전략적 방향을 지원 및 조직의 활동 제품 및 서비스의 특성, 규모 그리고 환경적 영향에 대해서도 포함되어야 한다.

2) 경영시스템 목표의 설정을 위한 틀을 제공하여야 한다.

3) 법적 요구사항 및 기타 요구사항의 충족에 대한 의지표명을 포함하여야 한다.

4) 품질경영시스템의 지속적 개선 및 환경성과를 강화하기 위한 환경경영시스템의 지속적인 개선의지 표명을 포함하여야 한다.

5 오염예방 및 기타 조직의 상황과 관련된 다른 구체적인 의지를 포함한 환경 보호에 대한 의지를 포함하여야 한다.

6) 준수의무를 이행할 것이라는 의지를 포함하여야 한다.

2.2 경영시스템 방침에 대한 의사소통

경영시스템 방침은 다음과 같아야 한다.

1) 문서화된 정보로 이용가능하고 유지됨

2) 조직 내에서 의사소통 되고 이해되며 적용됨

3) 해당되는 경우, 관련된 이해관계자에게 이용 가능함

4) 관련되고 적절하여야 한다.

3. 조직의 역할, 책임 및 권한

최고경영자는 경영시스템과 관련한 역할에 대한 책임과 권한을 조직 내 모든 계층에 부여하고 의사소통을 하며 문서화된 정보로 유지함을 보장하여야 한다. 조직 각 계층의 근로자는 자신이 관리하는 안전보건경영시스템의 측면에 대한 책임을 저야 한다. 최고경영자는 다음 사항에 대하여 책임 및 권한을 부여하여야 한다.

1) 경영시스템이 이 표준의 요구사항에 적합함을 보장하여야 한다.

2) 프로세스가 의도된 출력을 도출하고 있음을 보장하여야 한다.

3) 경영시스템의 성과와 개선 기회(10.1 참조)를, 특히 최고경영자에게 보고하여야 한다.

4) 조직 전체에서 고객중시에 대한 촉진을 보장하여야 한다.

5) 경영시스템의 변경이 계획되고 실행되는 경우, 품질경영시스템의 온전성(integrity)이 유지됨을 보장되어야 한다.

[관련문서]

1. EQP-0501 리더십 절차서
2. EQP-0502 방침 관리 절차서
3. EQP-0503 책임과 권한 절차서

1. 리스크와 기회를 다루는 조치

1.1 일반사항

1) 경영시스템을 기획할 때, 조직은 4.1의 이슈와 4.2의 요구사항을 고려하여야 하며, 다음 사항을 위하여 다루어야 할 필요성이 있는 리스크 및 기회를 정하여야 한다.

    (1) 품질경영시스템이 의도된 결과를 달성할 수 있음을 보증   (2) 바람직한 영향의 증진

    (3) 바람직하지 않은 영향의 예방 또는 감소   (4) 지속적 개선의 달성

    (5) 환경측면   (6) 준수의무

1.2 리스크와 기회를 다루기 위하여 취해진 조치는, 제품 및 서비스의 적합성에 미치는 잠재적 영향에 상응하여야 한다.

1.3 리스크 다루는 방법은 아래 6가지를 참조할 수 있다.

1) 리스크 회피
2) 기회를 잡기 위한 리스크 감수
3) 리스크 요인 제거
4) 발생가능성 또는 결과의 변경
5) 리스크 공유
6) 정보에 근거한 의사결정에 의한 리스크 유지

1.4 기회는 아래 안으로 이어질 수 있다.

1) 새로운 실행방안의 채택
2) 신제품 출시
3) 새로운 시장 개척
4) 신규 고객 창출
5) 파트너십 구축
6) 신기술 활용
7) 조직 또는 고객의 니즈를 다루기 위한 그 밖의 바람직하고 실행 가능한 방안

1.5 환경측면

환경경영시스템 적용범위 내에서, 조직은 전과정의 관점(life cycle perspective)을 고려(considering) 하여 관리할 수 있는 활동, 제품 및 서비스의 환경측면과 연관된 환경적 영향 그리고 영향을 미칠 수 있는 것들을 결정하여야 한다. 환경측면을 파악/식별(identify)할 때, 조직은 다음을 고려(take into account) 해야 한다.

1) 계획된 혹은 새로운 개발들을 포함한 변경 그리고 새로운 혹은 수정된 활동, 제품 그리고 서비스
2) 비정상적인 조건 그리고 합리적으로 예상할 수 있는 비상상황 조직은 수립된 기준을 활용함으로써 중대한 환경측면과 같은 중대한 환경적 영향을 미치거나 미칠 수 있는 측면들을 결정하여야 한다. 해당되는 경우(as appropriate), 조직은 다양한 계층과 기능에서 중요한 환경측면에 대하여 의사소통해야 한다. 조직은 다음의 정보들을 문서화된 정보로 유지(maintain)하고 있어야 한다.
   (1) 환경측면과 연관된 환경적 영향
   (2) 중대한 환경측면을 결정하기 위해 사용된 기준
   (3) 중대한 환경측면

1.6 법적 요구사항 및 기타 요구사항의 결정
1) 조직의 환경측면과 연관된 준수의무를 결정하고 접근하여야 한다.
2) 이러한 준수의무를 어떻게 조직에 적용할 것인지 결정
3) 조직의 환경경영시스템을 수립, 이행, 유지 그리고 지속적으로 개선할 때 준수의무를 고려
4) 경영시스템에 적용할 수 있는 최신 법적 요구사항 및 기타 요구사항의 결정과 이용
5) 이러한 법적 요구사항 및 기타 요구사항이 어떻게 조직에 적용되고 무엇이 의사소통될 필요가 있는지 결정
6) 경영시스템을 수립, 실행, 유지 및 지속적으로 개선할 때 이러한 법적 요구사항 및 기타 요구사항을 반영
7) 조직은 조직의 준수의무에 관한 문서화된 정보를 유지(maintain) 및 보유하여야 하고 모든 변경을 반영하기 위해 갱신됨을 보장 하여야 한다.

1.7 기획활동조직은 다음을 기획하여야 한다.
1) 다음 사항에 대한 조치
   (1) 중대한 환경측면
   (2) 법적 요구사항 및 기타요구사항
   (3) 6.1.1에서 파악/식별(identify) 된 리스크와 기회
   (4) 비상 상황에 대한 대비 및 대응
2) 어떻게 기획하여야 하는지 검토하여야 한다.
   (1) 경영시스템 프로세스 또는 다른 경영프로세스에 통합하고 실행하여야 한다.
   (2) 이러한 조치의 효과성을 평가하여야 한다.

2. 경영시스템 목표와 경영시스템 목표 달성 기획

2.1 조직은 경영시스템에 필요한 관련 기능, 계층 및 프로세스 및 중대한 환경측면 및 연관된 준수의무, 그리고 조직의 리스크와 기회를 고려하여 관련된 기능 및 계층에서 경영시스템 목표는 다음과 같이 수립하고, 문서화된 정보를 유지하여야 한다.

1) 경영시스템 방침과 일관성이 있어야 한다.
2) 측정 가능하거나(실행 가능한 경우) 성과 평가가 가능하여야 함.
3) 다음 사항을 반영하여야 한다.
   (1) 적용되는 요구사항
   (2) 리스크와 기회의 평가 결과
4) 제품 및 서비스의 적합성과 고객만족의 증진과 관련되어야 한다.
5) 모니터링 되어야 한다.
6) 의사소통되어야 한다.
7) 필요에 따라 갱신되어야 한다.

2.2 경영시스템 목표를 달성하는 방법을 기획할 때, 조직은 다음 사항을 정하여야 한다.

1) 달성 대상   2) 필요 자원
3) 책임자   4) 완료 시기
5) 결과 평가 방법

2.3 변경의 기획
조직이 품질경영시스템의 변경이 필요하다고 정한 경우, 변경은 다음 사항을 고려하여 계획적인 방식으로 수행되어야 한다.
1) 변경의 목적 및 잠재적 결과
2) 경영시스템의 온전성
3) 자원의 가용성
4) 책임과 권한의 부여 또는 재부여

[관련문서]
1. EQP-0601. 리스크 및 기회 관리 절차서
2. EQP-0602. 환경측면파악 및 영향평가 절차서
3. EQP-0603. 준수의무 절차서
4. EQP-0604. 목표 관리 절차서

1. 자원

1.1 일반사항

조직은 다음사항을 고려하여 경영시스템의 수립, 실행, 유지 및 지속적 개선에 필요한 자원을 정하고 제공하여야 한다.

1) 기존 내부자원의 능력과 제약사항

2) 외부공급자로부터 획득할 필요가 있는 것이어야 한다.

1.2 인원

조직은 경영시스템의 효과적인 실행, 그리고 프로세스의 운용과 관리에 필요한 인원을 정하고 제공하여야 한다.

1.3 기반구조

조직은 프로세스의 운용에 필요한, 그리고 제품 및 서비스의 적합성 달성에 필요한 기반구조를 결정, 제공 및 유지하여야 하고 다음 사항이 포함될 수 있다.

1) 건물 및 관련된 유틸리티

2) 장비(하드웨어, 소프트웨어 포함)

3) 운송자원

1.4 프로세스 운용 환경

조직은 프로세스 운용에 필요한, 그리고 제품 및 서비스의 적합성 달성에 필요한 환경을 결정, 제공 및 유지하여야 한다. 적절한 환경은 다음과 같이 사람과 물리적 요인의 조합이 될 수 있다.

1) 사회적 (예: 비차별, 평온, 비대립)

2) 심리적 (예: 스트레스 완화, 극심한 피로예방, 정서적 보호)

3) 물리적 (예: 온도, 열, 습도, 밝기, 공기흐름, 위생, 소음)

이러한 요인은 제공되는 제품 및 서비스에 따라 상당히 달라질 수 있다.

1.5 모니터링자원과 측정 자원

1.5.1 일반사항

제품 및 서비스가 요구사항에 대하여 접합한지를 검증하기 위하여 모니터링 또는 측정이 활용되는 경우, 조직은 유효하고 신뢰할 수 있는 결과를 보장하기 위하여 필요한 자원을 정하고 제공하여야 하며 조직은 제공되는 자원이 다음과 같음을 보장하여야 한다.

1) 수행되는 특정 유형의 모니터링과 측정 활동에 적절함을 보장하여야 한다.

2) 자원의 목적에 지속적으로 적합함(fitness)을 보장하도록 유지되어야 한다. 조직은 모니터링 자원과 측정 자원의 목적에 적합하다는 증거로, 적절한 문서화된 정보를 보유하여야 한다.

1.5.2 측정소급성(traceability)

1) 측정소급성이 요구사항이거나, 조직이 측정결과의 유효성에 대한 신뢰제공을 필수적인 부분으로 고려하고 있는 경우, 측정 장비는 다음과 같아야 한다.

    (1) 규정된 주기 또는 사용 전에, 국제 또는 국가 측정표준에 소급 가능한 측정표준에 대하여 교정 또는 검증 혹은 두 가지 모두 시행될 것. 그러한 표준이 없는 경우, 교정 또는 검증에 사용된 근거는 문서화된 정보로 보유되어야 한다.

    (2) 측정 장비의 교정 상태를 알 수 있도록 식별되어야 한다.

    (3) 교정상태 및 후속되는 측정 결과를 무효화할 수 있는 조정, 손상 또는 열화로부터 보호되어야 한다.

2) 조직은 측정 장비가 의도한 목적에 맞지 않는 것으로 발견된 경우, 이전 측정 결과의 유효성에 부정적인 영향을 미쳤는지 여부를 규명하고, 필요하다면 적절한 조치를 취하여야 한다.

1.6 조직의 지식

조직은 프로세스 운용에 필요한, 그리고 제품 및 서비스의 적합성 달성에 필요한 지식을 정하여야 한다. 이 지식은 유지되고, 필요한 정도까지 이용 가능하여야 한다. 변화하는 니즈와 경향(trend)을 다룰 경우, 조직은 현재의 지식을 고려하여야 하고, 추가로 필요한 모든 지식 및 요구되는 최신 정보의 입수 또는 접근 방법을 정하여야 한다.

1) 조직의 지식은 조직에게 특정한 지식으로, 일반적으로 경험에 의해 얻어진다. 이는 조직의 목표를 달성하기 위하여 활용되고 공유되는 정보이다.

2) 조직의 지식은 다음을 기반으로 할 수 있다.

    (1) 내부 출처(예: 지적 재산, 경험에서 얻은 지식, 실패 및 성공한 프로젝트로부터 얻은 교훈, 문서화되지 않은 지식 및 경험의 포착과 공유, 프로세스, 제품 및 서비스에서 개선된 결과)

    (2) 외부 출처(예: 표준, 학계, 컨퍼런스, 고객 또는 외부 공급자로부터 지식 수집)

2. 역량/적격성

조직은 다음 사항을 실행하여야 한다.

1) 경영시스템의 성과 및 효과성에 영향을 미치는 업무 및 준수의무를 충족시키는 능력 그리고 환경성과에 영향을 미치는 조직의 관리하에 수행하는 인원에 필요한 역량을 결정하여야 한다.

2) 이들 인원이 적절한 학력, 교육훈련 또는 경험에 근거한 역량이 있음을 보장하여야 한다.

3) 적용 가능한 경우, 필요한 역량을 얻기 위한 조치를 취하고, 취해진 조치의 효과성을 평가 (교육훈련 제공, 멘토링이나 재배치 실시, 또는 역량이 있는 인원의 고용이나 그러한 인원과의 계약 체결 등)

4) 역량의 증거로 적절한 문서화된 정보를 보유하여야 한다.

3. 인식

조직은 조직의 관리 하에 업무를 수행하는 인원이 다음 사항을 인식하도록 보장하여야 한다.

1) 경영시스템 방침

2) 관련된 경영시스템 목표

3) 개선된 성과의 이점을 포함하여, 경영시스템의 효과성에 대한 자신의 기여

4) 경영시스템의 요구사항에 부적합한 경우의 영향 및 잠재적 결과

5) 중대한 환경측면과 그들의 업무와 관련된 실제적 또는 잠재적 영향

6) 향상된 성과로부터 오는 이익을 포함하여 경영시스템의 효과성에 대한 그들의 기여도

7) 조직의 준수의무를 이행하지 않는 것을 포함하여 경영시스템의 요구사항에 적합하지 않을 경우 이것이 초래할 수 있는 결과

4. 의사소통

4.1 일반사항

조직은 의사소통의 니즈를 고려할 때 다양한 측면(예: 성별, 언어, 문화, 독해 능력, 장애)을 반영하여야 하고 의사소통 프로세스를 수립하는 과정에서 외부 이해관계자의 의견에 대한 고려를 보장하여야 한다. 조직은 다음 사항을 포함하여 경영시스템에 관련되는 내부 및 외부 의사소통을 결정하여야 한다.

1) 의사소통 내용

2) 의사소통 시기

3) 의사소통 대상

    (1) 조직 내부의 다양한 계층과 기능   (2) 계약자와 작업장 방문자   (3) 기타 이해관계자

4) 의사소통 방법

    (1) 준수의무를 고려하여 실행한다.

    (2) 의사소통되는 정보가 경영시스템 내에서 생성된 정보와 일치하고, 정보의 신뢰성이 있는지 보장한다.

5) 의사소통 담당자

4.2 내부 의사소통

조직은 다음과 같이 내부 의사소통을 하여야 하다.

1) 해당되는 경우(as appropriate) 경영시스템의 변경을 포함하여 조직의 다양한 계층과 기능에서 경영시스템과 관련된 정보에 대해서 내부적인 의사소통

2) 의사소통 프로세스가 조직의 통제 하에 업무를 수행하고 있는 인원이 지속적 개선에 기여할 수 있도록 보장하여야 한다.

4.3 외부 의사소통

조직은 조직의 의사소통 프로세스에서 수립되고 준수의무에서 요구되는 바와 같이 경영시스템과 관련된 정보에 대해 외부 의사소통하여야 한다.

5. 문서화된 정보

5.1 일반사항

1) 조직의 경영시스템에는 다음 사항이 포함되어야 한다.

    (1) 이 표준에서 요구하는 문서화된 정보

    (2) 경영시스템의 효과성을 위하여 필요한 것으로, 조직이 결정한 문서화된 정보

2) 경영시스템을 위한 문서화된 정보의 정도는, 다음과 같은 이유로 조직에 따라 다를 수 있다.

    (1) 조직의 규모, 그리고 활동, 프로세스, 제품 및 서비스의 유형

    (2) 조직의 준수 의무의 충족을 실증할 필요성;

    (3) 프로세스의 복잡성과 프로세스의 상호 작용

    (4) 인원의 역량

5.2 작성(creating) 및 갱신

문서화된 정보를 작성하거나 갱신할 경우, 조직은 다음 사항의 적절함을 보장해야 한다.

1) 식별 및 내용(description)(예: 제목, 날짜, 작성자 또는 문서번호)

2) 형식(예: 언어, 소프트웨어 버전, 그래픽) 및 매체(예: 종이, 전자 매체)

3) 적절성 및 충족성에 대한 검토 및 승인

5.3 문서화된 정보의 관리

1) 경영시스템 및 이 표준에서 요구되는 문서화된 정보는, 다음 사항을 보장하기 위하여 관리되어야 한다.

    (1) 필요한 장소 및 필요한 시기에 사용 가능하고 사용하기에 적절함

    (2) 충분하게 보호됨(예: 기밀유지 실패, 부적절한 사용 또는 완전성 훼손으로부터)

2) 문서화된 정보의 관리를 위하여, 다음 활동 중 적용되는 사항을 다루어야 한다.

    (1) 배포, 접근, 검색 및 사용   (2) 가독성 보존을 포함하는 보관 및 보존

    (3) 변경 관리(예: 버전 관리)   (4) 보유 및 폐기

3) 경영시스템의 기획과 운영을 위하여 필요하다고, 조직이 정한 외부 출처의 문서화된 정보는 적절하게 식별되고 관리되어야 한다.

4) 적합성의 증거로 보유 중인 문서화된 정보는, 의도하지 않은 수정으로부터 보호되어야 한다.

[관련문서]

1. EQP-0701. 자원관리 절차서
2. EQP-0702. 인적자원 절차서
3. EQP-0703. 의사소통 절차서
4. EQP-0704. 문서관리 절차서

1. 운용 기획 및 관리

1.1 일반사항

조직은 다음 사항을 통하여, 제품 및 서비스의 제공을 위한 요구사항을 충족하기 위해 필요한, 그리고 6에 명시된 실행을 하기 위해 필요한 프로세스를 계획, 시행 및 유지하여야 한다.

1) 제품 및 서비스에 대한 요구사항 결정하여야 한다.

2) 다음에 대한 기준 수립하여야 한다.

    (1) 프로세스

    (2) 제품 및 서비스의 합격 판정

3) 제품 및 서비스 요구사항에 대한 적합성을 달성하기 위해 필요한 자원을 결정하여야 한다.

4) 기준에 따라 프로세스의 관리의 실행하여야 한다.

5) 다음을 위해 필요한 정도로 문서화된 정보의 결정, 유지 및 보유하여야 한다.

    (1) 프로세스가 계획된 대로 수행되었음에 대한 신뢰 확보

    (2) 제품과 서비스가 요구사항에 적합함을 실증

6) 환경경영시스템은 전과정 관점(life cycle perspective)과 일관되게 조직은 다음을 수행하여야 한다.

    (1) 해당되는 경우, 조직의 환경경영시스템은 전과정의 각 단계를 고려하여(considering) 제품과 서비스에 대하여 설계 및 개발프로세스에서 다루어지는 것을 보장하도록 관리체계를 수립하여야 한다.

    (2) 해당되는 경우, 제품과 서비스의 조달을 위한 환경 요구사항들을 결정하여야 한다.

    (3) 계약자를 포함하여 외부 제공자에게 관련된 조직의 환경요구사항을 의사소통하여야 한다.

    (4) 조직의 제품과 서비스의 운반이나 배달, 사용, 사용기간이 지난 제품의 처리 그리고 최종적 폐기와 관련된 잠재적인 중대한 환경적 영향에 대해서 정보를 제공할 필요성에 대해서 고려하여야 한다.

1.2 변경관리

1) 조직은 다음 사항을 포함하는, 성과에 영향을 주는 계획된 임시 및 영구적인 변경의 실행과 관리를 위한 프로세스를 수립하여야 한다.

    (1) 새로운 제품, 서비스 및 프로세스, 또는 기존 제품, 서비스 및 프로세스의 변경 사항

        ① 작업장 위치와 주변 환경   ② 작업 조직

        ③ 작업 조건   ④ 장비

        ⑤ 노동력

    (2) 법적 요구사항 및 기타 요구사항의 변경

2) 조직은 의도하지 않은 변경의 영향을 검토해야 하며 필요에 따라 부정적 영향을 완화하기 위한 조치를 하여야 한다.

1.3 외주처리

조직은 외주 처리된 프로세스가 관리되고 있음을 보장하여야 한다. 이러한 프로세스에 적용되는 관리의 유형과 정도는 경영시스템 내에서 정의되어야한다(외부 공급자와의 협의는 조직의 경영시스템 성과에 대한 아웃소싱의 영향을 해결하는 데 도움을 줄 수 있다.).

1.4 조달

조직은 경영시스템에 대한 적합성을 보장하기 위해 제품 및 서비스 조달을 관리하기 위한 프로세스를 수립, 실행 및 유지하여야 한다.

2. 제품 및 서비스 요구사항

2.1 고객과의 의사소통

고객과의 의사소통에는 다음 사항이 포함되어야 한다.
1) 제품 및 서비스 관련 정보 제공
2) 변경을 포함하여 문의, 계약 또는 주문의 취급
3) 고객 불평을 포함하여 제품 및 서비스에 관련된 고객 피드백 입수
4) 고객재산의 취급 및 관리
5) 관련될 경우, 비상조치를 위한 특정 요구사항 수립

2.2 제품 및 서비스에 대한 요구사항의 결정

고객에게 제공될 제품 및 서비스에 대한 요구사항을 결정할 경우, 조직은 다음 사항을 보장하여야 한다.
1) 제품 및 서비스 요구사항은 다음을 포함하여 규정되어야 한다.
    (1) 적용되는 모든 법적 및 규제적 요구사항
    (2) 조직에 의해 필요하다고 고려된 요구사항
2) 조직은 제공하는 제품 및 서비스에 대한 요구(claim)를 충족시킬 수 있어야 한다.

2.3 제품 및 서비스에 대한 요구사항의 검토

2.3.1 조직은 고객에게 제공될 제품 및 서비스에 대한 요구사항을 충족시키는 능력이 있음을 보장하여야 한다.
1) 조직은 고객에게 제품 및 서비스의 공급을 결정하기 전에, 다음 사항을 포함하여 검토를 하여야 한다.
    (1) 인도 및 인도 이후의 활동에 대한 요구사항을 포함하여, 고객이 규정한 요구사항
    (2) 고객이 명시하지 않았으나 알려진 경우, 규정되거나 의도된 사용에 필요한 요구사항
    (3) 조직에 의해 규정된 요구사항
    (4) 제품이나 서비스에 적용되는 법적 및 규제적 요구사항
    (5) 이전에 표현된 것과 상이한 계약 또는 주문 요구사항

2) 조직은 이전에 규정한 요구사항과 상이한 계약 또는 주문 요구사항이 해결되었음을 보장하여야 한다.

3) 고객이 요구사항을 문서화된 상태로 제시하지 않는 경우, 고객 요구사항은 수락 전에 조직에 의해 확인 되어야 한다.

4) 인터넷 판매 등과 같은 상황에서는, 각각의 주문에 대한 공식적인 검토가 비현실적이다. 이러한 경우, 카탈로그와 같은 관련 제품정보를 검토하는 것으로 대신할 수 있다.

2.3.2 조직은 적용될 경우, 다음 사항에 대한 문서화된 정보를 보유하여야 한다.
1) 검토 결과
2) 제품 및 서비스에 대한 모든 새로운 요구사항

2.4 제품 및 서비스에 대한 요구사항의 변경
제품 및 서비스에 대한 요구사항이 변경된 경우, 조직은 관련 문서화된 정보가 수정됨을, 그리고 관련 인원 이 변경된 요구사항을 인식하고 있음을 보장하여야 한다.

3. 비상사태 대비 및 대응

1) 조직은 비상사태에 대비하여 다음과 같이 수행하여야 한다.
　(1) 비상상황으로부터 불리한 환경적 영향을 예방하거나 완화하기 위해서 조치를 계획함으로써 대응을 위한 준비하여야 한다.
　(2) 실제적 비상상황에 대응하여야 한다.
　(3) 비상상황과 잠재적 환경적 영향의 규모와 관련된 비상상황의 결과를 예방하거나 완화하기 위한 조 치를 취하여야 한다.
　(4) 실행 가능할 경우 계획된 대응조치를 주기적으로 시험하여야 한다.
　(5) 특히, 비상상황의 발생이나 시험 이후에는 프로세스와 계획된 대응을 주기적으로 검토 및 개정하여 야 한다.
　(6) 해당되는 경우, 관리하에서 업무를 수행하는 인원을 포함하여 관련된 이해관계자에게 관련된 정보 및 훈련(비상상황의 준비 및 대응)을 제공하여야 한다.
　(7) 응급조치 제공을 포함하여 비상 상황에 대응하는 계획 수립
　(8) 대응 계획에 대한 교육 훈련 제공
　(9) 모든 근로자에게 자신의 의무와 책임에 관한 정보를 의사소통 및 제공
　(10) 계약자, 방문자, 비상 대응 서비스, 정부기관 및 적절하게 지역사회와 관련 정보를 의사소통
　(11) 모든 관련 이해관계자의 니즈와 능력을 반영하고, 해당되는 경우 대응 계획 개발에 이해관계자의 참여를 보장
2) 조직은 프로세스가 계획된 대로 실행되었다는 것에 대한 확신을 가지기 위하여 필요한 정도까지 문서 화된 정보를 유지(maintain) 하여야 하다.

4. 제품 및 서비스의 설계와 개발

4.1 일반사항
조직은 제품 및 서비스의 설계와 개발 이후의 공급을 보장하기에 적절한 설계와 개발 프로세스를 수립, 실행 및 유지하여야 한다.

4.2 설계와 개발 기획
설계와 개발에 대한 단계 및 관리를 결정할 때, 조직은 다음 사항을 고려하여야 한다.
1) 설계와 개발 활동의 성질, 기간 및 복잡성
2) 적용되는 설계와 개발 검토를 포함하여, 요구되는 프로세스 단계
3) 요구되는 설계와 개발 검증 및 실현성 확인/타당성 확인(validation) 활동
4) 설계와 개발 프로세스에 수반되는 책임 및 권한
5) 제품 및 서비스의 설계와 개발에 대한 내부 및 외부 자원 필요성
6) 설계와 개발 프로세스에 관여하는 인원 간 인터페이스의 관리 필요성
7) 설계와 개발 프로세스에 고객 및 사용자의 관여 필요성
8) 제품 및 서비스의 설계와 개발 이후의 공급을 위한 요구사항
9) 설계와 개발 프로세스에 대해 고객 및 기타 관련 이해관계자가 기대하는 관리의 수준
10) 설계와 개발 요구사항이 충족되었음을 실증하는데 필요한 문서화된 정보

4.3. 설계와 개발 입력
1) 조직은 설계와 개발이 될 특정 형태의 제품 및 서비스에 필수적인 요구사항을 정하여야 한다. 조직은 다음 사항을 고려하여야 한다.
   (1) 기능 및 성능/성과 요구사항
   (2) 이전의 유사한 설계와 개발 활동으로부터 도출된 정보
   (3) 법적 및 규제적 요구사항
   (4) 조직이 실행을 약속한 표준 또는 실행지침
   (5) 제품 및 서비스의 성질에 기인하는 실패의 잠재적 결과
2) 입력은 설계와 개발 목적에 충분하며, 완전하고 모호하지 않아야 한다.
3) 상충되는 설계와 개발 입력은 해결되어야 한다.
4) 조직은 설계와 개발 입력에 대한 문서화된 정보를 보유하여야 한다.

4.4 설계와 개발 관리
조직은, 설계와 개발 프로세스에 다음 사항을 보장하기 위하여 관리/통제하여야 한다.
1) 달성될 결과의 규정
2) 설계와 개발 결과가 요구사항을 충족하는지의 능력을 평가하기 위한 검토 시행

3) 설계와 개발의 출력이 입력 요구사항에 충족함을 보장하기 위한 검증활동 시행
4) 결과로 나타난 제품 및 서비스가 규정된 적용에 대한, 또는 사용 의도에 대한 요구사항을 충족시킴을 보장하기 위한 실현성 확인 활동의 시행
5) 검토 또는 검증 및 실현성 확인 활동 중 식별된 문제점에 대해 필요한 모든 조치의 시행
6) 이들 활동에 대한 문서화된 정보의 보유

4.5 설계와 개발 출력

조직은 설계와 개발 출력이 다음과 같음을 보장해야 한다.
1) 입력 요구사항 충족
2) 제품 및 서비스 제공을 위한 후속 프로세스에 대해 충분함
3) 해당되는 경우, 모니터링과 측정 요구사항의 포함 또는 인용, 그리고 합격 판정기준의 포함 또는 인용
4) 의도한 목적에, 그리고 안전하고 올바른 공급에 필수적인 제품 및 서비스의 특성 규정

4.6 설계와 개발 변경

1) 조직은 제품 및 서비스의 설계와 개발 과정, 또는 이후에 발생된 변경사항을 요구사항의 적합성에 부정적 영향이 없음을 보장하는데 필요한 정도까지 식별, 검토 및 관리하여야 한다.
2) 조직은 다음 사항에 대한 문서화된 정보를 보유하여야 한다.
   (1) 설계와 개발 변경
   (2) 검토 결과
   (3) 변경의 승인
   (4) 부정적 영향을 예방하기 위해 취한 조치

5. 외부에서 제공되는 프로세스, 제품 및 서비스의 관리

5.1 일반사항

1) 조직은 외부에서 제공되는 프로세스, 제품 및 서비스가 요구사항에 적합함을 보장하여야 한다.
2) 조직은 다음의 경우, 외부에서 제공되는 프로세스, 제품 및 서비스에 적용할 관리를 결정하여야 한다.
   (1) 외부 공급자의 제품 및 서비스가 조직 자체의 제품 및 서비스에 포함되도록 의도한 경우
   (2) 제품 및 서비스가 조직을 대신한 외부공급자에 의해 고객에게 직접 제공되는 경우
   (3) 프로세스 또는 프로세스의 일부가 조직에 의한 결정의 결과로, 외부 공급자에 의해 제공된 경우
3) 조직은 요구사항에 따라 프로세스 또는 제품 및 서비스를 공급할 수 있는 능력을 근거로, 외부 공급자의 평가, 선정, 성과 모니터링 및 재평가에 대한 기준을 결정할 때 안전보건 기준이 정의되고 적용하여야 한다. 또한 조직은 이들 활동에 대한, 그리고 평가를 통해 발생한 모든 필요한 조치에 대한 문서화된 정보를 보유하여야 한다.

5.2 관리의 유형과 정도(extent)

조직은 외부에서 제공되는 프로세스, 제품 및 서비스가, 적합한 제품 및 서비스를 고객에게 일관되게 인도하는 조직의 능력에 부정적인 영향을 미치지 않음을 보장하여야 하고 다음 사항을 수행하여야 한다.

1) 외부에서 제공되는 프로세스가 조직의 경영시스템 관리 내에서 유지됨을 보장

2) 외부 공급자에게 적용하기로 한 관리와, 결과로 나타나는 출력에 적용하기로 한 관리 모두를 규정

3) 다음에 대한 고려

    (1) 고객 요구사항과 법적 및 규제적 요구사항을 일관되게 충족시켜야 하는 조직의 능력에 미치는, 외부에서 제공되는 프로세스, 제품 및 서비스의 잠재적 영향

    (2) 법적 요구사항 및 기타 요구사항과 일관되고 안전보건경영시스템의 의도된 결과의 달성과 일관됨

    (3) 외부 공급자에 의해 적용되는 관리의 효과성

4) 외부에서 제공되는 프로세스, 제품 및 서비스가 요구사항을 충족시킴을 보장하기 위해 필요한 검증 또는 기타 활동의 결정

5.3 외부공급자를 위한 정보

소직은 외부공급자와 의사소통하기 이전에 요구사항의 타당함/충분한(adequacy)을 보장하여야 한다. 조직은 다음 사항에 대한 조직의 요구사항을 외부공급자에게 전달하여야 한다.

1) (외부공급자가) 제공하는 프로세스, 제품 및 서비스

2) 다음에 대한승인

    (1) 제품 및 서비스

    (2) 방법, 프로세스 및 장비

    (3) 제품 및 서비스의 불출(release)

3) 요구되는 모든 인원의 자격을 포함한 역량/적격성

4) 조직과 외부 공급자의 상호 작용

5) 외부 공급자의 성과에 대하여 조직이 적용하는 관리 및 모니터링

6) 조직 또는 조직의 고객이 외부공급자의 현장에서 수행하고자 하는 검증 또는 실현성 확인 활동

6. 생산 및 서비스 제공

6.1 생산 및 서비스 제공의 관리

조직은 제품 및 서비스 제공을 관리 조건 하에서 실행하여야 한다. 관리되는 조건에는 해당되는 경우, 다음 사항이 포함되어야 한다.

1) 다음을 규정하는 문서화된 정보의 가용성

    (1) 생산되어야 하는 제품의, 제공되어야 하는 서비스의, 또는 수행되어야 하는 활동의 특성

    (2) 달성되어야 하는 결과

2) 적절한 모니터링 자원 및 측정 자원의 가용성 및 활용

3) 프로세스 또는 출력의 관리에 대한 기준, 그리고 제품 및 서비스에 대한 합격 판정기준이 충족되었음을 검증하기 위하여, 적절한 단계에서 모니터링 및 측정 활동의 실행

4) 프로세스 운영을 위한 적절한 기반구조 및 환경의 활용

5) 요구되는 모든 자격을 포함하여, 역량이 있는 인원의 선정

6) 결과로 나타난 출력이, 후속되는 모니터링 또는 측정에 의해 검증될 수 없는 경우, 생산 및 서비스 제공을 위한 프로세스의 계획된 결과를 달성하기 위한 능력의 실현성 확인 및 주기적 실현성 재확인

7) 인적 오류를 예방하기 위한 조치의 실행

8) 불출, 인도 및 인도 후 활동의 실행

6.2 식별과 추적성

1) 조직은 제품 및 서비스의 적합성을 보장하기 위하여 필요한 경우, 출력을 식별하기 위하여 적절한 수단을 활용하여야 한다.

2) 조직은 생산 및 서비스 제공 전체에 걸쳐 모니터링 및 측정 요구사항에 관한 출력의 상태를 식별하여야 한다.

3) 추적성이 요구사항인 경우, 조직은 출력의 고유한 식별을 관리하여야 하며, 추적이 가능하기 위하여 필요한 문서화된 정보를 보유하여야 한다.

6.3 고객 또는 외부공급자의 재산

1) 조직은 조직의 관리하에 있거나, 조직의 사용 중에 있는 고객 또는 외부공급자의 재산에 대하여 주의를 기울여야 한다. 조직은 제품 및 서비스에 사용되거나 포함되도록 제공된 고객 또는 외부공급자의 재산을 식별, 검증, 보호 및 안전하게 유지하여야 한다.

2) 고객 또는 외부공급자의 재산이 분실, 손상 또는 사용하기에 부적절한 것으로 판명된 경우, 조직은 고객 또는 외부공급자에게 이를 통보하여야 하며, 발생한 사항에 대해 문서화된 정보를 보유하여야 한다.

3) 고객 또는 외부공급자의 재산에는 자재, 부품, 공구 및 장비, 고객 부동산, 지적 소유권 및 개인 정보가 포함될 수 있다.

6.4 보존

조직은 요구사항에 적합함을 보장하기 위해 필요한 정도까지, 생산 및 서비스를 제공하는 동안 출력을 보존하여야 한다. 보존에는 식별, 취급, 오염관리, 포장, 보관, 전달 또는 수송 및 보호가 포함될 수 있다.

6.5 인도 후 활동

1) 조직은 제품 및 서비스와 연관된 인도 후 활동에 대한 요구사항을 충족해야 한다.

2) 요구되는 인도 후 활동에 관한 정도를 결정할 때, 조직은 다음 사항을 고려해야 한다.

    1) 법적 및 규제적 요구사항

    2) 제품 및 서비스와 관련한 잠재적으로 원하지 않은 결과

    3) 제품 및 서비스의 성질, 용도 및 계획수명

    4) 고객 요구사항

    5) 고객 피드백

3) 인도 후 활동에는 보증규정에 따른 조치, 정비 서비스와 같은 계약상 의무사항, 그리고 재활용이나 최종 폐기와 같은 보충적인 서비스가 포함될 수 있다.

6.6 변경관리

1) 조직은 생산 또는 서비스 제공에 대한 변경을, 요구사항과의 지속적인 적합성을 보장하기 위하여 필요한 정도까지 검토하고 관리하여야 한다.

2) 조직은 변경에 대한 검토의 결과, 변경 승인자 및 검토 결과 도출된 필요한 모든 조치사항을 기술한 문서화된 정보를 보유해야 한다.

7. 제품 및 서비스의 불출/출시(release)

1) 조직은 제품 및 서비스 요구사항이 충족되었는지 검증하기 위하여, 적절한 단계에서 계획된 결정사항을 실행해야 한다.

2) 계획된 결정사항이 만족스럽게 완료될 때까지, 제품 및 서비스는 고객에게 불출되지 않아야 한다. 다만, 관련 권한을 가진 자가 승인하고, 고객이 승인한 때(해당되는 경우)에는 불출할 수 있다.

3) 조직은 제품 및 서비스의 불출에 관련된 문서화된 정보를 보유해야 한다. 문서화된 정보에는 다음 사항이 포함되어야 한다.

    (1) 합격 판정기준에 적합하다는 증거

    (2) 불출을 승인한 인원에 대한 추적성

8. 부적합 출력/산출물(output)의 관리

8.1 일반사항

1) 조직은 의도하지 않은 사용 또는 인도를 방지하기 위하여, 제품 요구사항에 적합하지 않은 출력이 식별되고 관리됨을 보장하여야 한다.

2) 조직은 부적합의 성질(nature)에, 그리고 제품 및 서비스의 적합성에 대하여 부적합이 미치는 영향에 따라 적절한 조치를 취하여야 한다.

3) 조것은 제품의 인도 후, 그리고 서비스의 제공 중 또는 제공 후에 발견된 제품 및 서비스의 부적합에도 적용된다.

4) 조직은 부적합 출력을 다음의 하나 또는 그 이상의 방법으로 처리하여야 한다.

    (1) 시정

    (2) 제품 및 서비스 제공의 격리, 봉쇄/억제, 반품 또는 정지

    (3) 고객 통지

    (4) 특채에 의해 인수를 위한 승인의 획득

5) 부적합 출력이 조치되는 경우, 요구사항에 대한 적합성이 검증되어야 한다.

8.2 조직은 다음의 문서화된 정보를 보유해야 한다.

1) 부적합에 대한 기술   2) 취해진 조치에 대한 기술
3) 승인된 특채에 대한 기술   4) 부적합에 관한 활동을 결정하는 책임의 식별

[관련문서]
1. EQP-0801. 운용 기획 관리 절차서
2. EQP-0802. 제품 및 서비스 요구사항 절차서
3. EQP-0803. 비상사태 대비 및 대응 절차서
4. EQP-0804. 설계와 개발 절차서
5. EQP-0805. 외부공급자 관리 절차서
6. EQP-0806. 생산 및 서비스 절차
7. EQP-0807. 부적합 출력물 관리 절차서

	품질환경경영매뉴얼	문서번호	EQ·QEM·001
(주)이큐		제정일	20XX. XX. XX
		개정일	20XX. XX. XX
	성과 평가	개정번호	01
		PAGE	1/3

1. 모니터링, 측정, 분석 및 평가

1.1 일반사항

1) 조직은 다음 사항을 결정하여야 한다.

   (1) 모니터링 및 측정의 대상

   (2) 유효한 결과를 보장하기 위하여, 필요한 모니터링, 측정, 분석 및 평가에 대한 방법

   (3) 조직의 환경성과를 평가할 것에 대한 기준과 적절한 지표

   (4) 모니터링 및 측정 수행 시기

   (5) 모니터링 및 측정의 결과에 대한 분석 및 평가 시기

2) 해당되는 경우, 조직은 교정 또는 검증된 모니터링 장비 및 측정 장비가 사용 및 유지된다는 것을 보장하여야 한다.

3) 조직은 경영시스템의 성과 및 효과성을 평가하여야 한다.

4) 조직은 조직의 의사소통 프로세스에 확인된 대로 그리고 조직의 준수의무에 의하여 요구되는 대로 내·외부적으로 관련된 환경성과 정보를 의사소통하여야 한다.

5) 조직은 결과의 증거로, 적절한 문서화된 정보를 보유하여야 한다.

1.2 고객만족

1) 조직은 고객의 니즈 및 기대가 어느 정도 충족되는지에 대한 고객의 인식을 모니터링 하여야 한다.

2) 조직은 정보를 수집, 모니터 링 및 검토하기 위한 방법을 결정하여야 하며, 고객인식에 대한 모니터링의 사례에는 고객 설문조사, 인도된 제품 또는 서비스에 대한 고객피드백, 고객과의 미팅, 시장점유율 분석, 고객의 칭찬, 보증 클레임, 그리고 판매업자 보고서가 포함될 수 있다.

1.3 준수평가

1) 조직은 의무준수의 충족을 평가하기 위해 필요한 프로세스를 수립, 실행 그리고 유지한다.

2) 조직은 다음을 수행해야 한다.

   (1) 준수 평가에 대한 평가 빈도를 결정

   (2) 준수평가를 하고 필요한 경우 조치를 취함

   (3) 법적 요구사항 및 기타 요구사항의 준수 상태에 대한 지식과 이해 유지

3) 조직은 준수 평가 결과의 증거로서 문서화된 정보를 보유(retain)해야 한다.

1.4 분석 및 평가

조직은 모니터링 및 측정에서 나온 적절한 데이터와 정보를 분석하고, 평가하여야 한다. 분석의 결과는 다음 사항의 평가를 위하여 사용되어야 한다.

1) 제품 및 서비스의 적합성

2) 고객 만족도

3) 경영시스템의 성과 및 효과성
4) 기획의 효과적인 실행 여부
5) 리스크와 기회를 다루기 위하여 취해진 조치의 효과성
6) 외부공급자의 성과
7) 경영시스템의 개선 필요성

2. 내부심사

2.1 조직은 경영시스템이 다음 사항에 대한 정보를 제공하기 위하여 계획된 주기로 내부심사를 수행하여야 한다.
1) 다음 사항에 대한 적합성 여부
    (1) 경영시스템에 대한 조직 자체 요구사항
    (2) 표준의 요구사항
2) 경영시스템이 효과적으로 실행되고 유지되는지 여부

2.2 조직은 다음 사항을 실행하여야 한다.
1) 주기, 방법, 책임, 요구사항의 기획 및 보고를 포함하는, 심사프로그램의 계획, 수립, 실행 및 유지, 그리고 심사프로그램에는 관련 프로세스의 중요성, 조직에 영향을 미치는 변경, 그리고 이전 심사 결과가 고려되어야 한다.
2) 심사기준 및 개별 심사의 적용범위에 대한 규정
3) 심사 프로세스의 객관성 및 공평성을 보장하기 위한 심사원 선정 및 심사 수행
4) 심사 결과가 관련 경영자에게 보고됨을 보장
5) 과도한 지연 없이 적절한 시정 및 시정조치 실행
6) 심사프로그램의 실행 및 심사결과의 증거로 문서화된 정보의 보유

3. 경영검토/경영평가(management review)

3.1 일반사항
최고경영자는 조직의 전략적 방향에 대한 경영시스템의 지속적인 적절성, 충족성, 효과성 및 정렬성을 보장하기 위하여 계획된 주기로 조직의 경영시스템을 검토해야 한다.

3.2 경영검토 입력사항
1) 이전 경영검토에 따른 조치의 상태

2) 다음과 같은 변화
    (1) 경영시스템과 관련된 외부 및 내부 이슈의 변경
    (2) 이해관계자들의 니즈와 기대
    (3) 법적 요구사항 및 기타 요구사항
    (4) 리스크와 기회
3) 다음의 경향을 포함한 경영시스템의 성과 및 효과성에 대한 정보
    (1) 고객만족 및 관련 이해관계자로 부터의 피드백   (2) 경영시스템 방침 및 목표의 달성 정도
    (3) 프로세스 성과, 그리고 제품 및 서비스의 적합성   (4) 사건, 부적합, 시정조치 및 지속적 개선
    (5) 조직의 준수의무의 충족   (6) 모니터링 및 측정 결과
    (7) 심사결과   (8) 외부공급자의 성과
    (9) 법적 요구사항 및 기타 요구사항에 대한 준수 평가 결과
4) 효과적인 경영시스템의 유지를 위한 자원의 충족성
5) 리스크와 기회를 다루기 위하여 취해진 조치의 효과성(6.1 참조)
6) 지속적 개선을 위한 기회

3.3 경영검토 출력사항
1) 경영검토의 출력사항에는 다음 사항과 관련된 결정과 조치가 포함되어야 한다.
    (1) 지속적 개선 기회
    (2) 경영시스템 변경에 대한 모든 필요성
    (3) 자원의 필요성
    (4) 경영시스템의 지속적인 적절성, 충족성 그리고 효과성에 대한 결론
    (5) 경영시스템 목표를 달성하지 못했을 때, 필요한 경우의 조치
    (6) 필요할 경우 경영시스템과 기타 비즈니스 프로세스와 통합으로 개선할 기회
    (7) 조직의 전략적인 방향에 대한 영향
2) 조직은 경영검토 결과의 증거로, 문서화된 정보를 보유하여야 한다.

[관련문서]
1. EQP-0901 모니터링, 측정, 분석 및 평가 절차서
1. EQP-0902 준수평가 절차서
2. EQP-0903 내부심사 절차서
3. EQP-0904 경영검토 절차서

1. 일반사항

1) 조직은 개선의 기회를 결정하고 선택하여야 하며, 고객 요구사항을 충족시키고 고객만족을 증진시키기 위하여 필요한 모든 조치를 실행하여야 한다.
2) 조치에는 다음 사항이 포함되어야 한다.
   (1) 요구사항을 충족시키기 위한 것뿐만 아니라, 미래의 니즈와 기대를 다루기 위한 제품 및 서비스의 개선
   (2) 시정, 예방 또는 바람직하지 않은 영향의 감소
   (3) 경영시스템의 성과 및 효과성 개선
3) 개선의 사례에는 시정, 시정조치, 지속적 개선, 획기적인 변화, 혁신 및 조직 개편이 포함될 수 있다.

2. 부적합사항 및 시정조치

2.1 불만족에서 야기된 모든 것을 포함하여 부적합이 발생하였을 때, 조직은 다음 사항을 실행하여야 하며, 시정조치는 발생한 사건 또는 부적합의 영향이나 잠재적 영향에 적절하여야 한다.
1) 부적합사항에 대처하여야 하며, 해당되는 경우 다음 사항이 포함되어야 한다.
   (1) 부적합사항을 관리하고 시정하기 위한 조치를 취함
   (2) 결과를 처리함
2) 부적합이 재발하거나 다른 곳에서 발생하지 않게 하기 위해서, 부적합의 근본 원인을 제거하기 위한 조치의 필요성을 다음 사항에 의하여 평가하여야 한다.
   (1) 부적합의 검토와 분석
   (2) 부적합 원인의 결정
   (3) 부적합이 존재하는지 또는 잠재적인 발생 여부 결정
3) 기타 리스크에 대한 기존 평가사항의 적절한 검토
4) 관리단계 및 변경관리에 따라 시정조치를 포함한 필요한 모든 조치의 결정 및 실행
5) 시정조치를 포함한 모든 조치의 효과성을 검토하여야 한다.
6) 필요한 경우, 기획 시 결정된 리스크와 기회를 갱신하여야 한다.
7) 필요한 경우, 경영시스템을 변경하여야 한다.

2.2 조직은 다음 사항의 증거로 문서화된 정보를 보유하여야 한다.
1) 부적합의 성질 및 취해진 모든 후속조치
2) 효과성을 포함하여, 모든 조치와 시정조치의 결과

3. 지속적 개선

1) 조직은 다음사항에 따라 경영시스템의 적절성, 충족성 및 효과성을 지속적으로 개선하여야 한다.
    (1) 경영시스템의 성과 향상
    (2) 경영시스템을 지원하는 문화 촉진
    (3) 지속적 개선의 증거로 문서화된 정보를 유지 및 보유

2) 조직은 지속적 개선의 일부로서 다루어야 할 니즈 또는 기회가 있는지를 결정하기 위하여, 분석 및 평가의 결과, 그리고 경영검토의 출력사항을 고려하여야 한다.

[관련문서]
1. EQP-1001. 개선 절차서

ISO 품질환경 통합 절차서 (샘플)

(주)이큐	**절차서**	문서번호	EQ-QEP-001
		제정일	20XX. XX. XX
		개정일	20XX. XX. XX
	표지	개정번호	01
		PAGE	1 / 1

이큐 주식회사

작성	검토				승인
품질(환경)팀	영업/관리팀	연구개발팀	생산팀	생산기술팀	대표이사

(주)이큐	절차서	문서번호	EQ-QEP-001
		제정일	20XX. XX. XX
		개정일	20XX. XX. XX
	목차 및 개정이력	개정번호	01
		PAGE	1 / 1

목 차

장	제목		개정번호
	ISO 9001:2015	ISO 14001:2015	
1	목차 및 개정이력	목차 및 개정이력	01
2	적용범위 및 용어의 정의	적용범위 및 용어의 정의	01
3	방침/조직/프로세스	방침/조직/프로세스	01
4	조직 상황	조직 상황	01
5	리더쉽	리더쉽	01
6	기획	기획	01
7	지원	지원	01
8	운영	운영	01
9	성과 평가	성과 평가	01
10	개선	개선	01

개정 번호 REV. NO.	개정 일자 REV. DATE	개정 내용 REVISION CONTENTS
00 01	20XX.XX.XX 20XX.XX.XX.	제정 기존 시스템에서 ISO 9001:2015 & ISO 14001:2015 도입에 따른 적합한 품질경영시스템으로의 전환

(주)이큐	절차서	문서번호	EQ-QEP-0401
		제정일	20XX. XX. XX
		개정일	20XX. XX. XX
	조직상황	개정번호	01
		PAGE	1 / 3

1. 적용범위

본 절차서는 품질환경 경영시스템(이하 "경영시스템"이라 한다.)의 통합 본으로 (주)이큐(이하 "조직"이라 한다.)의 상황과 조직의 목적 및 전략적 방향과 관련이 있는 내·외부 이슈, 이해관계자 요구사항에 대한 관리를 범위로 한다.

2. 목적

조직은 경영시스템 활동의 지속적인 개선을 위하여 조직상황에 대한 관리 및 내·외부 이슈와 이해관계자의 요구사항 파악을 목적으로 한다.

3. 용어와 정의

3.1 조직
조직의 목표달성에 대한 책임, 권한 및 관계가 있는 자체의 기능을 가진 사람 또는 사람의 집단

3.2 조직상황
조직의 목표 달성과 개발에 대한 조직의 접근법에 영향을 줄 수 있는 내부 및 외부 이슈의 조합

3.3 이해관계자
의사결정 또는 활동에 영향을 줄 수 있거나, 영향을 받을 수 있거나 또는 그들 자신이 영향을 받는다는 인식을 할 수 있는 사람 또는 조직

3.4 준수의무
법적, 규제적 요구사항, 이해관계자의 요구사항, 조직이 정한 요구사항과 근로자 및 기타 이해관계자의 요구사항

4. 책임과 권한

4.1 최고경영자
조직상황 및 이해관계자 관리

4.2 관리책임자
　1) 조직의 내부이슈와 외부이슈를 취합하여 결정하고 관리
　2) 고객과 관련된 이슈를 파악하고 각 부서에 전달

4.3 관리담당자
　1) 경영시스템의 이해관계자 및 요구사항의 변경사항이 있을 시 즉시 경영자에게 보고

2) 계획된 주기로 각 부서에서 받은 내·외부 이슈들에 대하여 검토하고 경영자에게 보고하며, 사내 게시판에 관련 내용을 공지.

3) 경영시스템의 이해관계자의 요구와 기대 중 준수의무에 해당되는 사항을 확인하고 중점관리

5. 조직상황 관리

5.1 조직상황 이해

1) 각 부서는 조직의 목적 및 전략적 방향, 조직의 능력에 영향을 주는 외부와 내부 이슈를 파악하여야 한다.

2) 영업부서는 고객이슈를 제품의 출고 이후 제품에 대한 피드백을 수시로 접수하고 매월 1회 집계하여 내부 의사소통 기준에 따라 각 부서에 전달하고 업무보고 시 최고경영자에게 보고한다.

3) 각 부서는 매월 내·외부 이슈에 대한 정보를 모니터링하고 영업부서에 전달하여야 한다.

4) 영업부서는 각 부서에서 접수된 외부/내부 이슈들에 대하여 매월 집계 및 검토하고 경영자에게 보고하며, 사내 게시판에 관련 내용을 공지한다.

5.2 내·외부 이슈

1) 이슈는 긍정적, 부정적 요인 또는 고려해야 할 조건을 포함하여 파악하여야 한다.

2) 외부사항에 대한 이해를 용이하게 하려면 국제적, 국가적, 지역적 및 법적, 기술적, 시장, 사회적, 경제적 환경에서 비롯된 이슈들을 고려해야 한다.

3) 내부사항에 대한 이해를 용이하게 하려면 조직의 가치, 문화, 지식 및 성과와 관련되는 이슈들을 고려해야 한다.

4) 조직에 의해 영향을 받거나 줄 수 있는 환경적인 조건들은 반드시 포함하여 외부/내부 이슈들을 결정하여야 한다.

5.3 이슈 지속관리

통합관리담당자는 분기별로 파악된 이슈들을 참조하여 검토하고 그 내용을 토대로 익년도 내·외부 이슈를 정하고 매년 12월에 경영자에게 보고한다.

6. 이해관계자의 니즈와 기대 이해

6.1 이해관계자 식별

1) 고객 요구사항, 그리고 적용되는 법적 및 규제적 요구사항을 충족시키는 제품 및 서비스를 지속적으로 공급하는 능력을 실증할 필요가 있고, 고객만족 증진을 추구하는 경우에 경영시스템에 관련되는 이해관계자를 정하고 이해관계자의 요구사항, 기대를 파악하여 관리하여야 한다.

2) 이해관계자의 요구와 기대 중 준수의무에 해당되는 사항을 확인하고 중점관리 하여야 한다.

3) 조직의 이해관계자 선정 시 경영시스템과 관련이 없는 이해관계자의 니즈와 기대는 관리할 필요가 없으나, 잠재적인 이해관계자의 관리를 위해서 신중하게 정해야 한다.

6.2 이해관계자 지속관리

1) 이해관계자에 대한 변경사항을 분기별로 모니터링하고 검토한다.

2) 이해관계자 및 요구사항의 변경사항이 있을 시 즉시 경영자에게 보고하여 조직의 능력에 미치는 영향을 업무에 반영하거나 부정적인 변경인 경우 최소화 하여야 한다.

7. 기록 및 보관

NO	서식명	서식번호	보존연한	보관부서
1	내·외부 이슈 관리 파악 표	EQP-0401-01		
2	이해관계자 관리 대장	EQP-0401-02		

	절차서	문서번호	EQ-QEP-0402
(주)이큐		제정일	20XX. XX. XX
		개정일	20XX. XX. XX
	적용범위관리	개정번호	01
		PAGE	1 / 2

1. 적용범위

본 절차서는 품질환경 경영시스템(이하 경영시스템이라 한다.)의 통합 본으로 (주)이큐(이하 "조직"이라 한다)의 경영시스템의 적용범위의 결정 및 관리를 범위로 한다.

2. 목적

본 절차서는 조직의 경영시스템의 경계 및 적용가능성을 정하여 적용범위를 결정하고 관리하는데 목적이 있다.

3. 용어와 정의

3.1 적용범위
조직의 프로세스 경계

4. 책임과 권한

4.1 최고경영자
조직에 대한 모든 경영시스템의 최종 적용범위를 결정

4.2 관리담당자
경영시스템에 적용할 적용범위, 조직의 상황을 파악하여 최고경영자에게 보고

5. 적용범위 결정

5.1 조직은 경영시스템의 적용범위를 설정하기 위하여 경영시스템의 경계 및 적용가능성을 정하여야 한다. 적용범위를 정할 때 조직은 아래 사항을 고려하여야 한다.
  1) 조직상황에 대한 내·외부 이슈
  2) 조직상황에 대한 이해관계자의 요구사항 및 잠재적 이해관계자의 요구사항
  3) 경영시스템과 관련된 준수의무
  4) 조직의 단위, 기능 및 물리적 경계
  5) 계획되거나 수행된 작업관련 활동의 반영
  6) 조직의 제품 및 서비스의 형태를 기술
  7) 문서화된 정보로 이용가능하고 유지되어야 한다.
  8) 적용범위에 포함되지 않는다고 정한 요구사항이 있는 경우, 그에 대한 정당성을 제시하여야 한다.

9) 적용될 수 없다고 정한 요구사항이, 제품 및 서비스의 적합성 보장과 고객만족 증진을 보장하기 위한 조직의 능력 또는 책임에 영향을 미치지 않는 증거가 있어야 한다.

5.2 적용범위 관리
1) "6. 적용범위 및 조직의 제품 및 서비스"에 작성 관리하여야 한다.
2) 문서화된 정보로 유지(maintain)되어야 하며 이해관계자들에게도 이용 가능하여야 한다.

6. 적용범위 및 조직의 제품 및 서비스

NO	항목	내용
1	제품	반도체, 디스플레이 등의 제조설비 및 부품
2	서비스	반도체, 디스플레이 등의 제조설비 및 부품 제공 및 설치
3	준수의무	고객 요구사항, 이해관계자 요구사항 및 법적 요구사항
4	이해관계자 요구사항	불량 없는 제품으로 납기일 준수 환경보전
5	적용 제외사항	없음
6	적용범위	조직의 제품을 개발, 설계, 제조, 설치 전 범위

(주)이큐	절차서	문서번호	EQ-QEP-0501
		제정일	20XX. XX. XX
		개정일	20XX. XX. XX
	리더십	개정번호	01
		PAGE	1 / 2

1. 적용범위

본 절차서는 품질환경 경영시스템(이하 "경영시스템"이라 한다.)의 통합 본으로 (주)이큐(이하 "조직"이라 한다.)의 경영시스템에 대한 리더십과 의지표명/실행의지에 대하여 적용한다.

2. 목적

경영시스템 활동의 지속적인 개선을 위하여 최고경영자가 실증해야 할 사항을 정하는데 목적이 있다.

3. 용어와 정의

3.1 경영시스템
방침과 목표를 수립하고 그 목표를 달성하기 위한 프로세스를 수립하기 위한 상호 관련되거나 상호 작용하는 조직 요소의 집합

3.2 경영시스템의 방침
품질환경에 관한 방침

3.3 경영시스템의 목표
품질환경에 관련된 전략적, 전술적 또는 운영적으로 달성되어야 할 결과로써, 품질환경 방침의 달성을 위해 설정, 적합할 필요가 있는 것을 말한다.

4. 책임과 권한

4.1 최고경영자
경영시스템에 대한 의지표명

4.2 통합관리책임자
리더십과 의지표명/실행의지를 실증하기 위하여 내부심사 및 경영검토 실시

5. 리더십과 의지표명/실행의지

5.1 경영시스템에 대한 리더십
통합관리책임자는 경영시스템에 대한 리더십과 의지표명/실행의지를 다음 사항에 의하여 실증하여야 하며 이를 위해 계획된 주기(연1회 이상)로 내부심사 및 경영검토를 실시해야 한다.
　　1) 경영시스템의 효과성과 개선 촉진에 대한 책임이 있다

2) 경영시스템의 방침 및 목표가 경영시스템을 위하여 수립되고, 조직상황과 전략적 방향에 조화됨을 보장하기 위하여 수립된 방침, 목표를 공포하여야 하며 전 종업원에게 인식 시켜야 한다

3) 경영시스템 요구사항이 조직의 비즈니스 프로세스와 통합됨을 보장하여야 한다

4) 프로세스 접근법 및 리스크 기반 사고의 활용 촉진할 책임이 있다

5) 경영시스템에 필요한 자원의 가용성을 보장할 책임이 있다.

6) 효과적인 경영시스템의 중요성, 그리고 요구사항과의 적합성에 대한 중요성을 의사소통하기 위하여 정기적인 회의를 실시하며 관련 내용을 항상 사후 관리한다.

7) 경영시스템이 의도한 결과를 달성함을 보장할 책임이 있다

8) 경영시스템의 효과성에 기여하기 위한 인원을 적극 참여시키고, 인원의 확보, 지휘하고 지원하기 위하여 해당 인원의 역량/적격성을 확인하고 인식의 증진을 위하여 관련 내용을 검토하고 각 부서에 책임과 권한을 부여한다.

9) 책임 분야에서 경영자의 리더십이 적용될 때 그들의 리더십을 실증하기 위하여 경영자 역할의 지원을 하여야 한다.

10) 안전하고 건강한 작업장 및 활동의 제공뿐만 아니라 작업과 관련된 상해 및 건강상 장해 예방을 위한 전반적인 책임과 책무를 진다.

11) 경영시스템의 의도된 결과를 지원하는 조직의 문화를 개발, 선도 및 촉진한다.

12) 조직이 근로자의 협의 및 참여를 위한 프로세스를 수립하고 실행을 보장

6. 고객중시

최고경영자는 다음 사항을 보장하여 고객중심에 대한 리더십과 의지표명을 실증해야 한다.

1) 고객 요구사항과 조직에 적용되는 법적 및 규제적 요구사항이 결정되고, 이해되며 일관되게 충족됨을 보장하기 위하여 경영시스템 이해관계자의 니즈/기대를 확인하고 검토해야 함

2) 제품 및 서비스의 적합성에, 그리고 고객 만족을 증진시키는 능력에 영향을 미칠 수 있는 리스크와 기회가 결정되고 처리되어야 한다.

3) 고객만족 증진의 중시가 유지됨을 보장하기 위하여 품질환경 방침을 정하고 이를 달성하기 위하여 목표로 설정하여 관리한다.

(주)이큐	절차서	문서번호	EQ-QEP-0502
		제정일	20XX. XX. XX
		개정일	20XX. XX. XX
	방침관리	개정번호	01
		PAGE	1 / 3

1. 적용범위

본 절차서는 품질환경 경영시스템(이하 "경영시스템"이라 한다.)의 통합 본으로 (주)이큐(이하 "조직"이라 한다.)의 경영시스템 방침의 수립과 실행 및 유지 관리에 대해 적용한다.

2. 목적

최고경영자는 조직의 경영시스템이 규정된 적용범위 내에서 경영시스템의 방침을 정하고 경영시스템 활동의 지속적인 개선을 달성하는데 그 목적이 있다.

3. 용어와 정의

3.1 경영시스템 방침
경영시스템에 관한 방침은 조직의 전반적인 방침과 일관성이 있어야 하고, 조직의 비전과 미션에 정렬될 수 있으며, 목표를 설정하기 위한 틀을 제공한다.

3.2 경영시스템 목표
경영시스템에 관련된 전략적, 전술적 또는 운영적으로 달성되어야 할 결과로써, 경영시스템 방침의 달성을 위해 설정, 적합할 필요가 있는 것을 말한다.

3.3 성과
정량적 또는 정석적 발견 사항과 측정가능한 결과

3.4 준수의무
법적, 규제적 요구사항, 이해관계자의 요구사항, 조직이 정한 요구사항과 근로자 및 기타 이해관계자의 요구사항

4. 책임과 권한

4.1 최고경영자
경영시스템의 방침 수립, 실행 및 유지

4.2 통합관리책임자
최고 경영자의 의도에 따라 경영시스템 방침의 초안을 수립하여 최고경영자에게 보고함

4.3 통합관리담당자
   1) 경영시스템방침 및 목표에 대한 세부목표관리 및 실적을 보고하는 업무

2) 경영시스템에 관련된 방침, 목표 및 시스템의 중요성, 효과성을 전 근로자에게 인식시키는 업무
3) 경영시스템 방침에 대한 내·외부 의사소통

5. 경영시스템방침 수립절차

5.1 경영시스템방침 수립

통합관리책임자는 최고경영자의 의도에 따라 경영시스템방침 초안을 수립하고 방침은 다음 사항을 고려하여 수립하여야 한다.

1) 조직의 목적과 상황에 적절하고 조직의 전략적 방향을 지원
2) 경영시스템목표의 설정을 위한 틀을 제공
3) 적용되는 요구사항 및 관련법규의 충족(준수의무)에 대한 의지표명을 포함
4) 품질경영시스템 및 환경성과를 강화하기 위한 지속적 개선에 대한 의지표명을 포함
5) 조직의 활동 제품 및 서비스의 특성, 규모, 환경적 영향 포함
6) 오염예방 및 환경 보호(수질, 공기, 생물의 다양성 보전 등)에 대한 의지를 포함

5.2 경영시스템방침 검토 및 승인

통합관리책임자는 위에 5.1항에 대한 충족여부를 검토한 후 방침을 최고경영자에게 전달한다. 최고경영자는 관련 내용을 본인이 의도된 내용이 충족되었는지를 검토 후 승인한다.

5.3 경영시스템방침 관리

경영시스템방침은 효과성(계획 대비 실적), 적합성(요구사항 등), 충족성(요구사항 등), 적절성(조직의 상황)을 포함해야 하며, 문서화된 정보로 이용가능하고 유지하여야 한다.

1) 품질방침
    (1) 고객 만족 실현
    (2) 품질 신뢰 실현
    (3) 선행 품질 실현
2) 환경방침
    (1) 법규준수
    (2) 오염예방
    (3) 환경 목표 및 세부목표 수립 및 실천
    (4) 지속적 개선
    (5) 환경 방침의 공개

		문서번호	EQ-QEP-0502
(주)이큐	**절차서**	제정일	20XX. XX. XX
		개정일	20XX. XX. XX
	방침관리	개정번호	01
		PAGE	3 / 3

6. 의사소통

6.1 내부 의사소통

통합관리담당자는 경영시스템방침은 모든 조직 구성원이 숙지할 수 있도록 제시하고 이를 이행하기 위하여 매뉴얼에 포함하고 게시판에 부착하며, 전 종업원에게 교육을 통하여 인식시키고 목표수립에 반영하도록 한다.

6.2 외부 의사소통

통합관리담당자는 외부 이해관계자가 이용가능 하도록 게시한다.

7. 기록 및 관리

NO	서식명	서식번호	보존연한	보관부서
1	품질환경매뉴얼	EQ-QEM-001		

(주)이큐	절차서	문서번호	EQ-QEP-0503
		제정일	20XX. XX. XX
		개정일	20XX. XX. XX
	책임과 권한	개정번호	01
		PAGE	1 / 3

1. 적용범위

본 절차서는 품질환경 경영시스템(이하 "경영시스템"이라 한다.)의 통합본으로 (주)이큐(이하 "조직"이라 한다)의 경영시스템을 운영하기 위하여 관련된 역할에 대한 책임과 권한을 부여하는데 적용한다.

2. 목적

본 절차서는 조직의 역할에 대한 조직구조 및 업무분장을 함으로써 조직적이고 효율적으로 운영함을 목적으로 한다.

3. 용어와 정의

3.1 조직
조직의 목표달성에 대한 책임, 권한 및 관계가 있는 자체의 기능을 가진 사람 또는 사람의 집단

3.2 조직도
회사 내의 조직을 알 수 있도록 지시 계통선으로 연결한 그림

4. 책임과 권한

4.1 최고경영자
　　1) 품질환경 방침의 설정, 품질환경 목표 승인
　　2) 통합경영체제의 이행 및 유지에 대한 확인
　　3) 통합경영체제의 이행과 관리에 필요한 수단 및 적절한 자원의 제공
　　4) 비상사태에 대한 총괄 지휘, 대책수립
　　5) 경영자검토의 수행 등

4.2 통합관리책임자
　　1) 품질환경 목표설정
　　2) 경영검토 실시의 주관
　　3) 품질환경 심사의 실시 주관
　　4) 통합경영 매뉴얼의 검토
　　5) 품질환경 방침 및 목표의 작성
　　6) 품질환경 성과 측정 및 평가
　　7) 부적합사항 시정 및 예방조치 주관
　　8) 품질환경 방침을 달성하기 위한 수단과 자원의 제공

9) 각 관련 분야 법규, 및 기타의 입수/검토 및 관리
10) 품질환경 관련 내·외부 이해관계자와의 의사소통 주관 및 관련정보 수집
11) 각 부서의 품질환경 활동 추진계획에 따른 추진실적의 확인 검토
12) 품질환경각 분야 관련 대관청 업무의 주관
13) 각 부서의 교육계획 수립 및 훈련 실시 확인

4.3 통합관리담당자
1) 환경관리담당자
　(1) 환경관련 세부 추진계획의 수립/실적분석
　(2) 유해물질의 파악 및 관리상태 점검
　(3) 개인보호구 지급, 관리 및 적절성 확인
　(4) 환경 관련 교육계획의 수립/실시
　(5) 비상사태 대비 훈련계획의 수립/실시
　(6) 각 부서의 환경경영 추진계획의 작성/관리 확인
2) 품질관리담당자
　(1) 품질관리관련 세부추진 계획의 수립/실적분석
　(2) 해당업무에 대한 프로세스파악, 문서화, 실행, 유지, 및 지속적인 개선
　(3) 품질관련 교육계획의 수립/실시
　(4) 외주 입고제품에 대한 정기적인 신뢰성 TEST 계획 수립 및 실시
　(5) 부적합품에 대한 식별 및 처리
　(6) 모니터링 및 측정 장치 관리 업무
　(7) 데이터 활용
　(8) 각 부서의 품질경영 추진계획의 작성/관리 확인

4.4 관리감독자
1) 관리감독자 공통사항
　(1) 해당업무의 통합경영시스템 운영
　(2) 비상상태 발생시 긴급조치
　(3) 개인보호구 착용 관리 감독
　(4) 환경측면파악 및 영향평가 실시
　(5) 부적합사항에 대한 원인조사와 시정 및 예방조치 실시
　(6) 기타 통합경영 유지상 필요한 사항
2) 영업팀장
　(1) 납기관리 및 납품에 관한 관리
　(2) 제품의 인도 및 납품관리
　(3) 고객관련 프로세스 전반

    (4) 견적서 작성 및 발행업무

    (5) 고객만족도 조사 및 고객 불만접수, 처리 업무

  3) 경영지원팀장

    (1) 자재수급에 관한 업무

    (2) 구매 및 외주업체 평가, 선정, 관리에 관한 업무

    (3) 자재관리에 관한 업무

    (4) 경리 및 회계업무 전반

    (5) 회사 운영 전반에 관한 업무

  4) 기업부설연구소장

    (1) 제품개발관련 업무

    (2) 도면관리

    (3) 설계, 개발계획 수립, 조직적 기술적 연계성 검토업무

    (4) 설계입력 및 출력, 검토, 검증 유효성 확인 업무

5. 경영시스템조직도

6. 기록 및 관리

NO	서식명	서식번호	보존연한	보관부서
1	업무분장표	QEP-0503-01		

	절차서	문서번호	EQ-QEP-0601
(주)이큐		제정일	20XX. XX. XX
		개정일	20XX. XX. XX
	리스크 및 기회관리	개정번호	01
		PAGE	1 / 3

1. 적용범위

본 절차서는 품질환경 경영시스템(이하 "경영시스템"이라 한다.)의 통합 본으로 (주)이큐(이하 "조직"이라 한다.)의 리스크 및 기회를 정하는데 필요한 사항을 범위로 정한다.

2.. 목적

본 절차서는 조직의 경영시스템의 조직 및 조직상황 이해와 이해관계자의 니즈와 기대 이해의 요구사항을 고려하여 리스크 및 기회를 정하는데 목적이 있다.

3. 용어와 정의

3.1 SWOT
Strength(강점), Weakness(약점), Opportunities(기회), Threats(위협)

4. 책임과 권한

4.1 최고경영자
프로세스 접근법 및 리스크기반 사고의 활용 촉진과 기회관리

4.2 통합관리책임자
1) 리스크 관리의 결과 자료에 대한 분석
2) 리스크 및 기회를 다루는 조치에 대한 자료를 수집 및 필요조치를 하기 위한 종합 계획수립 및 실시 확인 및 보고

4.3 통합관리담당자
예측되는 리스크 결정 및 제거 방안 모색과 기회 요소를 결정하고, 계획 수립 후 주관부서에 통보

5. 리스크와 기회를 다루는 조치

5.1 리스크 기반사고
1) 통합관리담당자는 조직의 리스크 기반 사고에 대한 결정을 하여야 한다. 리스크 기반 사고는 처음부터 프로세스 접근 전반에까지 고려되어야 한다.
2) 리스크 기반 사고는 조직의 각 부서에서 각 공정에 대하여 실시되어야 하며, 부정적인 부분만을 포함하고 있지 않으며, 긍정적인 부분을 포함한다.

5.2 리스크와 기회 결정

5.2.1 조직상황에 맞는 리스크와 기회를 식별

통합관리담당자는 조직 및 조직상황 이해와 이해관계자의 니즈와 기대 및 적용범위 결정시 언급한 요구사항을 고려하여야 하며, 다음 사항을 위하여 다루어야 할 필요성이 있는 리스크 및 기회를 정하여야 한다.

　　(1) 경영시스템이 의도된 결과를 달성할 수 있음을 보증

　　(2) 바람직한 영향의 증진

　　(3) 바람직하지 않은 영향의 예방 또는 감소

　　(4) 개선의 성취

　　(5) 환경측면

　　(6) 준수의무

　　(7) 법적 요구사항 및 기타 요구사항

5.3 리스크 파악 단계

1) 요구사항 결정 단계

2) 설계단계

3) 생산단계

4) 제품 취급 및 포장단계

5) 제품 인도, 설치, 시운전 단계

6) 보정, 불만처리, 폐기등 인도 후 활동 단계

5.4 리스크와 기회를 다루는 방법

1) 리스크와 기회를 다루기 위한 조치를 위해서 받아 드릴 수 있는 것과 없는 것, 이익이 되는 것과 불이익이 되는 것을 분석해야 한다.

2) 어떻게 리스크를 피하거나 제거할 수 있는지, 완화할 수 있는지 조치 계획을 세워야 한다.

3) 계획을 실행한다.

4) 관련 내용을 SWOT 분석에 기록하며 관련 내용은 최고경영자의 보고되어야 한다.

5) 리스크와 기회를 다루기 위한 조치는 경영시스템의 프로세스에 통합하고 실행되어야 한다.

6) 심사, 경험으로부터의 지식, 지속적 개선과 기회를 고려하며 경영검토를 통하여 조치의 효과성 평가를 실시하여야 한다.

7) 리스크와 기회를 다루기 위하여 취해진 조치는, 제품 및 서비스의 적합성에 미치는 잠재적 영향에 상응하여야 한다.

8) 리스크 다루는 방법은 아래 6가지를 참조할 수 있다.

　　(1) 리스크 회피

　　(2) 기회를 잡기 위한 리스크 감수

　　(3) 리스크 요인 제거

(주)이큐	절차서	문서번호	EQ-QEP-0601
		제정일	20XX. XX. XX
		개정일	20XX. XX. XX
	리스크 및 기회관리	개정번호	01
		PAGE	3 / 3

(4) 발생가능성 또는 결과의 변경

(5) 리스크 공유

(6) 정보에 근거한 의사결정에 의한 리스크 유지

9) 기회는 아래 방안으로 이어질 수 있다.

(1) 새로운 실행방안의 채택

(2) 신제품 출시

(3) 새로운 시장 개척

(4) 신규 고객 창출

(5) 파트너십 구축

(6) 신기술 활용

(7) 조직 또는 고객의 니즈를 다루기 위한 그 밖의 바람직하고 실행 가능한 방안

6. SWOT 분석

6.1 SWOT 분석이란 SWOT를 이용하여 문제를 분석하는 것으로 품질경영부서장은 각 부서의 상황에 맞게 정기적으로 SWOT 분석을 실시하며, 결과를 경영자에게 보고하여야 한다.

6.2 경영자에게 보고 후 관련 내용을 사내 게시판에 공지하여 전 직원과 관련 내용을 공유한다.

7. 기록

NO	서식명	서식번호	보존연한	보관부서
1	리스크 및 기회관리 조치 계획서	EQP-0601-01		
2	SWOT 분석	EQP-0601-02		

(주)이큐	절차서	문서번호	EQ-QEP-0602
		제정일	20XX. XX. XX
		개정일	20XX. XX. XX
	환경측면 파악 및 환경영향평가	개정번호	01
		PAGE	1 / 3

1. 적용범위

본 절차서는 (주)이큐(이하 "조직"이라 한다)의 모든 제품, 활동 및 서비스에서 발생되는 직·간접적인 환경영향파악 및 평가절차에 대해 적용한다.

2. 목적

본 절차서는 조직의 제품, 활동 및 서비스로 인해 환경에 중요한 영향을 미치고 있거나, 미칠 가능성이 있는 환경측면과 환경영향을 파악, 평가하여 지속적인 환경개선을 시행하는데 그 목적이 있다.

3. 용어의 정의

3.1 환경측면
환경과 상호작용을 하는 조직의 활동 및 서비스를 구성하는 요소

3.2 환경영향
조직의 활동 및 서비스가 전체적 또는 부분적으로 환경에 미치는 변화

3.3 환경영향 평가
조직의 활동 및 서비스에 대해 환경에 미치는 영향의 중요성을 평가하는 것

3.4 환경영향 등록부
과거, 현재 및 예상되는 미래의 조직의 활동, 서비스에서 발생되는 중요한 환경영향을 등록시킨 것

3.5 정상 상태
현재의 활동이나 공정이 안정된 상태하의 환경영향

3.6 비정상 상태
활동이 정해진 기준을 벗어나되 통제가 가능하고 정상상태로의 회복이 가능한 상태의 환경영향(예 : 장비 시운전시, 정전 등) 의 환경영향

3.7 비상사태
예상하지 못한 상황으로 환경에 직접적인 영향을 미치며 통제가 불가능하고 회복이 불가능한 경우(예 : 화재, 폭발 등)의 환경영향

4. 책임과 권한

4.1 최고경영자
환경영향 등록부 및 환경경영 투자계획을 승인할 책임과 권한

4.2 통합관리책임자
1) 환경측면 파악 및 환경영향평가를 주관하고 평가결과 중대한 환경영향을 환경영향등록부에 기재하여 지속적으로 개선, 관리
2) 환경영향 평가결과 안전보건품질환경 목표 및 세부목표 입안
3) 환경영향 평가결과 환경관리 투자계획 입안

4.3 관리감독자
1) 환경에 유해한 영향을 최소화하도록 업무 중 발생하는 환경측면을 파악하여 환경영향평가를 실시하고 통합관리책임자에게 통보할 책임과 권한이 있다.
2) 공정추가, 변경 시 통합관리책임자에게 사전 환경영향평가를 의뢰할 책임이 있다.

5. 환경측면 파악 및 영향평가 시기

5.1 통합관리책임자는 조직의 활동, 서비스에 대하여 2년마다 정기적으로 환경측면 파악 및 영향평가를 실시한다.

5.2 비정기적 환경측면 파악 및 영향평가 시기는 다음과 같다.
1) 법률 및 그 밖의 요건의 제·개정시
2) 건물의 증축 및 개축 시
3) 생산방법의 신규 개발 시
4) 설비의 변경 시
5) 이해관계자의 요구 시
6) 기타 필요하다고 판단 시

6. 업무절차

6.1 환경측면 파악 절차
1) 환경과 상호작용하는 활동, 서비스에 대하여 대상 공정을 충분히 검토하여 환경측면을 선정한다.
2) 환경측면 파악은 "환경측면 파악표"에 준하여 작성하여 통합관리책임자의 승인을 득한다.
3) 환경측면 파악 결과 중대한 환경영향을 미치는 인자에 대해 환경 영향평가가 이루어지도록 한다.

6.2 환경영향평가 절차
1) 관리감독자는 "환경측면 파악표"에 의해 식별된 중요한 인자에 대하여 환경 영향평가 배점표에 준하여 환경영향 평가서를 작성한다.
2) 통합관리책임자는 해당부서에서 작성된 환경영향 평가서를 검토하여 중대한 환경영향을 환경영향 등록부에 등록하여 최고경영자의 승인을 득 한다.

(주)이큐	절차서	문서번호	EQ-QEP-0602
		제정일	20XX. XX. XX
		개정일	20XX. XX. XX
	환경측면 파악 및 환경영향평가	개정번호	01
		PAGE	3 / 3

3) 통합관리책임자는 승인된 환경영향 평가서 및 환경영향 등록부의 사본을 관련부서에
   배포한다.
4) 환경측면 파악 및 영향평가에 따른 중대한 환경영향은 환경목표 및 세부목표 설정 시 자료로 활용되어
   야 한다.

7. 기록 및 관리

NO	서식명	서식번호	보존연한	보관부서
1	환경측면 파악표	EQP-0602-01		
2	환경영향 평가서	EQP-0601-02		
3	부서별 환경영향평가표	EQP-0602-03		
4	환경영향 등록부	EQP-0602-04		

(주)이큐	절차서	문서번호	EQ-QEP-0603
		제정일	20XX. XX. XX
		개정일	20XX. XX. XX
	준수의무	개정번호	01
		PAGE	1 / 3

1. 적용범위

본 절차서는 품질환경 경영시스템(이하 "경영시스템이"라 한다.)의 통합본으로 (주)이큐(이하 "조직"이라 한다)의 환경과 관련된 준수의무 경영시스템에 적용할 수 있는 최신 법규 및 그 밖의 요구사항을 이해관계자로부터 수집, 분석, 결정, 이용, 등록, 개정, 유지 관리 등의 관리절차에 적용한다.

2. 목적

본 절차서는 조직의 경영시스템과 관련된 준수의무 및 그 밖의 요건을 관리하여 당사의 경영시스템 활동에 적용함을 목적으로 한다.

3. 용어와 정의

3.1 환경법규
환경 관련하여 국가 또는 정부기관, 관련 단체에서 정한 법률, 협약, 조례 등을 말한다. 예) 환경정책기본법, 대기환경보전법, 폐기물관리법, 해양오염 방지법

3.2 환경협약
국제적으로 환경영향의 오염정도에 따라 환경보전을 목적으로 체결하는 국가 간의 약속. 예) 몬트리올의정서, 기후변화협약, 바젤협약

3.3 환경조례
지방 자치단체에서 제정하고 적용되는 환경법규

3.4 준수의무
환경과 관련된 법적, 규제적 요구사항, 이해관계자의 요구사항, 조직이 정한 요구사항, 지자체의 환경관련 조례 및 요구사항

4. 책임과 권한

4.1 통합관리담당자
1) 준수의무의 최신본 입수 및 등록유지
2) 준수의무의 당사 적용여부 결정 및 관련부서에 통보
3) 업무에 적용되는 환경법규의 식별 및 최신본 유지
4) 최신 환경법규에서 요구되는 사항에 대한 대응계획 수립

5. 준수의무 관리절차

5.1 준수의무는 다음의 사항을 위하여 입수, 적용, 결정, 배포 및 관리되어야 한다.
1) 경영시스템에 적용할 수 있는 최신 준수의무의 결정과 이용
2) 이러한 준수의무사항이 어떻게 조직에 적용되고 무엇이 의사소통 될 필요가 있는지의 결정
3) 경영시스템을 수립, 실행, 유지 및 지속적 개선 할 때 이러한 준수의무의 반영

5.2 준수의무의 입수
1) 관리부 총무팀장은 조직의 환경측면과 연관된 준수의무를 결정하고 파악해야 한다. 업무수행에 요구되는 환경법규를 다양한 채널을 활용하여 파악한다. 준수의무 결정시 환경영향평가 결과를 참고 하여 결정해야 한다.
2) 파악하여야 할 법규 및 기타 요구사항은 다음과 같다.
    (1) 환경 관련된 법규 및 기타 요구사항
    (2) 지자체의 환경 관련 조례 및 요구사항
3) 준수의무는 다음 기관 및 단체를 통하여 입수한다.
    (1) 환경부
    (2) 총무처
    (3) 각 시·도청
    (4) 자원 재생 생산
    (5) 환경 보존 협회
    (6) 환경 관리인 협회
    (7) 기타 환경관련 조직
    (8) 법제처(국가법령정보센터)

5.3 준수의무의 적용여부 결정 및 배포
1) 통합관리책임자는 입수한 준수의무가 당 사업장에 적용되는 경우 "준수의무 점검표"에 따라 상세점검을 실시하고 관련부서에 배포한다. 관련 준수의무가 개정될 때마다 최신본을 관리 하여야 한다.
2) 검토결과 적용되는 준수의무는 등록 후 배포하여야 하며, 부서 배포가 번거로운 경우 온라인에서 상시 확인이 가능하도록 담당자를 지정 후 정기적으로 확인 방법을 교육하도록 한다. 관리대상일 경우 "준수의무 등록대장"에 등록한다.
3) 등록된 준수의무는 환경경영시스템의 관련규정 또는 표준에 적용하고 필요시 제·개정을 실시한다.
4) "준수의무 등록대장"에 기재되는 사항은 다음과 같다.
    (1) 준수의무명 : 준수의무명을 기재
    (2) 등록번호 : 입수 순서별로 NO. 부여

(주)이큐	절차서	문서번호	EQ-QEP-0603
		제정일	20XX. XX. XX
		개정일	20XX. XX. XX
	준수의무	개정번호	01
		PAGE	3 / 3

(3) 제·개정일자 : 준수의무의 제·개정 및 시행일자를 기입

(4) 조항 : 해당사항의 사업관련 조항을 기입

(5) 요약 : 해당사항의 사업관련 조항의 내용을 요약하여 기록

(6) 발행처 : 해당 발행기관 또는 단체

(7) 대응내용 : 해당부서의 대응방안 및 현상을 기록

(8) 관련부서 : 해당사항과 연관된 관련부서명 기입

6. 준수의무의 정기 점검

통합관리책임자는 등록된 준수의무가 최신상태임을 보증할 수 있도록 연2회 점검하고 그 결과를 최고경영자에게 보고한다.

7. 기록

NO	서식명	서식번호	보존연한	보관부서
1	준수의무 등록대장	EQP-0603-01		
2	준수의무 등록표	EQP-0603-02		

(주)이큐	절차서	문서번호	EQ-QEP-0604
		제정일	20XX. XX. XX
		개정일	20XX. XX. XX
	목표관리	개정번호	01
		PAGE	1 /4

1. 적용 범위

본 절차서는 품질환경경영시스템(이하 "경영시스템"이라 한다.)의 통합 본으로 (주)이큐(이하 "조직"라 한다)의 경영시스템의 목표의 수립과 유지, 변경의 기획 관리에 대해 적용한다.

2. 목적

경영시스템 활동의 지속적인 개선을 위하여 경영시스템 목표를 수립하고 이행하여 경영시스템 방침을 효과적으로 달성하는데 그 목적이 있다.

3. 용어와 정의

3.1 경영시스템 목표
경영시스템 방침에 근거하여 조직이 달성하고자 스스로 설정한 전반적인 목표로서 구체적이고 수치화되어야 한다.

3.2 세부목표
조직의 전체 또는 일부에 적용 가능한 구체적인 성과요건으로 측정 가능한 것을 말하며 경영시스템 목표의 달성을 위해 설정, 적합할 필요가 있는 것을 말한다.

3.3 경영시스템성과
조직의 경영시스템 방침, 경영시스템 목표, 세부목표를 근거로 한 조직의 경영시스템 측면 관리와 관련된 측정 가능한 결과를 말한다.

3.4 경영시스템 추진계획
조직의 경영시스템 목표와 세부목표를 달성하기 위한 추진방법을 말한다.

4. 책임과 권한

4.1 최고경영자
경영시스템 목표 및 세부목표와 경영시스템경영 추진계획의 전반적인 책임과 권한

4.2 통합관리책임자
  1) 경영시스템 방침 및 목표에 대한 세부목표관리 및 실적을 경영자에게 보고하는 업무
  2) 승인된 경영시스템 목표를 관련 부서에 배포할 책임

4.3 각 부서장
경영시스템 목표에 따른 세부목표 및 경영시스템경영 추진계획을 이행할 책임과 권한

5. 경영시스템 목표, 세부목표 및 경영시스템경영 추진계획 수립절차

5.1 경영시스템 목표 수립

통합관리책임자는 경영시스템방침, 환경측면 및 연관된 준수의무, 조직의 Risk와 기회를 고려하여 필요한 관련 기능, 계층 및 프로세스에서 경영시스템 목표를 매년 수립한다. 목표는 다음과 같아야 한다.

1) 경영시스템 방침과 일관성이 있어야 함
2) 측정 및 평가가 가능하여여야 한다.
3) 적용되는 요구사항이 고려되어야 한다.
4) 모니터링 및 의사소통 되어야 한다.
5) 리스크와 기회의 평가 결과가 반영되어야 한다.
6) 해당되는 경우 최신본으로 갱신되어야 함

5.2 세부목표 수립

통합관리책임자는 해당 부서장과 협의하여, 경영시스템 목표와 다음사항을 고려한 경영시스템 세부목표를 수립하고 관련 기능과 계층에서 KPI를 설정 관리 하여야 한다.

1) 세부목표는 경영시스템 방침과 목표에 일관성이 있도록 하며 측정 가능하여야 하고 제품의 적합성과 이해관계자의 만족증진 및 오염방지에 대한 의지가 포함되어야 한다.
2) 경영시스템 관련 법적 규제적 요구사항
3) 환경측면 파악 및 영향평가 결과
4) 이해관계자의 요구사항
5) 기술적, 재정적, 운용적 측면 고려
6) 제품 및 서비스의 적합성과 고객만족의 증진
7) 전년도 경영시스템관련 실적
8) 시정 및 예방조치 사항

5.3 경영시스템 목표 달성 기획

통합관리책임자는 수립된 세부목표를 달성하기 위하여 기획할 때, 해당 부서장과 협의하여 다음사항을 고려한 경영시스템 추진계획을 수립하여야 하며, 조직의 경영시스템 목표를 달성하기 위한 조치들이 조직의 경영 프로세스에 어떻게 통합될 수 있도록 할 것인가를 고려하여야 한다.

1) 달성 대상
2) 필요 자원
3) 책임자
4) 완료 시기
5) 달성에 대한 모니터링의 지표를 포함하여 결과 평가 방법

5.4 세부목표 및 경영시스템경영 추진계획의 검토 및 승인

통합관리책임자는 작성한 "세부목표 추진계획서"를 경영자에게 보고하여 승인을 득한다. 승인 후 계획에 준하여 목표를 추진하도록 한다.

6. 실적보고 및 검토

1) 통합관리책임자는 세부목표 추진계획서를 작성해야 하며 이행실적을 매년마다 "세부목표 결과보고서"에 기록하여 그 내용을 경영자에게 보고한다.
2) 통합관리책임자는 세부목표 결과보고서의 계획대비 실적을 검토하여 경영시스템방침의 이행성에 대한 경영검토가 이루어질 수 있도록 한다.

7. 의사소통

7.1 내부 의사소통

1) 경영시스템 목표는 모든 조직 구성원이 숙지할 수 있도록 제시하고 이를 이행하기 위한 경영시스템목표는 해당부문 부서의 업무에 반영이 되도록 한다.
2) 환경에 관련된 중요한 문제는 최고경영자에게 보고하여 결정하며 그 처리결과를 보고한다.
3) 환경성과, 통계자료, 중요 환경활동의 내용, 법률 등을 업무회의를 통해 관련부문에 제공하고 이에 대한 의견 및 개선사항을 수렴하여 기존 및 신입사원들에 대해 교육을 통해 환경업무 수행에 이해도를 높인다.

7.2 외부 의사소통

외부 이해관계자의 요구 시 경영시스템목표, 환경성과 및 활동사항을 공개한다.

8. 경영시스템의 변경기획

경영시스템의 변경이 필요하다고 정한 경우, 변경은 계획적인 방식으로 수행되어야 하며, 해당 부서장과 협의하여 변경하고 다음 사항을 고려하여야 한다.

    1) 변경의 목적 및 잠재적 결과
    2) 경영시스템의 온전성
    3) 자원의 가용성
    4) 책임과 권한의 부여 또는 재부여

9. 기록

NO	서식명	서식번호	보존연한	보관부서
1	목표 및 세부 추진계획/실적서	EQP-0604-01	3년	경영지원팀
2	세부목표변경 요청서	EQP-0604-02	3년	경영지원팀

1. 적용범위

본 절차서는 품질환경 경영시스템(이하 "경영시스템이"라 한다.)의 통합 본으로 (주)이큐(이하 "조직"이라 한다)의 자재, 설비, 기반구조, 프로세스 운용 환경 관리 방법 및 절차에 대해 규정한다.

2. 목적

본 절차서는 경영시스템의 수립, 실행, 유지, 지속적 개선을 위하여 필요한 자원을 결정하고 제공함을 목적으로 한다.

3. 용어와 정의

3.1 기반구조
조직의 운영에 필요한 시설, 장비 및 서비스의 시스템

3.2 프로세스
의도된 결과를 만들어 내기 위해 입력을 사용하여 상호 관련되거나 상호 작용하는 활동의 집합

3.3 교정(CALIBRATION)
국가교정기관 관리규정에 의거 한국표준과학연구원의 국가원기 및 표준기와 소급성이 유지된 표준계량 시험기로서 교정대상설비를 검증, 조정하는 것

4. 책임과 권한

4.1 관리감독자
1) 자원의 취급 보관상태 점검 결과 확인
2) 제조설비에 대한 점검 및 설비관리

4.2 통합관리담당자
검사설비에 대한 교정 신청 및 설비의 정밀정확도 관리

4.3 해당자
생산 현장에서의 제품 취급, 보관 및 보존상태 점검

5. 관리 절차

기존 내부자원의 능력과 제약사항 및 외부공급자로부터 획득할 필요가 있는 것을 결정해야 한다.
1) 생산 제품별 PARTS LIST를 작성하여 외부 공급자부터 획득할 부품을 관리한다.

2) 공정도를 작성하여 외부 공급자에게 맡길 공정을 관리한다.

3) 외부에서 제공되는 프로세스는 조직에서 정한 기준을 따르도록 평가, 관리한다.

6. 기반구조

6.1 프로세스 운용 및 제품, 서비스의 적합성 달성에 필요한 기반구조를 결정, 제공 및 유지하여야 한다.

6.2 원, 부자재 구매

1) 원, 부자재에 대한 구매 기준을 정하고 관련 내용을 PARTS LIST를 작성하여 관리한다.

2) 원, 부자재 구매 관리는 "외부공급자 관리 절차서"를 따른다.

6.3 제조설비 및 검사설비 관리

1) 신규설비의 구입이 필요한 경우 "구매관리 절차서"에 따라 신청서를 경영지원팀에 의뢰하며 최고경영자의 승인을 받은 후 승인된 사양에 따라 구매한다. 모니터링자원과 측정자원은 아래사항을 충족하여야 한다.

 (1) 수행되는 특정 유형의 모니터링과 측정 활동에 적절함

 (2) 자원의 목적에 지속적으로 적합함(fitness)을 보장하도록 유지됨

 (3) 자원의 목적에 적합하다는 증거로 문서화된 정보를 보유하여야 한다.

2) 관리대장 등록

 (1) 관리감독자는 제조설비 구입이 완료되면 "설비등록대장"에 등록한다.

 (2) 통합관리담당자는 검사설비 구입이 완료되면 "검사설비 관리대장"에 등록한다.

3) 이력카드 작성

 (1) 관리감독자는 설비등록대장에 등록된 설비에 대해 "제조설비 이력카드"를 작성한다.

 (2) 통합관리담당자는 검사설비 관리대장에 등록된 설비에 대해 "검사설비 이력카드"를 작성한다.

4) 다음과 같은 식별표를 해당 설비에 부착하여야 한다. EQ-0000 (EQ - 영문, 0000- 일련번호 4자리)

장비명		
관리번호		
관리자	정	
	부	
(주)이큐		

5) 설비의 점검

 (1) 점검대상은 제조설비 관리대장에 등록된 설비에 대해 점검함을 원칙으로 한다.

(2) 항목별 일일 점검, 주 점검, 월 점검으로 구분하며 "제조설비점검표"에 따라 점검을 실시한다.

(3) 점검자는 점검기준에 의거 점검을 하고 "제조설비점검표"에 점검결과를 기록하여야 한다. 점검 결과 설비의 성능 및 가동 상 중대한 문제 발생 시 관리감독자에게 보고하여야 하며 점검결과 미비한 이상 또는 즉시 수리가 가능한 경우 담당자에게 통보하여 즉시 수리하도록 한다. 검사설비의 경우 교정기준에 벗어난 경우 앞서 실시한 검사 및 시험결과에 대한 유효성을 평가하여야 한다.

(4) 관리감독자는 설비 사용 중 또는 점검결과 중대한 이상이 발견되면 수리 또는 외부 검·교정을 결정하여 최고경영자에게 보고한 후 처리한다.

(5) 설비 수리가 불가능하거나 폐기를 시켜야 할 경우 관리감독자는 최고경영자의 승인을 받고 설비를 폐기하며, 관련 내용을 "제조설비관리대장"에 기록한다.

6.4 측정 소급성

1) 교정의 대상 설비는 모든 부서에서 시험, 검사 및 시험용으로 사용하는 설비에 대해 실시함을 원칙으로 한다(단, 시험 설비 XRF는 교정 대상 외품으로 지정하고 자체 검·교정을 실시한다.).

2) 국가공인 계량표준법에 따라 검·교정을 실시하며 별도 교정주기가 정해져 있지 않은 설비의 경우 1년을 원칙으로 한다.

3) 사외교정은 국가 공인 연구기관 또는 국가 계량 및 시험표준의 유지기관 등 공인된 교정검사 기관에 의해 교정을 받아야 한다.

4) 통합관리담당자는 매년 12월중에 검·교정 대상설비에 대해 "검·교정 계획서"를 수립하여 최고경영자의 승인을 얻고 교정을 실시하여야 하며 사외 교정의 경우 공인된 기관에서 검·교정을 받아야 하고 검·교정 성적서를 보유 하고 있어야 한다. 운휴중이거나 생산에 사용하지 않고 보관중인 검사설비는 검·교정을 받지 않으며 사용 시에 교정을 받은 후 사용 하여야 한다.

5) 검·교정검사가 완료된 기기에 대해서는 사외 교정필증 및 교정성적서가 보유되어 있어야 한다. 특히 교정필증은 훼손이 없도록 주의하며 교정필증의 미부착 상태는 미교정으로 처리한다.

6) 교정상태 및 후속되는 측정 결과를 무효화할 수 있는 조정, 손상 또는 열화로부터 보호되어야 한다.

6.5 운송자원 및 정보통신 기술

1) 프로세스 운용 및 제품, 서비스의 적합성 달성에 필요한 운송자원 및 정보통신 기술을 결정, 제공 및 유지하여야 한다.

2) 조직에 필요한 운송자원 및 정보통신기술은 각 부서장의 요청으로 품질경영부서장이 검토하며, 검토 결과 필요하다고 판단된 자원은 구매 절차를 통해 구매한다.

7. 조직의 지식

7.1 조직은 프로세스 운용에 필요한, 그리고 제품 및 서비스의 적합성 달성에 필요한 지식을 정하여야 한다.

7.2 이 지식은 유지되고, 필요한 정도까지 이용 가능하여야 한다.

7.3 변화하는 니즈와 경향(trend)을 다룰 경우, 조직은 현재의 지식을 고려하여야 하고, 추가로 필요한 모든 지식 및 요구되는 최신 정보의 입수 또는 접근 방법을 정하여야 한다.

7.4 조직의 지식은 조직에게 특정한 지식으로, 일반적으로 경험에 의해 얻어진다. 이는 조직의 목표를 달성하기 위하여 활용되고 공유되는 정보이다.

7.5 조직의 지식은 다음을 기반으로 할 수 있다.
1) 내부 출처(예: 지적 재산, 경험에서 얻은 지식, 실패 및 성공한 프로젝트로부터 얻은 교훈, 문서화되지 않은 지식 및 경험의 포착과 공유, 프로세스, 제품 및 서비스에서 개선된 결과)
2) 외부 출처(예: 표준, 학계, 컨퍼런스, 고객 또는 외부 공급자로부터 지식 수집)

8. 기록

NO	서식명	서식번호	보존연한	보관부서
1	제조설비 관리대장	EQP-0701-01		
2	제조설비 이력카드	EQP-0701-02		
3	제조설비점검표	EQP-0701-03		
4	업무환경점검표	EQP-0701-04		
5	계측장비 관리대장	EQP-0701-05		
6	계측장비 이력카드	EQP-0701-06		
7	조직의 지식 관리 대장	EQP-0701-07		

(주)이큐	절차서	문서번호	EQ-QEP-0702
		제정일	20XX. XX. XX
		개정일	20XX. XX. XX
	인적자원관리	개정번호	01
		PAGE	1/4

1. 적용범위

본 절차서는 품질환경 경영시스템(이하 "경영시스템"이라 한다.)의 통합 본으로 (주)이큐(이하 "조직"이라 한다)의 모든 직원을 대상으로 실시하는 경영시스템 관련 교육훈련 및 역량, 인식에 대한 방법 및 절차에 대하여 규정한다.

2. 목적

본 절차서는 경영시스템의 효과적인 실행, 그리고 프로세스의 운용과 관리에 필요한 인원을 정하고 인원에 필요한 역량을 결정하여 인식함을 목적으로 한다.

3. 용어와 정의

3.1 경영시스템 관련 교육
경영시스템 유지를 위한 교육 및 경영시스템 관련 직무 교육

3.2 O.J.T (On the Job Training)
실무지식을 습득하기 위한 직장 내에서 실시되는 모든 교육/훈련

4. 책임과 권한

4.1 통합관리책임자
1) 교육훈련계획서를 작성 최고경영자의 승인을 득한 후 교육훈련업무를 수행한다.
2) 필요시 외부강사를 초빙해서 운영할 수 있다.
3) 교육목적을 달성하기 위하여 필요시 적절한 교재를 편집하여 교육훈련을 실시한다.

4.2 통합관리담당자
설계관리 작업자, 검사원, 특수공정작업자 등 자격이 요구되는 인원 및 관리직 사원에 한하여 개인별 교육훈련 이력카드를 작성 비치한다.

4.3 관리감독자
인적자원이 필요한 역량, 적격성에 필요한 기준설정, 자격부여, 교육훈련을 계획하고, 실시하며, 효과성 평가 및 기록유지

5. 역량/적격성 관리

관리감독자는 다음 사항을 실행하여야 한다.

1) 경영시스템의 성과 및 준수의무를 충족시키는 능력, 효과성 및 성과에 영향을 미치는 업무를 수행하는 인원에 필요한 역량 및 적격성을 결정
2) 이들 인원과 근로자가 적절한 학력, 교육훈련 또는 경험에 근거하여 역량(위험요인을 파악할 수 있는 능력 포함)이 있음을 보장
3) 적용 가능한 경우, 필요한 역량을 얻기 위한 조치를 취하고, 취해진 조치의 효과성을 평가
4) 환경측면과 환경경영시스템과 관련된 교육의 필요성을 결정
5) 역량의 증거로 적절한 문서화된 정보를 보유

6. 사내자격 인증요건

다음 조건을 충족하는 자에게 자격을 부여하는 것으로 한다. 인증의 유효기간은 1년으로 하며 유효기간의 만기 전 반드시 본 절차서에 의거하여 재인증이 부여되어야 한다. 인증된 자는 "자격 등록대장"에 기록하여 현황을 관리하여야 한다.

6.1 내부심사원
"내부 심사절차서"에 따른 자격인정요건을 충족한자를 최고경영자가 선임한다.

6.2 최종 검사원
동종업계 경력 5년 이상 이며 관리감독자의 판단으로 업무에 적격한 자

6.3 환경 담당자
당사 경력 3년 이상이고, 관리자 중에서 최고경영자가 선임한다.

6.4 신뢰성 검증
동종업계 경력 1년 이상 이며 품질부장의 판단으로 업무에 적격한 자

7. 사외자격 인증요건

자격 조건을 충족하는 자에게 증거 확인 후 자격을 부여하는 것으로 한다. 인증의 유효기간은 자격사항을 따르며, 유효기간의 만기 전 반드시 자격 조건에 의거하여 재인증이 부여되어야 한다. 인증된 자는 "자격 등록대장"에 기록하여 현황을 관리하여야 한다.

8. 인식

8.1 경영시스템 관련 인식

조직의 관리하에 업무를 수행하는 인원이 다음 사항을 인식하도록 보장하여야 한다.

1) 경영시스템 방침
2) 관련된 경영시스템의 목표
3) 중대한 환경측면과 그들의 업무와 관련된 실제적 또는 잠재적 영향
4) 개선된 성과의 이점을 포함하여, 경영시스템의 효과성에 대한 자신의 기여
5) 품질경영시스템의 요구사항에 부적합한 경우의 영향
6) 조직의 준수의무를 이행하지 않는 것을 포함하여 환경경영시스템의 요구사항에 적합하지 않을 경우 이 것이 초래할 수 있는 결과

8.2 사내교육

1) 신입사원이 입사할 경우 관리책임자는 안전보건교육(8시간), 각 부서장은 품질/환경에 관련된 교육을 실시하여야 하며 "교육 결과보고서"를 작성하여야 한다.
2) 해당부서장은 경영시스템 관련 직무를 수행하고 있는 인원의 업무수행 능력을 향상시키기 위해 다음에 열거된 내용을 기준으로 "교육훈련계획서"를 작성하여 최고경영자의 승인을 득하여야 한다.
   (1) 부서별 업무내용 등 직무수행에 필요한 기본지식이 변경되어 신규 교육을 실시할 필요가 있을 경우
   (2) 지식, 전문기능 또는 실무, 경영시스템 절차서, 표준 등이 변경 또는 새롭게 발행되어 교육을 실시할 필요가 있는 경우
   (3) 업무 수행 중 부족하다고 판단되는 내용이 있는 경우
3) 교육대상자를 근무 장소 외에 집합시켜 실시하는 것을 원칙으로 하며, 필요시 현장에서 실시할 수 있다. 교육 자료는 반드시 보유한다.
4) 교육수료자는 교육 후 "교육 결과보고서"를 작성하여 해당부서장의 승인을 득하여야 한다.

8.3 사외교육

1) 연구소장은 익년도 연간 사외교육 계획을 수립하기 위해 매년 12월중으로 해당 부서에 교육대상자 및 인원, 교육명 등의 자료를 접수받아 계획을 수립하며 대표이사의 승인을 득 한 후 시행하여야 한다. 승인된 교육계획서는 해당부서장에게 통보되어야 한다.
2) 교육이수 후 "교육 결과보고서"를 작성하고 관리 부서장에게 제출하여 대표이사의 승인을 득하여야 하며 필요시 관련 직원에게 전달교육을 실시하여야 한다. 교육결과 보고 시 접수 받은 받은 수료증 또는 합격증을 첨부하여 보고함을 원칙으로 한다.

9. 교육의 평가

9.1 교육에 따른 평가는 다음의 방법에 따라 실시할 수 있다.

1) 실기시험 또는 필기시험 또는 구두시험 또는 교육결과보고서 검토

2) 단, 사외교육은 수료증 또는 성적증명서로 대치할 수 있다.

9.2 교육평가를 통해 교육이수 불능자에 대해서는 재교육을 원칙으로 한다.

10. 기록

NO	서식명	서식번호	보존연한	보관부서
1	교육훈련계획서	EQP-0702-01		
2	교육결과보고서	EQP-0702-02		
3	개인별 교육훈련이력카드	EQP-0702-03		

		문서번호	EQ-QEP-0703
(주)이큐	**절차서**	제정일	20XX. XX. XX
		개정일	20XX. XX. XX
	의사소통	개정번호	01
		PAGE	1 /3

1. 적용범위

본 절차서는 품질환경 경영시스템(이하 "경영시스템"이라 한다.)의 통합 본으로 (주)이큐(이하 "조직"이라 한다.)의 경영시스템에 관련되는 내·외부 의사소통에 대하여 적용한다.

2. 목적

본 절차서는 경영시스템의 관한 내·외부 의사소통에 필요한 프로세스를 수립하고 실행 및 유지하는데 목적이 있다.

3. 용어와 정의

3.1 의사소통
조직의 구성원들 간의 생각이나 감정 등을 교환하는 총체적인 행위

4. 책임과 권한

4.1 최고경영자
1) 사내·외 이해관계자로부터 수집된 경영시스템 관련 정보의 확인 및 대책을 승인할 총괄책임과 권한이 있다.
2) 외부이해 관계자에게 발송될 환경 관련 정보의 승인

4.2 통합관리책임자
1) 경영시스템 관련 정보의 원활한 전파를 위한 방안을 수립, 실시하고 관련정보의 해당부서 통보와 사외 불만 정보를 최고경영자에게 보고할 책임과 권한
2) 경영시스템 방침, 목표 및 성과를 전파하고 관리를 주관
3) 환경관련 정보 수집 및 해당부서 통보
4) 해당정보 처리 결과 확인
5) 사내·외 이해관계자에게 회신
6) 경영시스템 관련 정보 기록유지 및 관리

4.3 통합관리담당자
1) 이해관계자의 니즈와 기대에 대한 해당 환경측면에 대해 검토하고 해결할 책임
2) 조직과 관련된 정보를 입수하고 관리팀장에게 통보할 책임

5. 업무 절차

5.1 경영시스템에 관련되는 내부 및 외부 의사소통 과정을 기획할 때, 다음을 포함하여야 하며 다양한 측면(성별, 언어, 문화, 독해능력, 장애 등)을 반영하여야 한다.

1) 의사소통 내용

2) 의사소통 시기

3) 의사소통 상대는 다음을 고려하여야 한다.

   (1) 조직 내부의 다양한 계층과 기능

   (2) 계약자와 작업장 방문자

   (3) 기타 이해관계자

4) 의사소통 방법

5) 의사소통 담당자

5.2 경영시스템에 관련되는 내부 및 외부 의사소통을 기획할 때 다음 사항을 실행하여야 한다.

1) 준수의무사항 반영

2) 의사소통 하는 경영시스템의 정보가 경영시스템 내에서 작성된 정보와 일치하며, 신뢰할 수 있음을 보장

5.3 내부 의사소통

1) 경영시스템 방침은 모든 조직 구성원이 숙지할 수 있도록 사내 게시판에 게시한다. 이를 이행하기 위한 목표는 해당 부서의 업무에 반영이 되도록 한다.

2) 해당 부서장은 방침 및 목표에 따른 책임업무를 파악하고 업무수행 시에 반영한다.

3) 중요한 문제는 최고경영자에게 보고 후 결정하며 그 처리결과를 보고한다.

4) 성과, 통계자료, 중요 환경활동의 내용, 법률 등을 업무회의를 통해 관련부서에 제공하고 이에 대한 의견 및 개선사항을 수렴하여 기존 및 신입사원들에 대해 교육을 통해 환경업무 수행에 이해도를 높인다.

5) 경영시스템의 변경을 포함하여 조직의 다양한 계층과 기능에서 경영시스템과 관련된 정보에 대해서 내부적인 의사소통을 위해 사내 게시판과 이메일을 통하여 전달한다.

6) 조직의 의사소통 방법을 통하여 근로자가 개선에 기여할 수 있다는 것을 보장한다.

5.4 외부 의사소통

1) 외부 이해관계자의 요구 시에는 조직의 안전보건 품질환경방침 및 활동사항을 외부 이해 관계자에게 공개한다.

2) 외부 이해관계자의 요구사항은 영업팀에서 접수, 등록, 대책수립, 회신처리를 주관하며 의사소통 검토서에 기록, 유지 관리한다.

3) 사내에서 발생한 심각한 환경측면에 대한 상황을 외부이해관계자에게 통보하여 대비 및 대응할 수 있도록 한다

(주)이큐	절차서	문서번호	EQ-QEP-0703
		제정일	20XX. XX. XX
		개정일	20XX. XX. XX
	의사소통	개정번호	01
		PAGE	3 /3

4) 준수의무와 관련된 경영시스템과 관련된 정보에 대해 외부이해관계자에게 통보하도록 하며, 분기마다 준수의무와 관련된 정보를 확인한다.
5) 접수된 이해관계자의 요구사항은 의사소통 등록대장 등록 하여 관리한다.

6. 기록

NO	서식명	서식번호	보존연한	보관부서
1	의사소통관리대장	EQP-0703-01		
2	회의록	EQP-0703-02		
3	환경정보보고서	EQP-0703-03		

		문서번호	EQ-QEP-0704
(주)이큐	**절차서**	제정일	20XX. XX. XX
		개정일	20XX. XX. XX
	문서관리	개정번호	01
		PAGE	1 /4

1. 적용범위

본 절차서는 품질환경 경영시스템(이하 "경영시스템"이라 한다.)의 통합 본으로 (주)이큐(이하 "조직"이라 한다)의 경영시스템에 관련된 문서화 관리에 대한 책임과 권한, 방법 및 절차에 대하여 규정한다.

2. 목적

본 절차서는 경영시스템에 영향을 주는 업무를 기술한 문서가 올바르게 작성되고 최신 문서(관리본)가 사용됨으로써 업무가 효율적으로 이루어지며 경영을 위한 업무의 체계에 대해 정하고 이를 실시함으로써 관리 표준화 및 경영시스템 정착을 유도하는데 그 목적이 있다.

3. 용어의 정의

3.1 일반문서
업무수행자들에게 해당 절차서의 준수를 요구하게 하기 위한 일반 행정문서(공문, 내부결재, 협조전, 팩스, 이메일 등)

3.2 표준서
회사의 표준 서식에 의해 작성된 매뉴얼, 지침(기준서), 표준작업절차서 및 그에 의 해 파생된 문서(매뉴얼, 지침(기준)서, 표준작업절차서, 규정 등)

3.3 자료
통합경영시스템 활동의 효과적인 수행을 위해 해당 문서에 인용할 목적으로 외부에서 입수한 각종 규격 및 기술 자료 등

4. 책임과 권한

4.1 최고경영자
매뉴얼과 절차서를 승인한다.

4.2 통합관리책임자
표준서의 관리와 배포의 책임이 있다.

4.3 관리감독자
소속 부서의 업무와 관련된 모든 문서 및 자료 등을 관리하고 소속 인원에게 교육할 책임이 있다.

5. 업무 처리 절차

5.1 표준서의 관리

1) 표준서의 제정·개정·폐지

    (1) 통합관리책임자는 표준서의 제·개정, 폐지사유가 발생하면 원안을 작성하여 표준서 겉표지와 함께 모든 부서장에게 회람을 시켜 검토를 의뢰한다.

    (2) 표준서의 작성·검토 및 승인 체계는 [표1]과 같다.

문서	원안 작성	검토	승인	등록
매뉴얼	경영지원팀, 품질관리팀	통합책임자	최고경영자	경영지원팀
절차서, 규정	경영지원팀, 품질관리팀	통합책임자	최고경영자	경영지원팀
지침, 기준작업표준	각 부서		각 부서장	각 부서

2) 표준서의 등록

    통합관리책임자는 표준서가 승인되면 문서 등록·배포 대장에 등록 유지한다.

3) 표준문서의 문서번호 부여 방법

    (1) 매뉴얼 문서번호

    (2) 절차서 문서번호

    (3) 지침, 기준, 작업표준 문서번호

(4) 서식 문서번호
1) 절차서 서식 문서번호

QEP-   0001-   01
— 일련번호 2자리
— 해당 절차서 일련번호
— 절차서 약자

2) 지침, 기준, 작업표준 서식 문서번호

EQGS   0001-   Q01-   01
— 일련번호 2자리
— 기준, 절차, 작업표준 일련번호
— 해당절차서 일련번호 4자리
— (주)이큐 영문 약호+지침, 기준 약호)

4) 표준서의 배포
(1) 통합관리책임자는 제정 및 개정된 표준서의 등록 후 해당 표준서를 관련 부서에 신속히 관리본으로 배포하여야 한다.
(2) 표준서의 배포는 모든 부서단위를 기준으로 실시하되, 배포 시 인접 부서일 경우 통합관리책임자는 조정하여 배포할 수 있다.
(3) 통합관리책임자는 표준서를 배포할 경우에는 해당 문서에 관리번호를 명기하여 배포하고 배포 받은 부서에서 최신본 상태를 식별할 수 있도록 하여야 한다.

5.2 일반 공문의 발송 및 접수

1) 관리부는 외부에서 팩스, E-Mail 등 업무와 직접적 연관된 공문이 접수되면 "문서접수대장"에 기록한 후 해당 부서에게 전달하여야 한다. 공문 접수를 해당부서에서 직접 하는 경우 동일하게 관리대장을 운영하고 공문을 외부에 발송하는 방법도 공문접수 절차와 동일하게 운영하여 "문서발송대장"에 기록해야 한다.
2) 발송 및 접수의 식별
(1) 대외발송 문서는 FAX를 이용할 경우 표지를 사용하여 총 매수로 나타내 수신자의 확인을 용이하게 한다.
(2) 문서의 발송 및 접수 시 접수 및 발송 일자와 번호를 부여하고 그 내용을 "문서접수대장" 또는 "문서발송대장"에 기록하여 관리하여야 한다.

5.3 기안 및 회의록 관리 절차

해당부서는 기안 및 회의를 임의적으로 수행할 수 있으며 기안의 경우 사본을 관리부로 통보하여야 하나 "회의록"의 경우 자체부서에서 보관한다.

5.4 외부 출처의 문서화된 정보

해당 부서는 관리가 필요하다고 판단되는 외부 출처의 문서화된 정보에 대하여 등록 관리하고 년1회 이상 실질 조사 및 확인하여 최신본을 유지한다.

5.5 일반사항

1) 경영시스템을 위한 문서화된 정보의 정도는 조직의 규모, 활동, 프로세스의 복작성, 제품 및 서비스의 유형, 인원의 역량에 맞게 구성하여야 한다.
2) 문서화된 정보의 관리를 위하여, 다음 활동 중 적용되는 사항을 다루어야 한다.
   (1) 배포, 접근, 검색 및 사용
   (2) 가독성 보존을 포함하는 보관 및 보존
   (3) 변경 관리(예: 버전 관리)
   (4) 보유 및 폐기
3) 적합성의 증거로 보유 중인 문서화된 정보는, 의도하지 않은 수정으로부터 보호되어야 한다.
4) 문서화된 정보는 기밀유지에 대한 내용을 규정하여 관리 하여야 하며, 부적절한 사용 또는 훼손으로부터 보호되어야 한다.
5) 필요한 장소 및 필요한 시기에 사용 가능하고 사용하기에 적절함

6. 문서의 개정관리

6.1 모든 문서의 개정방법이 관련 절차에 명시된 경우를 제외하고는 본 절차에 따라 시행하며, 승인된 문서의 변경은 최초의 문서를 작성, 검토, 승인한 부서, 인원에 의해 작성 시와 동일한 절차에 따라 검토, 승인되어야 한다.

6.2 편집상의 오류, 철자오기, 페이지나 번호 변경 등 사소한 변경의 경우에는 처음 작성 시와 동일한 절차를 따를 필요가 없으며, 새로운 개정번호를 부여하지 않을 수 있다.

6.3 철자오기, 페이지번호 변경 등 경미한 수정을 할 경우에는 수정할 부분에 두 줄을 긋고 수정자의 서명을 하되 수정액등을 사용하여 수정할 수 없다.

6.4 문서, 도면, 계산서, 보고서등의 개정 시 표지에 개정번호, 개정목적/사유, 개정일자 및 작성, 검토, 승인 등이 초기발행부터 연속적으로 개정 이력사항에 표시 관리한다.

7. 기록

NO	서식명	서식번호	보존연한	보관부서
1	문서 제.개정 심의서	EQP-0704-01		
2	문서배포관리대장	EQP-0704-02		
3	문서목록표	EQP-0704-03		
4	외부문서관리대장	EQP-0704-04		
5	디스켓/CD관리대장	EQP-0704-05		

(주)이큐	절차서	문서번호	EQ-QEP-0801
		제정일	20XX. XX. XX
		개정일	20XX. XX. XX
	운용기획 및 관리	개정번호	01
		PAGE	1 /5

1. 적용범위

본 절차서는 품질환경 경영시스템(이하 "경영시스템"이라 한다.)의 통합 본으로 (주)이큐(이하 "조직"이라 한다.)에서 제품 및 서비스의 제공을 위한 프로세스에 대한 방법 및 리스크와 기회를 다루기 위한 활동, 경영시스템 목표를 달성하기 위한 기획을 실행하기 위해 필요한 프로세스 절차에 대하여 적용한다.

2. 목적

본 절차서는 조직의 제품 및 서비스의 제공을 위한 요구사항을 충족하며, 필요한 조치사항을 실행하기 위하여 프로세스에 대한 운용기준 수립에 목적이 있다.

3. 용어와 정의

3.1 MSDS(Material Safety Data Sheet)
물질안전보건 자료

3.2 대기 오염물질
대기 오염의 원인이 되는 가스, 입자상, 물질 또는 악취물로써 환경부령으로 정하는 것

3.3 폐수
폐수라 함은 물에 액체성 또는 고체성의 수질 오염물질이 혼입되어 사용할 수 없는 물

3.4 소음
기계, 기구, 시설 기타 물체의 사용으로 인하여 발생하는 강한 소리

3.5 진동
기계, 기구, 시설 기타 물체의 사용으로 인하여 발생하는 강한 흔들림

3.6 폐기물
쓰레기·연소재·오니·폐유·폐산·폐알칼리·동물의 사체 등으로 사람의 생활이나 사업활동에 필요하지 않게 된 물질

3.7 생활 폐기물
사업장 폐기물 외의 폐기물을 말한다.

3.8 사업장 폐기물
대기환경보전법, 수질환경보전법, 소음·진동관리법의 규정에 의하여 배출 시설을 설치, 운영하는 사업장에서 발생되는 폐기물

3.9 지정 폐기물

사업장 폐기물 중 폐유, 폐산 등 주변 환경을 오염시킬 수 있는 유해한 물질

4. 책임과 권한

4.1 통합관리책임자

1) 일상운영에 대한 사항을 총괄 관리

2) 당사업장 화학물질 관리자 선임 및 임명

3) 화학물질 저장·보관시설 설치승인

4.2 관리감독자

1) 환경에 영향을 미치거나 미칠 수 있는 직무, 활동 및 공정을 파악하여 작업자가 절차서에 따라 업무를 수행하도록 유지, 관리

2) 발생되는 폐기물에 대한 관리 시스템을 확립하고 이행 및 준수여부를 내부 환경감시 등을 통하여 정기적으로 검토

2) 잠재적인 환경영향을 파악하고 비상사태 대비 및 대응체제를 수립, 운영

3) 환경을 적정하게 관리보존하기 위하여 환경방침 및 목표의 수립, 시행과 환경오염 방지에 노력하고 지속적인 관리와 개선

4) 필요 시 소음·진동, 폐기물 등에 대한 환경관리절차를 수립, 운영

5) 경영시스템의 운영을 위한 절차를 수립, 운영

5. 운용

5.1 다음 사항을 통하여, 제품 및 서비스의 제공을 위한 요구사항을 충족하기 위하여 필요한, 그리고 리스크와 기회를 다루기 위한 활동에서 정한 조치를 실행하기 위해 필요한 사항을 계획, 실행 및 관리하여야 한다.

(1) 제품 및 서비스에 대한 요구사항 결정

(2) 다음에 대한 기준 수립

① 프로세스

② 제품 및 서비스의 합격 판정

(3) 제품 및 서비스 요구사항에 대한 적합성을 달성하기 위해 필요한 자원의 결정

(4) 기준에 따라 프로세스의 관리의 실행

(5) 다음을 위해 필요한 정도로 문서화된 정보의 결정, 유지 및 보유

① 프로세스가 계획된 대로 수행되었음에 대한 신뢰 확보

② 제품과 서비스가 요구사항에 적합함을 실증

(주)이큐	절차서	문서번호	EQ-QEP-0801
		제정일	20XX. XX. XX
		개정일	20XX. XX. XX
	운용기획 및 관리	개정번호	01
		PAGE	3 /5

1) 기획의 출력은 조직의 운용에 적절하여야 한다.
2) 조직은 계획된 변경을 관리하고, 의도하지 않은 변경의 결과를 검토해야 하며, 필요에 따라 모든 부정적인 영향을 완화하기 위한 조치를 취하여야 한다.
3) 조직은 외주처리 프로세스를 적절한 방법을 통하여 관리 하여야 한다.

5.2 다음 사항의 관리단계를 활용하여 위험요인을 제거하고 경영시스템 리스크를 감소하기 위한 사항을 수립, 실행, 유지하여야 한다.
1) 위험요인 제거
2) 위험요인이 더 적은 프로세스, 운용, 재료 또는 장비로 대체
3) 기술적 관리 및 작업 재구성 활용
4) 교육 훈련을 포함한 행정적인 관리 활용

5.3 다음 사항을 포함하는, 경영시스템의 성과에 영향을 주는 계획된 임시 및 영구적인 변경의 실행과 관리를 위한 사항을 수립하여야 한다.
1) 새로운 제품, 서비스 및 프로세스 또는 기존 제품 서비스 및 프로세스의 변경사항
   (1) 작업장 위치와 주변 환경
   (2) 작업 조직
   (3) 작업 조건
   (4) 장비 및 노동력
2) 법적 요구사항 및 기타 요구사항의 변경
3) 위험요인 및 관련된 경영시스템 리스크에 대한 지식 또는 정보의 변경
4) 지식과 기술의 발전

6. 환경 운용관리

6.1 대기 환경관리
조직은 환경에 영향을 미치는 대기오염 물질을 효율적으로 관리하여야 한다.

1) 조직의 시설물은 대기환경보전법 시행규칙 제5조 관련 [별표3] 대기오염물질배출시설 기준에 포함되지 않음
2) 법률기준에 포함되지 않은 설비라도 환경 측면파악 및 영향평가 결과에 따라 감시 및 측정 등을 통하여 관리 개선한다.

6.2 수질 환경
관리조직의 자연환경과 생활환경을 청결히 하고 수질오염을 최소화하도록 관리하여야 한다.

6.3 소음·진동 관리
조직은 소음·진동으로 인한 피해를 방지하고 이를 적정하게 관리 운영함으로써 환경오염 및 근무환경을 개선하도록 관리하여야 한다.
1) 조직의 소음·진동 배출시설은 소음·진동관리법 시행규칙 [별표1] 소음·진동 배출시설에 포함되지 않음
2) 법률기준에 포함되지 않은 설비라도 환경 측면파악 및 영향평가 결과에 따라 감시 및 측정 등을 통하여 관리 개선한다.

6.4 폐기물 관리
1) 조직은 폐기물을 적정하게 수집, 분리, 보관, 처리를 통하여 폐기되는 자원을 재활용하고 재사용하여 환경오염을 최소화하도록 관리하여야 한다.
   (1) 해당부서는 발생한 폐기물을 종류별로 구분 수거하여 보관, 관리하여야 한다.
   (2) 해당팀장은 폐기물 발생량을 관리하여야 한다.
   (3) 관리팀장은 폐기물의 보관, 관리상태를 감시/측정 CHECK-SHEET에 따라 점검, 확인하고 부적합사항 발생시 시정조치를 요구한다.
   (4) 관리팀장은 시정조치 요구에 대한 이행결과를 통보하여야 한다.
2) 폐기물의 수거
   (1) 폐기물 중 생활폐기물은 분리수거 하여야 한다.
      ① 각종 병류
      ② 각종 캔류
      ③ 종이류, 신문
      ④ 금속편류
      ⑤ 비닐, 스티로폼류
      ⑥ 일반 쓰레기 (음식물 쓰레기, 잡쓰레기, 기타)
   (2) 생활폐기물은 재활용 가능 품목과 불가능 품목을 선별하여 수거함에 보관하여야 하며 지정폐기물은 지정폐기물 보관 장소에 보관한다.
3) 폐기물의 처리
   (1) 폐기물 보관창고에 보관된 폐기물은 생활폐기물과 지정폐기물로 구분하여 처리하여야 한다.

(2) 폐기물 보관창고 주변을 항상 청결히 유지하며 누수로 인한 2차 환경오염을 방지하여야 한다.

(3) 지정폐기물 보관장소로 지정된 장소에는 지정폐기물 보관식별표를 부착하여 모든 사람이 알아 볼 수 있도록 하여야 한다.

(4) 재활용가능 폐기물은 매각 또는 무상처리하며 재활용이 불가능한 것은 위탁처리 하여야 한다.

(5) 생활폐기물은 외부 이해관계자가 지정한 배출일에 배출하여 처리될 수 있도록 한다.

(6) 지정폐기물은 해당 부서장이 제조회사 또는 구입처로 반송 조치한다.

(7) 폐기물처리와 관련하여서는 "〈첨부1〉 폐기물 처리 절차도"를 참고한다.

4) 이상발생시 조치

폐기물 보관장소에 이상 발생시 문제점을 검토하고 그에 따른 대책을 수립 즉시 시정조치 하여야 한다.

7. 기록

NO	서식명	서식번호	보존연한	보관부서
1	폐기물 관리대장	EQP-0801-01		
2	제품 및 서비스 공정도 및 관리도	-		
3	전과정 관점의 환경 공정도 관리도	-		

(주)이큐	절차서	문서번호	EQ-QEP-0801
		제정일	20XX. XX. XX
		개정일	20XX. XX. XX
	운용기획 및 관리	개정번호	01
		PAGE	8/8

첨부1 폐기물 처리 절차도

(주)이큐	**절차서**	문서번호	EQ-QEP-0802
		제정일	20XX. XX. XX
		개정일	20XX. XX. XX
	제품 및 서비스 요구사항	개정번호	01
		PAGE	1/4

1. 적용범위

본 절차서는 (주)이큐(이하 "조직"이라 한다.)의 고객 의사소통, 제품 및 서비스에 대한 요구사항 결정, 요구사항의 검토, 계약체결 및 변경, 이행, 고객불만 및 클레임 처리 업무 절차에 대하여 적용한다.

2. 목적

본 절차서는 고객의 요구사항을 명확히 식별하고, 동시에 계약관련 사항들에 대한 분석 및 조정을 통해 고객요구가 충족될 수 있는 계약을 체결하고, 고객의 불만사항을 신속하게 처리함으로서 고객 만족을 극대화하고 고객의 신뢰를 확보하는데 그 목적이 있다.

3. 용어와 정의

3.1 고객
개인 또는 조직을 위해 의도되거나 그들에 의해 요구되는 제품 또는 서비스를 받을 수 있거나 제공받는 개인 또는 조직

3.2 고객만족
고객의 기대가 어느 정도까지 충족되었는지에 대한 고객의 인식

3.3 고객 요구사항
고객의 명시적인 니즈 또는 기대, 일반적으로 묵시적이거나 의무적인 요구 또는 기대

4. 책임과 권한

4.1 영업부서장
1) 계약검토에 관한 문서화된 절차의 수립 및 유지
2) 개별 내용에 대한 검토 및 필요 시 관련 부서 검토 요청
3) 고객과의 합의된 내용에 계약 내용에 대한 관련 부서 통보 및 관리
4) 계약내용과 관련하여 의사소통의 창구 역할

4.2 통합관리담당자
1) 고객불만 내용의 확인 및 보고
2) 고객불만 처리부서 구성 및 통보
3) 고객불만 처리 내용 확인 및 고객 통보
4) 고객불만 처리 내용의 사후관리 및 경영검토 자료로 보고
5) 처리부서는 고객불만 처리에 대한 "고객불만 접수 및 처리서" 작성 및 보고

5. 고객과의 의사소통

5.1 고객과의 의사소통에는 다음 사항이 포함되어야 한다.

1) 제품 및 서비스 관련 정보 제공
2) 변경을 포함하여 문의, 계약 또는 주문의 취급
3) 고객 불평을 포함하여 제품 및 서비스에 관련된 고객 피드백 입수
4) 고객재산의 취급 및 관리
5) 관련될 경우, 비상조치를 위한 특정 요구사항 수립
6) 조직의 환경요구사항

5.2 기존거래처의 동일품 주문처리 업무절차

1) 고객의 문의 및 상담

영업부서장은 고객의 유선 상 주문사항이나 거래처 방문에 따른 고객의 상담 내용 중 제품, 규격, 수량, 가격, 납기, 연락처 등을 파악하여 이를 임원 및 최고경영자에게 보고 한 후 지시에 따른다.

2) 주문접수

영업부서장은 고객의 주문서가 접수되면 신규 또는 기존 거래 품목인지를 확인하고 검토하여야 한다. 주문 요구사항에 대해 검토 이전에 고객과 합의된 사항임을 보장해야 하며 필요 시 서면으로 확인을 받는다. 주문에 이상이 없을 경우 영업부서장은 "주문관리대장"에 기록하여 관리하여야 한다.

5.3 신규고객의 주문처리 업무절차

1) 견적서 작성

   (1) 영업부서장은 고객이 견적을 요구한 경우 품명, 규격, 수량, 단가, 금액, 납기 예정일등을 포함한 "견적서"를 작성하고 고객에게 제출하기 전에 대표이사의 검토 및 승인을 득하여야 한다.

   (2) 견적서 제출 시 원가분석이 필요한 경우 원가계산서를 작성하여 견적을 산출하며 제출된 견적서의 내역은 견적서철에 편철 하여 보관 유지한다.

2) 주문접수

영업부서장은 고객의 발주서 또는 주문서가 접수되면 고객 요구사항과 주문 요구사항을 검토한다.

3) 고객 요구사항 확인

영업부서장은 고객의 주문 접수 시 다음사항에 대해 요구사항을 명확히 검토 확인한다.

① 제품명	② 규격	③ 수량	④ 가격
⑤ 납기	⑥ 검사조건	⑦ 지불조건	⑧ 기타 요구사항

6. 제품 및 서비스에 대한 요구사항의 결정

6.1 고객에게 제공될 제품 및 서비스에 대한 요구사항을 결정할 경우, 조직은 다음 사항을 보장하여야 한다.

1) 적용되는 모든 법적 및 규제적 요구사항
2) 조직에 의해 필요하다고 고려된 요구사항

6.2 조직은 제공하는 제품 및 서비스에 대한 요구를 충족시켜야 한다.

7. 제품 및 서비스에 대한 요구사항의 검토

7.1 요구사항의 검토
1) 고객의 요구사항이 회사에서 생산되고 있는 제품 규격과 관리활동으로 인도 가능한 경우 요구사항의 검토를 하고 고객의 요구사항을 만족시키도록 한다.
2) 주문 요구사항 검토영업부서장은 고객의 주문 요구사항에 대하여 고객에게 제품 및 서비스의 공급을 결정하기 전에, 다음 사항을 포함하여 관련부서와 검토를 한다.
   (1) 현 생산능력 초과 또는 일정이 촉박하여 납기준수가 불확실한 경우
   (2) 자재의 미확보로 입고시기가 불확실한 경우
   (3) 표준시방 이외의 특별주문 제품으로 시방 및 도면변경 등이 필요한 경우
   (4) 인도 및 인도 이후의 활동에 대한 요구사항을 포함하여, 고객이 규정한 요구사항
   (5) 고객이 명시하지 않았으나 알려진 경우, 규정되거나 의도된 사용에 필요한 요구사항
   (6) 조직에 의해 규정된 요구사항
   (7) 제품이나 서비스에 적용되는 법적 및 규제적 요구사항
   (8) 이전에 표현된 것과 상이한 계약 또는 주문 요구사항
3) 고객이 문서화된 상태로 요구사항을 제시하지 않는 경우, 고객 요구사항은 수락 전에 조직에 의해 확인되어야 한다.
4) 검토 결과 및 제품 및 서비스에 대한 모든 새로운 요구사항은 문서화된 정보를 보유 하여야 한다.

8. 제품 및 서비스에 대한 요구사항의 변경

8.1 주문 요구사항 조정
1) 영업부서장은 관련부서의 검토 내용이 고객의 요구사항과 당사의 여건이 상이하거나 조정이 필요한 경우에는 해결책과 함께 고객과 협의하여 원만한 합의를 이룬다.
2) 영업부서장은 견적서와 주문서상의 상이점이 있는가를 확인하고 부적합사항이 있으면 이를 고객과 조정하여 해결한다.
3) 고객의 변경 요청이 있는 경우 영업부서장은 계약변경 사유가 발생하면 최초 계약 검토한 것과 동일한 방법으로 검토한다.
4) 영업부서장은 일단 정해진 계약이라도 고객이 변경 요구한 사항에 대해 이를 접수하여 영업부서장은 이를 검토하고 최고경영자의 승인을 받는다.

5) 제품 및 서비스에 대한 요구사항이 변경된 경우, 조직은 관련 문서화된 정보를 수정 후 관련팀에 배포하고 E-mail, 사내 인트라넷을 통해 관련 인원에게 변경된 사항을 전달하여야 한다.

8.2 SAMPLE 제작(필요 시)

1) 영업부서장은 고객과의 미팅 시 필요에 의해 SAMPLE 제작을 하며, SAMPLE 요청이 없으면 절차를 수행하지 않는다.

2) 영업부서장은 SAMPLE 제작 후 별도의 보고 없이 출하 한다.

9. 기록

NO	서식명	서식번호	보존연한	보관부서
1	견적서	EQP-0802-01		
2	계약검토서	EQP-0802-02		

(주)이큐	절차서	문서번호	EQ-QEP-0803
		제정일	20XX. XX. XX
		개정일	20XX. XX. XX
	비상사태 대비 및 대응	개정번호	01
		PAGE	1/5

1. 적용범위

본 절차서는 품질환경 경영시스템(이하 "경영시스템"이라 한다.)의 통합 본으로 (주)이큐(이하 "조직"이라 한다.)의 비상사태 발생 시 대응과 대비 및 식별에 대하여 적용한다.

2. 목적

본 절차서는 활동의 비상사태를 사전에 예측하여 대응 및 예방하고 발생 시 효과적으로 대처하여 근로자의 재해, 부상을 예방하고 재산을 보호하며 환경오염을 최소화하는 것을 목적으로 한다.

3. 용어의 정의

3.1 비상사태
화재 풍수해 및 기타사고 등 예상되지 않은 사고로 환경에 심각한 피해 또는 인적, 재산적 손실이 발생할 수 있는 상태

3.2 대비
비상사태 발생을 미연에 방지하기 위한 대응책

3.3 대응
어떤 비상사태에 맞추어 태도, 행동을 취하는 상태

3.4 산업재해
노동과정에서 작업환경 또는 작업행동 등 업무상의 사유로 발생하는 노동자의 신체적·정신적 피해

3.5 환경오염
사업 활동, 기타 사람의 활동에 따라 발생되는 대기오염, 수질오염, 토양오염, 소음·진동, 악취 등 사람의 건강이나 환경에 피해를 주는 상태

3.6 예방조치
사고가 나기 전에 미리 조치를 취하는 것

4. 책임 및 권한

4.1 비상대책위원회 위원장(최고경영자)
1) 비상대책위원회 위원장은 최고경영자로 한다.
2) 비상대책위원회 부위원장이 보고하는 긴급사태 발생 시의 지침을 승인한다.
3) 비상대책위원회 회의록을 검토하고 시행한다.

4.2 비상대책위원회 부위원장(지휘통제실장, 소방안전관리자)

1) 비상대책위원회 부위원장은 비상사태 시나리오를 작성하여 비상대책위원회 위원장에게 보고하여야 한다. 해당 부서 또는 비상대책위원회에 비상사태의 처리방법을 결정, 통보하여 비상사태를 최소화하는 방법을 강구한다.
2) 비상사태에 대하여 외부 이해관계자에게 내용 및 조치사항의 통보 필요성을 파악하여야 한다.
3) 사태의 통보가 필요한 경우에 비상사태발생 경위서를 작성하여 발송하여야 한다.
4) 사고 및 비상사태를 효율적으로 대처하기 위한 비상대책위원회를 편성 유지하여야 한다.
5) 비상사태 발생 시 직원 및 방문자 인원 확인을 하고 통제 하여야 한다.
6) 비상사태에 관련되는 운영 및 교육을 실시하여야 한다.
7) 비상대책위원회 위원장 부재 시 비상대책위원회 위원장 권한을 대행한다.
8) 긴급사태의 모든 처리가 완료되면 유사사고의 발생가능성 잔존 여부를 확인하고 긴급사태를 해제하여야 한다.

4.3 비상대책위원회 위원(관리감독자)

1) 사고 및 긴급사태 발생 시 적절히 대처할 비상연락 체계를 수립 유지하여야 한다.
2) 비상사태 발생 대비 비상훈련을 1회/년 실시하여야 한다.
3) 긴급사태에 대하여 처리방법에 따라 신속히 처리하며 복구를 실시하여야한다.
4) 발생된 긴급사태에 대하여 해당 부서장은 사고발생보고서를 작성하여 비상대책위원회 위원장에게 보고한다.
5) 부서원이 대피 할 수 있는 비상통로 확보한다.
6) 비상사태 발생으로 대피 시 인원파악을 확인 후 보고한다.
7) 비상사태 시 해당 설비 및 기계를 작동을 정지 하여야 한다.
8) 부서장의 부재 시 권한 대행자를 지정 하여야 한다.

5. 업무절차

5.1 비상사태 식별
비상사태의 잠재적 발생 가능성은 환경측면 파악 및 영향평가를 통해 식별한다.

5.2 비상사태의 종류 및 상황별 절차
1) 화재 : 〈별표 1〉
2) 기타

5.3 비상사태 보고

비상사태 대책위원회 조직 및 보고체계는 비상사태 조직도에 따른다.

1) 비상사태 발생 즉시 사고 당사자나 최초발견자는 지휘통제실장에게 사고 개요를 유·무선 또는 구두로 보고 한다.

2) 보고를 접수한 지휘통제실장은 비상사태라고 판단될 경우 비상사태 대책위원회를 소집, 운영한다.

3) 지휘통제실장은 주간 비상사태 발생 즉시 필요한 경우 유·무선 또는 사내방송시설을 이용하여 전 직원에게 상황을 전파토록 한다.

4) 지휘통제실장은 야간비상사태 발생 즉시 필요한 경우 유, 무선 통신을 이용하여 각 부서장에게 전파하고 각 부서장은 해당 부서원에게 전파하여 비상 상황을 전 직원 에게 전파될 수 있도록 한다.

5) 지휘통제실장 및 각 부서장은 비상연락망을 사용한다.

5.4 비상대책위원회 운영

1) 비상사태위원회는 지휘통제실을 운영하며 지휘통제실은 비상 연락망, 랜턴 등의 응급장구 및 보호구를 확보하고 있어야 한다.

2) 환경복구

비상사태 발생 또는 예상될 경우 환경오염의 예방 보호조치를 하고 오염요소를 제거 복구한다.

3) 의료구호 지원

환경오염 사고로 인한 인적, 재산적 피해가 발생 또는 예상될 경우 안전대피를 유도하고 인적 피해가 있을 경우 응급조치, 차량요청, 후송 등의 업무를 지원한다.

5.5 조치 및 복구

1) 의료구호팀은 사고관련 외부기관과의 연락망을 확보하고 필요시 지원요청을 한다.

2) 진압팀은 소화시설을 사용한다.

3) 진압팀은 비상사태가 확대되어 인적·재산적 피해가 발생 또는 예상되면 전직원에게 알리고 피해를 최소화하기 위해 응급조치를 실시하여야 한다.

4) 각 비상사태팀은 지휘통제실에 수시로 보고하고 필요한 지원을 받는다.

5) 방호복구팀을 구성하여 현장에 투입 응급조치 및 복구를 하여야 한다.

5.6 비상사태 종료 및 결과보고

1) 방호복구팀은 비상사태 결과보고서에 사고원인, 조치사항, 피해 상황 등을 파악하여 지휘통제실장에게 보고하고, 보고받은 지휘통제실장은 비상사태 복구 완료 되었을 경우 최고경영자에게 보고 후 종료한다.

2) 발생팀장은 재발방지를 위해 정밀 분석하여 비상사태 조치 결과 및 대책을 수립, 보고한다.

3) 해당 팀장은 비상사태에 따른 환경영향 평가의 필요성이 있을 경우 환경측면파악 및 영향 평가 절차에 따라 실시한다.

4) 비상사태에 대한 내용을 이해관계자가 요구할 경우 공개를 원칙으로 하며, 재발방지를 위해 전직원에게 원인 및 처리결과를 알려야 한다.

5.7 조직에서 보유 중인 소화기는 "소화기관리대장"에 등록, 관리하고 업무 절차는 다음과 같다.
1) 경영지원팀은 보유하는 소화기에 대하여 매월 1회 이상 점검 내용을 "소화기점검표"에 의하여 점검을 실시하여야 하고 소화기 설치장소 및 담당부서는 "소화기관리대장"에 따른다.
2) 경영지원팀은 소화기의 보관, 관리 상태를 감시 및 측정 절차에 따라 점검, 확인하고 부적합사항 발생 시 시정조치를 요구한다.

6. 예방조치

6.1 사고나 비상사태의 잠재성을 파악하고 대비하기 위해 유해위험 인자를 선정하여 예방 관리한다.

6.2 유해위험 개소에 대해 해당 부서는 비상사태 발생방지를 위해 관련시설 및 장비 등에 대하여 점검한다.

6.3 비상대책위원회 부위원장은 태풍, 폭우, 폭설, 지진, 화재 등의 천재지변 사고의 비상사태를 미연에 방지하기 위하여 천재지변 주의 및 경보발령이 내릴 때는 비상대책위원회 위원을 철야 대기시킬 수 있다.

7. 비상사태 훈련 및 교육

7.1 비상대책위원회 부위원장은 아래 내용을 포함하여 비상사태 조치방안에 대한 훈련계획을 수립하고 정기적인 훈련을 실시하는 것을 원칙으로 한다.
1) 응급조치 제공을 포함하여 비상 상황에 대응하는 계획 수립
2) 대응 계획에 대한 교육훈련 제공
3) 대응 계획 능력에 대한 주기적인 시험 및 연습
4) 시험 후 그리고 특히 비상 상황 발생 후를 포함하여 성과를 평가하고 필요한 경우 대응 계획을 개정
5) 모든 근로자에게 자신의 의무와 책임에 관한 정보를 의사소통 및 제공
6) 모든 관련 이해관계자의 니즈와 능력을 반영하고, 해당되는 경우 대응 계획 개발에 이해관계자의 참여를 보장

7.2 비상소방훈련, 비상근무활동, 교육(환경오염사고 관련)등으로 대치할 수 있다.

7.3 비상사태 시나리오를 제작하여 정기적인 훈련을 실시하고 실시 결과는 "비상사태 훈련실시 보고서"에 기록한다.

8. 의사소통

8.1 모든 근로자에게 자신의 의무와 책임에 관한 정보를 제공하기 위하여 비상사태 조직도는 현장에 게시하고 사내 인트라넷으로 공유한다.

(주)이큐	절차서		문서번호	EQ-QEP-0803
			제정일	20XX. XX. XX
			개정일	20XX. XX. XX
	비상사태 대비 및 대응		개정번호	01
			PAGE	5/5

8.2 계약자, 방문자, 비상 대응 서비스, 정부기관 및 적절하게 지역사회와 관련정보를 의사소통 하여야 한다.

9. 기록

NO	서식명	서식번호	보존연한	보관부서
1	비상사태 훈련계획서	EQP-0803-01		
2	비상사태 훈련보고서	EQP-0803-02		
3	비상연락망 체계표	EQP-0803-03		
4	비상사태 시나리오	-		

<별표 1> 화재발생 시

단계	조치내용	책임부서	담당	비고
1단계 (화재발생)	**1. 화재발생을 목격한 경우** · 당황하지 말고, 침착하게 행동한다. · 큰소리로 외치거나 화재경보기(비상벨)을 눌러 화재발생 사실을 주변에 알린다. · 소화기, 모래, 물 등을 이용하여 초기 진화 작업을 실시한다.		최초목격자	
	2. 초기진화에 실패한 경우 · 즉시 화재현장에서 대피 후 119에 화재신고를 한다. · 화재신고 시 침착하게 화재발생장소, 주요건물, 화재의 종류 등 상세하게 설명한다. 화재의 종류 	종류	내용
---	---
일반화재(A급)	목재, 종이, 섬유, 플라스틱 등의 화재
일반화재(B급)	가연성 액체, 가연성 가스 등의 화재
일반화재(C급)	전기가 흐르는 상태에서 전기기구 화재
일반화재(D급)	가연성 금속(칼륨, 나트륨) 화재		지휘통제팀	지휘통제 팀장	
2단계 (화재진화 및 대피유도)	**1. 화재진화** · 소화반 : 소화기, 소방호스 등 자체 소방시설을 활용하여 소화작업에 임한다. · 급수반 : 충분한 물이 보급될 수 있도록 맡은바 임무에 최선을 다한다.	소수방팀	소수방팀장	
	2. 방호복구 · 대피 및 반출반 : 1조는 건물 내부에 잔류한 인원에 대하여 신속하게 대피유도를 하고, 2조는 사무실 및 건물 내 보관중이 주요 서류, 물건 등을 건물 밖으로 반출한다. · 경계반 : 1조는 반출된 물건등이 분실되지 않도록 경계하고, 2조는 출입인원을 통제와 관설소방대를 유도한다. · 복구반 : 방화문을 폐쇄하고 소방 활동상의 장애물을 제거한다.	방호복구팀	방호복구팀장	
	3. 의료구호 · 의료반 : 질식, 중경상자등의 응급처치를 실시한다. · 후송반 : 질식 등 경상자를 지정병원으로 긴급 후송 시켜 빠른 조치를 받을 수 있도록 한다.	의료구호팀	의료구호팀장	
	4. 지휘통제 · 피해가 발생하면 즉시 지휘통제팀에 보고한다. · 지휘통제팀의 지시에 따라 행동한다. · 피해상황을 집계한다. · 복구대책을 강구토록 한다(공사, 수리업체 수급).	각팀 지휘통제팀		
3단계 (사후조치)	**1. 피해상황을 집계하여 대표이사에게 보고 후 관련부서로 통보한다.** 피해상황 집계표 	No	위치	부서	피해내용	피해금액	복구완료일
---	---	---	---	---	---
							경영지원		
	2. 피해복구대책을 확정하고 임무를 부여한다. · 시설파괴복구 · 청소, 정리정돈(청소 구역별 실시) ① 부서별 청소구역 내 청소실시 ② 지원부서 인원이 최종 마무리	각 부서		
	3. 복구완료 후 최종보고 실시	경영지원		

(주)이큐	절차서	문서번호	EQ-QEP-0804
		제정일	20XX. XX. XX
		개정일	20XX. XX. XX
	설계 및 개발	개정번호	01
		PAGE	1/6

1. 적용범위

본 절차서는 (주)이큐(이하 "조직"이라 한다.)의 설계와 개발활동에 관련하여 제품 및 서비스의 품질 및 규정된 요구사항을 만족시키기 위한 설계와 개발프로세스에 대하여 적용한다.

2. 목적

본 절차서는 조직의 설계와 개발 기획에서 입력, 출력, 변경관리 전반에 걸친 설계와 개발프로세스를 관리하는데 목적이 있다

3. 용어와 정의

3.1 설계도서(DESIGN AND DEVELOPMENT DOCUMENT)
설계와 개발업무에서 발생되는 도면, 구조계산서, 시방서 등의 총칭

3.2 설계계획(DESIGN AND DEVELOPMENT PLANNING)
설계와 개발업무에 필요로 하는 주요사항의 검토 및 단계별 설계 일정계획

3.3 설계 입력요건(DESIGN INPUT REQUIREMENT)
설계와 관련된 각종법규, 절차서, 각종 자료 및 설계담당이 정한 설계 기준 등 설계 작업을 하기 위한 근거

3.4 설계 출력문서(DESIGN OUTPUT DOCUMENT)
설계도서인 도면, 구조계산서, 시방서 및 설계도서를 갖추기 위한 구성요소에 대한 기술적인 요구를 하기 위한 근거

3.5 설계검토(DESIGN REVIEW)
설계를 수행하는 과정 중 부적합 사항 등을 밝혀내는 행위

3.6 설계검증(DESIGN VERIFICATION)
설계 출력이 설계입력 요건을 충족시켰는지 여부를 확인하는 행위

3.7 설계 검인정(DESIGN VALIDATION)
설계 검인정은 완성된 시설 및 제품(제작결과)이 고객의 요구에 적합한지를 결정하기 위해 결과를 확인하는 행위

3.8 설계변경(DESIGN CHANGE)
설계검증 및 출력 등을 마친 설계도서가 고객의 요구, 기술적 문제점 발견, 품질향상 등의 사유로 요구되는 경우로 다음의 경우가 포함된다.

4. 책임과 권한

4.1 개발부서장
1) 설계기준 및 품질요구사항에 대한 검증 및 승인
2) 고객요구사항에 맞는 설계 및 고객타당성 확인
3) 설계입력 및 출력자료의 검토 승인
4) 설계검토 및 설계변경사항에 대한 검토 승인
5) 조직적 연계성 및 기술적 연계성
6) 설계 자료의 발행, 배포 및 변경관리
7) 도면의 검토 및 승인
8) 출도 및 변경도면의 승인
9) 기타 도면 관리 업무

4.2 개발부서원
1) 기본설계 관련 자료의 조사 및 취합
2) 설계단계별 실행 및 기본 자료에 의한 기초설계 확인
3) 설계도면의 추측 및 도면부위별 확인
4) 설계출력 문서의 배포 및 유지관리
5) 설계변경 자료관리
6) 도면작성 및 관리

5. 설계와 개발 기획(환경 관련 설비, 자재 등에 대한 고려가 필요함)

5.1 설계와 개발 단계 및 관리
1) 영업담당자는 고객과의 계약조건에 따라 관련서류를 첨부하여 개발부서로 전달하여야 한다.
2) 설계의뢰서를 근거로 이해관계자의 요구사항 및 준수의무를 검토하고 설계담당자에게 설계와 개발 계획을 수립하도록 지시한다.
3) 설계담당자는 고객의 정보를 파악하고 공정단계별 프로젝트 내용이 포함된 설계와 개발 계획서를 작성하여야 하며, 설계와 개발 계획서에는 다음 사항을 고려하여야 한다.
   (1) 설계와 개발 활동의 성질, 기간 및 복잡성
   (2) 적용되는 설계와 개발 검토를 포함하여, 요구되는 프로세스 단계
   (3) 요구되는 설계와 개발 검증 및 실현성 확인/타당성 확인(validation) 활동
   (4) 설계와 개발 프로세스에 수반되는 책임 및 권한
   (5) 제품 및 서비스의 설계와 개발에 대한 내부 및 외부 자원 필요성
   (6) 설계와 개발 프로세스에 관여하는 인원의 관리 필요성
   (7) 설계와 개발 프로세스에 고객 및 사용자의 관여 필요성

(8) 제품 및 서비스의 설계와 개발 이후의 공급을 위한 요구사항

(9) 설계와 개발 프로세스에 대해 고객 및 기타 관련 이해관계자가 기대하는 관리의 수준

(10) 설계와 개발 요구사항이 충족되었음을 실증하는데 필요한 문서화된 정보

(11) 프로젝트 특성이 고려된 설계 투입인력과 설계능력 면에서 협력업체의 활용여부

(12) 설계업무 수행시 사내·외의 기술적, 법적 관련조직의 범위와 관련정도

4) 설계담당자는 설계와 개발 계획서가 수립되면 개발부서장의 승인을 득한다.

5) 설계 인원은 자격인정 절차에 의거 자격이 인정된 자로 한다.

6. 설계와 개발 입력

6.1 설계와 개발 입력사항

1) 설계와 개발 계획서에 의해 지정된 담당자는 다음 사항을 고려하여 설계입력 요건을 파악한 후 설계입력서를 작성한다.

   (1) 기능 및 성능/성과 요구사항

   (2) 이전의 유사한 설계와 개발 활동으로부터 도출된 정보

   (3) 법적 및 규제적 요구사항

   (4) 조직이 실행을 약속한 표준 또는 실행지침

   (5) 제품 및 서비스의 성질에 기인하는 실패의 잠재적 결과

2) 설계담당자는 설계입력 요소들의 불완전, 불명확 또는 상호 모순되는 요구사항은 설계입력 이전에 이를 요구한 책임자와 협의하여 해결하여야 한다.

3) 개발부서장은 작성된 설계 입력서를 다음사항에 의거 검토, 승인한다.

   (1) 입력선정 요건의 타당성 여부

   (2) 입력요건간의 상호 모순성

   (3) 입력요건 내용의 정확성

4) 설계와 개발 입력에 대한 문서화된 정보를 보유하여야 한다.

7. 설계와 개발 관리

7.1 설계와 개발 검토

1) 설계와 개발단계별로 결과에 대하여 다음사항을 포함하여 검토 후 설계와 개발 검토서를 작성하여 개발부서장에게 제출한다.

   (1) 설계입력 요구사항 충족의 명확한 반영

   (2) 달성될 결과의 규정

2) 설계검토서는 개발부서장에 의해 승인 되어야 하며 검토결과 제기된 문제점은 설계담당에 의해 조치되어 개발부서장에 의해 검증을 의뢰한다.

7.2 설계검증

1) 설계결과에 대한 입력요건에 명확한 반영상태를 확인하기 위해 다음 중 한가지 이상의 방법으로 설계결과를 검증하고 그 결과를 "설계 검증서"에 기록하여야 한다.

    (1) 시제품 제작

    (2) 이용 가능하다면 기존 일증된 유사설계와의 비교

    (3) 시험과 실증의 실시

    (4) 설계단계별 설계와의 비교

2) 설계검증결과 제기된 문제점은 최초설계자(설계협력업체 포함)에 조치된 후 설계 검증자에 의해 재검증되어야 한다.

3) 검증이 완료된 출력물에 대하여 개발부서장의 최종검토 및 승인을 득하며 고객의 승인이 필요한 경우 고객의 승인을 득하여 필요한 곳에 배포, 관리한다.

7.3 설계의 실현성 확인

1) 해당설계 책임자는 설계된 제품이 특정하게 의도된 사용요건에 충족하였음을 객관적으로 확인할 수 있는 증거를 고객이나 개발부서장으로부터 승인을 얻어야 한다.

2) 설계 실현성은 최종제품을 원칙으로 하되 필요에 따라 최종제품 이전단계에서 해당전문기관에 의해 사용조건을 만족시킬 수 있음을 고객검증을 통해 확인할 수도 있다. 단, 자체 개발하여 고객의 타당성평가가 필요치 않는 제품은 당사의 "설계 실현성확인" 결과로 대체한다.

7.4 설계와 개발관리에 대한 모든 내용은 문서화된 정보의 보유가 이루어져야 한다.

8. 설계와 개발출력

8.1 설계와 개발 출력 관리

1) 설계와 개발출력은 설계도면으로 도출되며 최종설계 출력물은 개발부서장에 의해 검토되어야 한다.

2) 설계와 개발출력물은 다음 사항을 만족시켜야 한다.

    (1) 입력 요구사항 충족

    (2) 제품 및 서비스 제공을 위한 후속 프로세스에 대해 충분함

    (3) 모니터링과 측정 요구사항의 포함 또는 인용, 그리고 합격 판정기준의 포함 또는 인용

    (4) 의도한 목적에, 그리고 안전하고 올바른 공급에 필수적인 제품 및 서비스의 특성 규정

9. 설계와 개발 변경

9.1 설계와 개발 변경 관리

1) 설계변경의 요구되는 경우 관련팀장은 설계변경 요청서에 설계변경 요구사항을 기록하여 개발부서에 전달한다.

2) 개발부서장은 설계변경 요구사항에 대한 타당성 검토를 하고 타당성이 인정되면 설계와 개발변경 계획 및 결과를 관련팀에 통보한다.

3) 고객의 승인이 요구되는 설계와 개발 변경사항은 고객의 서식으로 설계변경을 요청하여 승인을 받는다.

9.2 제품 및 서비스의 설계와 개발 과정, 또는 이후에 발생된 변경사항을 요구사항의 적합성에 부정적 영향이 없음을 보장하는데 필요한 정도까지 식별, 검토 및 관리하여야 한다.

1) 조직은 다음 사항에 대한 문서화된 정보를 보유하여야 한다.
  (1) 설계와 개발 변경
  (2) 검토 결과
  (3) 변경의 승인
  (4) 부정적 영향을 예방하기 위해 취한 조치

10. 도면관리

10.1 도면의 등록 및 작성

1) 도면은 국가 규격, 협회 규격 및 관련 사양서를 준수하여 작성되어야 하며, 작성된 도면은 분류별로 도면번호를 부여하고 도면관리대장에 등록하여 보관, 관리한다.

2) 도면번호는 아래와 같이 각 도면마다 고유번호를 부여한다. 고객도면번호가 있을시 그 번호를 그대로 사용한다.

```
EQDD-    000--    01
                   └──── 개정번호
            └──────────── 제품번호
    └──────────────────── EQ Design Document 약호
```

10.2 도면의 출도 및 회수

1) 업무상 도면의 출도가 필요한 경우 도면관리 담당은 도면관리대장에 기재한 다음 개발부서장의 승인을 득한 후 도면에 "도면출도" 날인을 하고 아래에 수기로 출도날짜를 기입한 후 출도하며, 이때 개정도면 출도 경우 구도면의 회수에 대한 책임이 있다.

2) 해당팀에서 업무상 필요에 따라 도면출도가 필요한 경우 해당팀 담당자는 개발부서장에게 도면출도의 뢰를 한다. 도면관리담당자는 위의 1)항의 절차에 따라 도면을 출도한다.

10.3 도면의 변경

10.3.1 도면의 변경이 필요한 경우 도면변경요청서를 작성한 후 도면관리 담당자에게 송부하고 도면관리 담당자는 개발부서장의 승인을 득한 후 도면의 변경을 실시한 다음 도면에 검토 승인을 득한 후 개정된 부위 바로 옆에 △표시를 하고 도면 우측상단에 변경일자, 변경내용 및 변경사유 등을 기록한다.

10.3.2 개정된 도면 배포는 개정번호 10.1 2)항 절차에 따라 배포한다.

10.3.3 개정도면 접수부서는 개정 전 도면에 "참고용" 날인 후 개정된 도면의 사용시점까지 사용 할 수 있도록 한다.

10.3.4 개정된 도면의 적용시점 이후에는 개정 전 도면을 개발부서로 반환하여 도면이 부적절하게 사용되지 않고 폐기될 수 있도록 하여야 한다. 이때 도면관리 담당자는 사용부서에서 개정 전 도면이 반환되면 도면관리대장에 반환여부를 기록 후 개발부서장의 승인을 득한 후 즉시 폐기하여야 한다. 단, 참고용으로 보존의 필요성이 있을시 "참고용" 날인 후 개발부서장의 확인 후 보존할 수 있다.

11. 기록

NO	서식명	서식번호	보존연한	보관부서
1	설계 및 개발 계획서	자체서식		
2	설계 및 개발 검토/검증서	EQP-0804-02		
3	설계 및 개발 검토/검증 체크리스트	EQP-0804-03		
4	설계 및 개발 협의서	EQP-0804-04		
5	도면관리대장	EQP-0804-05		

(주)이큐	**절차서**	문서번호	EQ-QEP-0805
		제정일	20XX. XX. XX
		개정일	20XX. XX. XX
	외부공급자 관리	개정번호	01
		PAGE	1/3

1. 적용범위

본 절차서는 (주)이큐(이하 "조직"이라 한다.)의 외부에서 제공되는 프로세스, 제품 및 서비스의 요구사항에 대하여 적용 한다.

2. 목적

본 절차서는 외부에서 제공되는 프로세스, 제품 및 서비스가 요구사항에 적합함을 보장하는데 목적이 있다.

3. 용어와 정의

3.1 공급자
제품 또는 서비스를 제공하는 조직

3.2 외부공급자
조직의 일부분이 아닌 공급자로써, 제품 또는 서비스의 생산자, 유통업자, 소매업자, 판매

3.3 계약자
합의된 계약서, 규정 및 조건에 따라 조직에 서비스를 제공하는 외부 조직으로 건설 업무도 포함될 수 있다.

4. 책임과 권한

4.1 구매담당자
1) 외부공급자 관련 서류와 기록의 작성, 보관, 유지
2) 외부공급자에 관련한 시장조사 및 시장분석
3) 외부공급자(구매, 외주)의 등록, 평가, 거래정지 및 등록 취소
4) 외부공급자 관련 제반 기록 보관 유지

5. 외부공급자 관리절차

5.1 일반사항
1) 경영지원팀은 외부에서 제공되는 프로세스, 제품 및 서비스가 요구사항에 적합하도록 관리하여야 한다.
2) 다음의 경우, 외부에서 제공되는 프로세스, 제품 및 서비스에 적용할 관리를 결정하여야 한다.
    (1) 외부 공급자의 제품 및 서비스가 조직의 제품 및 서비스에 포함되도록 의도한 경우
    (2) 제품 및 서비스가 조직을 대신한 외부공급자에 의해 고객에게 직접 제공되는 경우
    (3) 프로세스 또는 프로세스의 일부가 조직에 의한 결정의 결과로, 외부 공급자에 의해 제공된 경우

3) 다음 사항으로 부터 발생하는 위험요인 파악 및 경영시스템 리스크를 평가하고 관리하기 위하여 계약자와 조직의 조달에 관련된 사항을 조정하여야 한다.

    (1)조직에 영향을 주는 계약자의 활동과 운용

    (2)계약자의 근로자에게 영향을 주는 조직의 활동과 운용

    (3)작업장에서 기타 이해관계자에게 영향을 주는 계약자의 활동과 운용

4) 조직은 외부공급자 관리에 대한 문서화된 정보를 보유하여야 한다.

6. 관리의 유형과 정도

6.1 외부에서 제공되는 프로세스, 제품 및 서비스가 법적 요구사항 및 기타 요구사항과 일관되고 경영시스템의 의도된 결과의 달성을 보장하여야 하며, 적합한 제품 및 서비스를 고객에게 일관되게 인도하는 조직의 능력에 부정적인 영향을 미치지 않도록 관리 하여야 한다.

1) 통합관리책임자는 거래 협력업체를 평가함으로써 기존업체의 사후관리 활동을 통한 품질관리 강화를 유도하고 조직의 품질경영시스템 관리 내에서 유지됨을 보장하여야 한다.

2) 통합관리담당자는 외부공급자 평가를 매년 1회 실시한다.

3) 외부공급자 평가생략(구매업체)

    (1) 조직과의 지난 1년간 거래 실적이 1억원 이상인 업체

    (2) 해당업체의 연간 매출액이 100억 이상인 기업

    (3) ISO 9001·14001·45001 인증 획득 업체

    (4) 시장품, 기성품의 중간 도매업체 및 잡자재(장갑 등) 업체

4) 모든 신규 등록을 원하는 거래 외부공급자는 다음의 서류를 제출하여야 한다.

    (1) ISO 9001 또는 ISO 14001 또는 ISO 45001 인증서 사본 (인증 획득한 업체에 한함)

    (2) 국가공인규격 사본 혹은 외부공인기관 시험성적서 사본

    (3) 사업자 등록증 사본, 회사소개자료 (공장등록증, 인허가증 등)

    (4) 통장사본, 약도

5) 신규업체 평가 및 등록

6) 평가에 따른 처리 평가에 따른 업체별 처리방법은 다음 표에 따르며 등록 대상 시 "외부공급자등록대장"에 등록하여야 한다.

등급	점수	업체구분	활용내용
A	85점 이상	등록 가능업체	· 수의계약가능 · 자재발주의 우선순위부여 · 견적참가 우선순위부여
B	70점 이상 85점 미만	등록 가능업체	· 자재발주 대상업체 · 견적참가 자격부여
C	70점 미만	등록 불가업체	· 개선요청 후 개선이 없을 시 거래업체 등록말소 및 견적참가제한 · 개선 시 재평가 원칙

7) 등록업체 사후관리

통합관리담당자는 납기 및 작업진도 관리를 위하여 필요한 경우 작업공정, 검사방법, 자재관리, 납품방법 등에 대해 거래업체 지도를 실시하여야 한다.

7. 외부공급자를 위한 정보

7.1 조직은 외부공급자와 의사소통하기 이전에 요구사항의 타당함/충분함을 보장하여야 한다.

7.1.1 조직은 다음 사항에 대한 조직의 요구사항을 외부공급자에게 전달하여야 한다.

(1) 외부공급자가 제공하는 프로세스, 제품 및 서비스

(2) 제품 및 서비스에 대한 기준

(3) 방법, 프로세스 및 장비에 대한 기준

(4) 제품 및 서비스의 불출에 대한 기준

(5) 요구되는 모든 인원의 자격을 포함한 역량/적격성

(6) 조직과 외부 공급자의 상호 작용

(7) 외부 공급자의 성과에 내하여 조직이 적용하는 관리 및 모니터링

(8) 조직 또는 조직의 고객이 외부공급자의 현장에서 수행하고자 하는 검증 또는 실현성 확인 활동

8. 기록

NO	서식명	서식번호	보존연한	보관부서
1	구매 요청서	EQP-0805-01		
2	발주서	EQP-0805-02		
3	자재입고, 출고, 재고관리	EQP-0805-03		
4	업체 실태 조사서	EQP-0805-04		
5	협력업체관리대장	EQP-0805-05		
6	신규업체평가서	EQP-0805-06		
7	협력업체 정기평가서	EQP-0805-07		
8	수입검사성적서	EQP-0805-08		

(주)이큐	**절차서**	문서번호	EQ-QEP-0806
		제정일	20XX. XX. XX
		개정일	20XX. XX. XX
	생산 및 서비스 관리	개정번호	01
		PAGE	1/6

1. 적용범위

본 절차서는 (주)이큐(이하 "조직"이라 한다.)의 모든 생산현장의 관리 절차에 대해 적용한다.

2. 목적

본 절차서는 품질에 직접적으로 영향을 주는 제조 공정을 안정된 상태로 규정된 제품을 생산하고 계획에 따른 일정관리 및 제조업무의 원활화를 목적으로 한다.

3. 용어와 정의

3.1 공정(PROCESS)
입력(투입)을 출력(산출)으로 변환시키는 일련의 상호 연관된 지원과 활동

3.2 공정 관리
공정분석과 개선, 공정능력의 파악, 작업개선, 표준시간 관리, 작업지도(표준)서 관리, 공정이상 등을 관리하는 것

3.3 작업 표준
작업방법 및 순서와 제조설비 및 장비의 사용방법, 절차, 조건, 제한치의 판단, 선택 기준 및 약속사항 이상발생시 조치 사항 등을 문서화하여 정한 것

3.4 공정 이상
공정이 관리상태를 벗어난 경우

3.5 식별표시
사양을 표시하기 위해서 포장이나 적치 장소에 부착하거나 표시하는 식별표 또는 표지판

3.6 추적성
물품의 제조 과정 또는 이력을 기록의 식별에 따라 추적할 수 있는 능력

4. 책임과 권한

4.1 생산부서장(관리감독자)
1) 제조 업무에 영향을 미치는 공정관리와 각 공정별 담당자를 지휘 통솔 및 관리 감독
2) 특수공정 관리
3) 추적성 관리를 위한 관리 체계 선정 및 실행
4) 취급 보관상태 점검 결과 확인
5) 생산 완료 후 인도 최종 확인

		문서번호	EQ-QEP-0806
(주)이큐	**절차서**	제정일	20XX. XX. XX
		개정일	20XX. XX. XX
	생산 및 서비스 관리	개정번호	01
		PAGE	2/6

5. 공정 관리 절차

5.1 공정순서의 결정
제품 제조의 공정순서 및 조건을 결정하여 "제조공정도" 상에 명시하여 관리한다. 제조공정도는 고객의 제공 자료를 적용하여 운영할 수 있다.

5.2 공정 작업방법, 관리항목, 기준, 수준
"제조공정도" 에 명시된 관리항목, 기준, 주기 등에 대해 공정별 별도 "작업기준서"를 정한 후 최고경영자의 승인 후에 사용한다. 작업표준은 현장 게시를 원칙으로 한다.

5.3 특수공정의 관리
자격이 부여된 작업자를 배치하여 공정을 연속적으로 감시한다.

5.4 특수공정 작업자 자격기준
자격평가 및 이력관리를 유지한다. 또한, 특수공정 작업자의 자격유지를 위하여 1년마다 자격인증평가를 갱신하여야 한다.

5.5 생산계획 및 준비
월별 생산계획을 잡는 것을 원칙으로 하나 필요 시 고객주문량에 따라 작업지시서에 의거 생산계획을 수립한다. 단, 해당되는 경우 고객에서 제공한 주문서를 계획서로 대치하여 운영할 수 있다.

5.6 생산지시
월생산계획 및 작업시시서에 근거하여 생산을 실시하여야 하며, 작업자는 "제조공정도" 및 "작업표준서"에 근거하여 작업을 실시한다.

5.7 생산 실적
관리작업자는 생산에 따른 실적을 일일 단위로 생산 작업일지에 기록하여 생산팀장에게 보고하여야 한다. 또한, 월간 단위로 계획 대비 실적 내용을 월간 생산보고서에 기록하여 대표이사에게 보고함을 원칙으로 한다. 단, 월간보고 자료는 공정의 지속적 개선뿐만 아니라 생산성분석 등의 내용이 포함되어 있어야 한다.

5.8 생산 이상
조치작업자 또는 관리 담당자는 동일 불량이 연속적으로 발생하거나 문제점 발생 즉시 생산팀장에게 보고한다. 공정이상 발생에 대해서는 생산팀장 주관 하에 관련부서와 협의하여 부적합 및 시정조치 절차서에 따라 조치를 취한다.

	절차서	문서번호	EQ-QEP-0806
(주)이큐		제정일	20XX. XX. XX
		개정일	20XX. XX. XX
	생산 및 서비스 관리	개정번호	01
		PAGE	3/6

6. 식별과 추적성

6.1 식별

6.1.1 총무팀장은 자재입고 후 품명별 및 규격별로 구분하고 "자재식별표"를 부착함으로서 자재 식별관리를 함을 원칙으로 하며 특별한 경우 입고일, 입고처, 검사 합격유무를 표시하여 관리한다.

6.1.2 제품은 완제품 생산 후 식별을 명확히 하여 원활한 제품의 인도가 이루어지도록 하며 총무팀장은 그에 따른 "제품식별표"를 부착함으로서 제품 식별관리를 하여야 한다. 식별은 파렛트 단위별 식별함을 원칙으로 한다.

6.1.3 부적합품의 식별은 제품의 추적이 가능하도록 꼬리표, 스티커, 라벨 등을 부착하고 잘못 사용될 가능성이 있을 경우 격리, 구분 저장토록 한다.

6.2 추적성

6.2.1 자재는 자재발주 및 입고대장 또는 거래명세표 등에 입출내역을 기록함으로 추적이 가능토록 한다.

6.2.2 제품에 대하여 최종 검사 및 제조 공정까지의 작업자, 작업일, 품질상태 등의 정보에 대한 추적이 가능하여야 하며 고객과의 계약에 의할 경우에는 요구된 범위까지 가능하여야 한다.

6.2.3 로트번호는 상호 추적이 가능하도록 다음과 같이 번호를 부여한다.

예) IJ-19D10-19(히팅자켓 2019년 4월 10일 19번째 제조)

6.3 생산 중 또는 생산 완료 후 하자 발생 시까지 자재의 추적은 입고일을 기준으로 LABEL, 꼬리표(TAG), 마킹(MARKING)등 적절한 식별표시 또는 거래명세표(검수자 서명 후 사본 보관)에 의하여 추적이 가능토록 하여야 한다.

7. 고객 또는 외부공급자의 재산

7.1 조직은 조직의 관리하에 있거나, 조직의 사용 중에 있는 고객 또는 외부공급자의 재산에 대하여 주의를 기울여야 한다. 조직은 제품 및 서비스에 사용되거나 포함되도록 제공된 고객 또는 외부공급자의 재산을 식별, 검증, 보호 및 안전하게 유지하여야 한다.

7.2 고객 또는 외부공급자의 재산이 분실, 손상 또는 사용하기에 부적절한 것으로 판명된 경우, 조직은 고객 또는 외부공급자에게 이를 통보하여야 하며, 발생한 사항에 대해 문서화된 정보를 보유하여야 한다.

8. 보관 및 보존

8.1 보관

1) 현장에서 사용되는 모든 제품의 반입과 반출은 생산팀장의 승인하에서 이루어진다.

2) 적재는 품목별로 제품에 무리한 힘이 가해지지 않는 범위(높이)내로 적재한다.

3) 보관 방법

    (1) 현장에서 사용되는 원부자재, 고객재산 등은 사용이 쉽도록 품목종류, 규격별로 구분하여 보관한다.

    (2) 제작 및 설치현장에 보관된 제품은 식별 및 추적성 관리에 따라 표시한다.

    (3) 휘발성 유류, LPG, 산소, 알곤 등 위험물은 직사광선을 피하고 통풍이 잘되는 지정된 장소(보관소)에 보관한다.

    (4) 방청, 방수 등이 요구되는 제품은 제품의 특성을 고려하여 취급, 보관 관리한다.

    (5) 자재창고(보관소)는 안정성이 확보되고, 손상이나 열화를 방지할 수 있는 시설이어야 하며, 필요한 경우 다음 사항을 고려한다.

        ① 배수 및 통풍

        ② 화재예방 설비 및 기구

        ③ 외부 기상, 기후, 환경변화에 견딜 수 있는 구역

        ④ 자재는 필요한 경우 선입선출이 되도록 정리, 정돈하여 보관

4) 점검

    (1) 포장된 자재 및 제품의 보관 시 생산팀원은 수시로 품질의 손상여부를 확인하고, 이에 문제가 있다고 판단이 되면, 검사원에게 검사를 의뢰하고 검사결과에 따라 처리한다.

    (2) 생산팀원은 수시로 취급 및 보관상태를 점검하여 생산팀장에게 보고하며 생산팀장은 이를 확인한다.

    (3) 생산팀장은 점검내용에 따라 필요하다고 판단이 되는 경우 생산팀원에게 시정조치를 취하도록 지시한다.

8.2 보존

1) 제품 생산 후 보존을 위하여 보관 창고로 이동하여 관리하며, 제품수량관리를 실시한다. 필요 시 제품의 보존 유효기간을 지정하여 유효기간 이전에 처리하도록 관리한다. 제품 보관창고는 온도, 습도를 정하고 관리하여야 한다.

2) 생산부장은 제품이 출하 전까지 파손, 손상, 분실 등 기타 사용에 지장이 없도록 바닥에 흰색 페인트로 구역을 구분한 장소에서 보존하여야 한다.

9. 인도 후 활동

9.1 조직은 제품 및 서비스와 연관된 인도 후 활동에 대한 요구사항을 충족해야 한다.

1) 생산팀장은 생산한 모든 부분에 대하여 사용에 적합한 상태를 유지하여 고객 또는 그 대리인에게 인도한다.

2) 요구되는 인도 후 활동에 관한 정도를 결정할 때, 조직은 다음 사항을 고려해야 한다.
   (1) 법적 및 규제적 요구사항
   (2) 제품 및 서비스와 관련한 잠재적으로 원하지 않은 결과
   (3) 제품 및 서비스의 성질, 용도 및 계획수명
   (4) 고객 요구사항
   (5) 고객 피드백

10. 변경관리

10.1 조직은 생산 또는 서비스 제공에 대한 변경을, 요구사항과의 지속적인 적합성을 보장하기 위하여 필요한 정도까지 검토하고 관리하여야 한다.

10.2 조직은 다음 사항을 포함하는, 경영시스템의 성과에 영향을 주는 계획된 임시 및 영구적인 변경의 실행과 관리를 위한 사항을 수립하여야 한다.
1) 새로운 제품, 서비스 및 프로세스 또는 기존 제품 서비스 및 프로세스의 변경사항
   (1) 작업장 위치와 주변 환경
   (2) 작업 조직
   (3) 작업 조건
   (4) 장비 및 노동력
2) 법적 요구사항 및 기타 요구사항의 변경
3) 위험요인 및 관련된 경영시스템 리스크에 대한 지식 또는 정보의 변경
4) 지식과 기술의 발전

10.3 조직은 변경에 대한 검토의 결과, 변경 승인자 및 검토 결과 도출된 필요한 모든 조치사항을 기술한 문서화된 정보를 보유해야 한다.

11. 제품 및 서비스의 불출/출시

11.1 조직은 제품 및 서비스 요구사항이 충족되었는지 검증하기 위하여, 적절한 단계에서 검사를 실시하여야 한다. 검사에 대한 절차는 "EQP-0901 성과측정 및 모니터링 절차서"에 따른다.
1) 계획된 결정사항이 만족스럽게 완료될 때까지, 제품 및 서비스는 고객에게 불출되지 않아야 한다. 다만, 관련 권한을 가진 자가 승인하고, 고객이 승인한 때(해당되는 경우)에는 불출할 수 있다.
2) 조직은 제품 및 서비스의 불출에 관련된 문서화된 정보를 보유해야 한다. 문서화된 정보에는 다음 사항이 포함되어야 한다.
   (1) 합격 판정기준에 적합하다는 증거
   (2) 불출을 승인한 인원에 대한 추적성

12. 기록

NO	서식명	서식번호	보존연한	보관부서
1	작업표준서	EQP-0806-01		
2	작업 지시서	EQP-0806-02		
3	제조/QC공정도	EQP-0806-03		
4	년간 생산계획 및 실적	EQP-0806-04		
5	월간 생산계획 및 실적	EQP-0806-05		
6	공정검사성적서	EQP-0806-06		
7	최종검사 성적서	EQP-0806-07		
8	제품검사 기준서	EQP-0806-08		
9	고객자산관리대장	EQP-0806-09		
10	자재점검일지	EQP-0806-10		
11	자재수불대장	EQP-0806-11		
12	시효/위험 자재관리대장	EQP-0806-12		
13	완제품 점검일지	EQP-0806-13		
14	변경점 관리대장	EQP-0806-14		

(주)이큐	절차서	문서번호	EQ-QEP-0807
		제정일	20XX. XX. XX
		개정일	20XX. XX. XX
	부적합 출력물 관리	개정번호	01
		PAGE	1/3

1. 적용범위

본 절차서는 품질환경 경영시스템(이하 "경영시스템"이라 한다.)의 통합 본으로 (주)이큐(이하 "조직"이라 한다.)의 계약서, 시방서 및 고객의 요구 조건과 일치하지 않는 부적합사항 관리에 대하여 적용한다.

2. 목적

본 절차서는 규정된 품질·환경·안전보건의 요구사항에 적합하지 않는 제품이 부주의로 사용되거나 출하되는 것을 미연에 방지함을 목적으로 한다.

3. 용어와 정의

3.1 부적합(NONCONFORMANCE)
규정된 요구사항의 불충족

3.2 부적합 보고서(NONCONFORMANCE REPORT: NCR)
부적합 사항을 관리할 목적으로 부적합사항 처리방안, 책임조직 등을 기록한 보고서

3.3 재작업(REWORK)
부적합 품목을 재생산, 재조립 또는 기타 시정 방법에 따라 원래의 요건에 부합되도록 하는 것

3.4 수리(REPAIR)
부적합 제품의 결함사항이 본래의 요건에 만족하지 못하지만, 기능상 안전하고 신뢰할 수 있는 상태까지 부적합한 특성을 복구시키는 것

3.5 재등급(REGRADE)
부적합한 자재 또는 제품을 본래의 용도로 사용하지 않고 등급을 낮추어 사용하는 것.

4. 책임과 권한

4.1 품질관리 부서장
부적합사항에 대한 처리방안 및 이행결과를 확인 및 승인

4.2 품질관리 시험검사업무 담당자
1) 부적합보고서의 작성 및 식별표시 및 분리보관
2) 부적합사항의 처리방안을 통보
3) 부적합사항의 처리결과를 확인
4) 부적합 보고서 및 관리대장의 기록유지

5. 부적합 식별 관리

5.1 조직은 의도하지 않은 사용 또는 인도를 방지하기 위하여, 제품 요구사항에 적합하지 않은 제품을 식별 및 격리 하여야 한다.

1) 조직은 부적합의 성질에, 그리고 제품 및 서비스의 적합성에 대하여 부적합이 미치는 영향에 따라 적절한 조치를 취하여야 하며 제품의 인도 후, 그리고 서비스의 제공 중 또는 제공 후에 발견된 제품 및 서비스의 부적합에도 적용하여야 한다.

2) 품질관리팀 부적합 출력이 조치되는 경우, 요구사항에 대한 적합성이 검증되어야 한다.

5.2 조직은 다음의 문서화된 정보를 보유해야 한다.

1) 부적합에 대한 기술
2) 취해진 조치에 대한 기술
3) 승인된 특채에 대한 기술
4) 부적합에 관한 활동을 결정하는 책임의 식별

6. 부적합 처리 절차

6.1 부적합 발생 시 관련내용을 부적합보고서로 작성하여 원인분석, 대책수립을 하며, 발행자 및 필요 시 이해관계자에게 통보하여야 한다.

6.2 시스템에 대한 부적합은 "부적합 보고서"로 작성 후 조치하며, 제품에 대한 부적합은 "부적합품보고서"로 작성 후 조치한다.

7. 부적합품의 식별 및 처리

7.1 검사원은 검사 및 시험결과 부적합품이 발생되면 해당 부적합제품에 대하여 적색스티커를 부착하고 별도의 부적합품 박스에 옮긴 후 시정조치/예방조치요구서에 해당 사항을 작성, 시정조치/예방조치 발행대장에 기록하고 생산팀장에게 송부한다(시험검사업무 담당자는 적색스티커가 부착된 제품은 공정에 투입되거나, 후속 공정이 진행되지 않도록 한다.).

7.2 발생된 부적합품에 대해 부적합의 내용 및 상태를 명확하게 "부적합 보고서"에 기술하여 생산팀장에게 통보하여야 한다. 필요한 경우 "부적합보고서"에 부적합품의 사진을 첨부하여 상태파악을 명확히 이해 할 수 있도록 한다.

7.3 계약서에 명시된 경우 및 고객지급품의 경우 특채에 의하여 수리 또는 수리 없이 채택된 제품은 고객 또는 고객 대리인에게 보고한다.

7.4 부적합품의 처리 방법

  1) 시정

  2) 제품 및 서비스 제공의 격리, 봉쇄/억제, 반품 또는 정지

  3) 고객 통지

  4) 특채에 의해 인수를 위한 승인의 획득단, 재작업분에 대해서는 재검사를 실시하여야 하며 특채의 경우 고객의 승인을 필히 득 하여야 한다.

8. 격리 보관

시험검사업무 담당자는 부적합사항에 대하여는 적절한 조치가 이루어 질 때까지는 일정지역에 격리 보관한다.

9. 처리 및 확인

현장에서 발생된 부적합품의 현황은 일정기간 취합하여 정기 생산 실적 보고 시 종합적으로 보고되어야 하며 향후 품질경향 분석 자료 및 필요 시 예방조치 자료로 활용하여야 한다.

10. 기록

NO	서식명	서식번호	보존연한	보관부서
1	부적합품 보고서	EQP-0807-01		
2	부적합품 관리대장	EQP-0807-02		
3	특채관리 대장	EQP-0807-03		

(주)이큐	절차서	문서번호	EQ-QEP-0901
		제정일	20XX. XX. XX
		개정일	20XX. XX. XX
	모니터링, 측정, 분석 및 평가	개정번호	01
		PAGE	1/4

1. 적용범위

본 절차서는 품질환경 경영시스템(이하 "경영시스템이"라 한다.)의 통합 본으로 (주)이큐(이하 "조직"이라 한다.)의 생산 제품에 사용되는 자재와 공정상의 표준 및 고객만족, 안전보건환경 성과에 대한 모니터링, 측정, 분석 및 평가의 대상, 평가에 대한 방법, 수행 시기 등에 적용한다.

2. 목적

본 절차서는 조직의 모니터링, 측정, 분석 및 평가를 통하여 고객만족 및 안전보건환경 의무준수를 목적으로 한다.

3. 용어와 정의

3.1 검사

제품의 특성을 계측, 조사, 시험, 측정하여 그 결과를 규정된 요건과 비교하여 합부를 판정하는 제반활동으로써 인수검사, 공정검사, 최종검사 등을 말한다.

3.2 시험

제품의 특성 또는 성능을 정해진 방법과 절차에 따라 조사하는 활동으로서 선정시험, 관리시험, 검사시험, 최종시험을 말한다.

4. 책임과 권한

4.1 품질관리팀 시험검사업무 담당자
1) 입고 자재의 인수검사 및 제품의 최종검사 실시
2) 공정간 검사의 유지 및 확인
3) 검사에 따른 기록 유지(신뢰성 시험 포함)
4) 검사표준의 작성 및 유지

4.2 영업부서장
고객만족도 조사 실시 및 분석

5. 모니터링, 측정, 분석 및 평가 절차

5.1 일반사항
1) 모니터링, 측정, 분석 및 평가 후 결과를 문서화된 정보로 보유 하여야 하며 보고서에는 아래사항과 같은 내용이 기록되어야 한다.

(1) 다음 사항을 포함한 모니터링, 측정, 분석 및 평가의 대상
　　① 법적 요구사항 및 기타 요구사항을 충족한 정도
　　② 위험요인, 리스크와 기회에 관련된 활동 및 운용
　　③ 조직의 경영시스템 목표 달성에 대한 진행 상황
　　④ 운용 관리 및 기타 관리의 효과성
(2) 유효한 결과를 보장하기 위하여, 필요한 모니터링, 측정, 분석 및 평가에 대한 방법
(3) 모니터링, 측정, 분석 및 평가 수행 시기
(4) 모니터링, 측정, 분석 및 평가의 결과에 대한 분석 및 평가 시기
(5) 조직의 경영시스템 성과를 평가할 것에 대한 기준과 적절한 지표
(6) 모니터링 및 측정결과를 분석, 평가, 의사소통 해야 하는 경우
2) 자재 및 생산단위의 검사와 시험상태는 수행된 검사와 시험을 고려하여 제품의 적합성 여부를 표시하는 MARK, STAMP, TAG, LABEL, 검사 기록, 위치로 구분 또는 다른 적절한 방법을 이용하여 확인되어야 한다.
3) 검사자는 검사와 시험을 수행하기 전에 검사 및 시험장비의 검교정상태를 장비관리 절차서에 따라 확인하여야 한다.

5.2 제조공정도
1) 품질관리팀은 시험검사업무 담당자는 관련자료(시방서, 도면, 법규, 규격 등)를 고려하여 관리계획서를 작성하여야 하며 세부내용은 다음의 사항이 포함되어 있어야 한다.
　(1) 검사 및 시험의 항목
　(2) 검사 및 시험의 주기 및 기준
　(3) 검사 및 시험의 방법 및 검사자
　(4) 관련 기록

6. 인수검사(입고검사, 수입검사)

6.1 인수검사는 당사가 구매한 자재 및 고객 지급품, 규격에서 요구하는 항목에 대해 생산품질에 영향을 미치는 자재, 조립품 또는 장비에 대하여 실시한다.

6.2 입고되는 자재에 대해 인수검사를 실시하고 합격이 될 경우 자재식별표를 하여 입고 조치하며 검사결과는 원부자재입출고관리대장(수입검사)에 기록하여 검사자가 확인란에 서명한다.

6.3 검사 및 시험은 업체성적서 또는 외부 공인기관에 시험을 의뢰하여 행위를 대신할 수 있으며 관계되는 자료를 확인하고 보관되어 있어야 한다.

6.4 검사 결과 구매요건과 일치하지 않는 자재 및 제품, 또는 운반도중 손상된 자재가 발견되면 부적합품 관리 절차서에 따라 처리한다.

7. 공정검사(중간검사)

7.1 수립된 절차에 따라 생산간 자재나 제품이 규정된 요건에 일치됨을 보장하기 위하여 품질관리계획서 또는 제조공정도(Manufacturing Flow Chart), 검사표준에 따라 공정검사를 실시하여야 한다. 공정에 대한 관리항목이 기타규격에 지정된 경우 반드시 해당규격의 요구사항을 만족하여야 한다.

7.2 공정검사 기록은 작업일지에 기록하여 품질경영부서장, 생산부장에게 보고되어야 한다. 검사기록은 CHECK-LIST의 형태일수도 있다.

8. 최종검사

8.1 품질관리 부서장은 검사와 공정검사가 적절히 실시됨의 여부를 각종 기록을 통해 확인한 후 품질관리 계획서 또는 제조 공정도(Manufacturing Flow Chart), 검사표준에 따라 최종검사를 실시하여야 한다. 공정에 대한 관리항목이 기타규격에 지정된 경우 반드시 해당규격의 요구사항을 만족하여야 한다.

8.2 최종검사 기록은 작업일지 최종검사란에 기록하여 품질관리부장에게 보고되어야 한다. 검사기록은 CHECK-LIST의 형태일수도 있다. 고객이 원할 시 최종검사 성적서로 별도 작성하여 제출할 수 있다.

8.3 최종검사 시에는 인수검사 또는 공정간 검사 시 발견된 부적합 사항의 처리결과도 확인되어야 하며 관련 자료가 문서가 작성되고 승인될 때까지는 모든 자재 및 생산품이 고객에게 인도 되어서는 안된다.

9. 고객만족

9.1 고객의 인식 모니터링

1) 영업부서장은 고객만족도 조사의 필요성이 있는 업체를 선정하여 고객의 니즈 및 기대 충족여부에 대한 고객 인식을 모니터링 하여야 한다.

2) 아래 방법 중 조직 상황에 맞는 방법을 선택하여 년 1회 이상 실시한다.
   (1) 고객 설문조사
   (2) 인도된 제품 또는 서비스에 대한 고객피드백
   (3) 고객과의 미팅
   (4) 시장점유율 분석
   (5) 고객의 칭찬
   (6) 보증 클레임

3) 조사를 실시한 후 영업부서장은 거래처별, 항목별 조사내용을 분석하여야 하며 그 내용을 조직의 최고 경영자에게 보고하여야 한다.

10. 분석 및 평가

10.1 조직은 모니터링, 측정, 분석 및 평가에서 나온 적절한 데이터와 정보를 분석하고, 평가하여야 한다. 분석의 결과는 다음 사항의 평가를 위하여 사용되어야 한다.

1) 제품 및 서비스의 적합성
2) 고객 만족도
3) 경영시스템의 성과 및 효과성
4) 기획의 효과적인 실행 여부
5) 리스크와 기회를 다루기 위하여 취해진 조치의 효과성
6) 외부공급자의 성과
7) 경영시스템의 개선 필요성

10.2 자료의 분석결과 산출된 각종 데이터는 적절한 방법을 사용하여 분석하고 도식화 하여야 한다.

10.3 데이터 분석 시 부적합 분석은 구매제품의 경우 수입검사 품목별, 업체별, 유형별 분석을 하며 공정 및 최종검사의 분석은 공정별, 부서별, 불량 유형별 등으로 분석하여야 한다.

10.4 해당부서장은 산출된 데이터로부터 제작 및 생산, 자재의 문제점을 파악하고 해결방안을 제시한다.

10.5 데이터 분석 보고서는 해당부서장에 의해 관련부서로 배포되어야 한다.

10.6 해당부서장은 분기별 및 연도별 데이터 분석을 시행하도록 하여야 하며 데이터 분석 결과를 경영검토 시 반영되어야 한다.

11. 기록

NO	서식명	서식번호	보존연한	보관부서
1	년간 성과지표관리대장	EQP-0901-01		
2	고객만족도 조사서	EQP-0901-02		
3	고객만족도 평가서	EQP-0901-03		

		문서번호	EQ-QEP-0902
(주)이큐	**절차서**	제정일	20XX. XX. XX
		개정일	20XX. XX. XX
	준수 평가	개정번호	01
		PAGE	1/2

1. 적용범위

본 절차서는 품질환경 경영시스템(이하 "경영시스템"이라 한다.)의 통합본 으로 (주)이큐(이하 "조직"이라 한다)의 준수의무에 대한 준수여부를 주기적으로 평가하여 준수의무를 준수하는데 대하여 적용한다.

2. 목적

본 절차서는 준수의무를 준수를 최소화하여 개인의 건강 및 재산을 지키는데 목적이 있다.

3. 용어의 정의

3.1 준수의무

환경과 관련된 법적, 규제적 요구사항, 이해관계자의 요구사항, 조직이 정한 요구사항, 지자체의 환경 관련 조례 및 요구사항, 근로자 및 기타 이해관계자의 요구사항

4. 책임과 권한

4.1 최고경영자
조직의 준수의무가 조직에 적합하게 준수되도록 관리할 책임과 권한이 있다.

4.2 통합관리책임자
준수의무의 준수상태를 평가하여 최고경영자에게 보고할 책임이 있다.

4.3 관리감독자
해당부서에서 준수의무를 준수하는가를 주기적으로 점검하여 관리할 책임이 있다.

5. 업무절차

5.1 평가계획
통합관리담당자는 준수의무가 준수되고 있는가를 평가하기 위하여 필요한 경우 준수평가 계획을 수립하여야 한다.

5.2 평가실시
1) 통합관리책임자는 매년 1회 평가체크시트를 작성하여 평가를 실시하고, 평가결과를 평가체크시트에 기록하여 관하여야 한다.
2) 통합관리책임자는 평가결과를 최고경영자의 승인을 득하여 파일링하여 관리한다.

5.3 평가검토

1) 통합관리책임자는 평가결과가 준수의무를 준수하지 못한 경우 신속하게 준수될 수 있도록 시정 및 예방조치요구서를 작성하여 해당 부서장에게 통보한다.
2) 해당 관리감독자는 준수하지 못한 사항에 대하여 시정 및 예방조치를 실시하여 최고경영자의 승인을 득하여 통합관리책임자에게 통보한다.
3) 통합관리책임자는 해당부서의 조치결과에 대하여 적합성을 확인한 후 종결처리 한다.

5.4 평가보고

통합관리책임자는 준수 평가결과에 대하여 매월 업무보고(실적보고서)를 통하여 준수의무의 준수상태(준수율)를 관리하여야 한다.

6. 기록 및 관리

NO	서식명	서식번호	보존연한	보관부서
1	준수평가계획	EQP-0902-01		
2	준수평가 체크리스트	EQP-0902-02		

(주)이큐	절차서	문서번호	EQ-QEP-0902
		제정일	20XX. XX. XX
		개정일	20XX. XX. XX
	내부심사	개정번호	01
		PAGE	1/3

1. 목적

본 절차서는 (주)이큐(이하 "조직"이라 한다.)에서 행하여지는 모든 품질환경 경영시스템(이하 "경영시스템"이라 한다.)이 조직의 방침 및 목표를 만족하는가의 검증 및 경영시스템의 유효성을 판단하고 이를 개선하는데 그 목적이 있다.

2. 적용범위

본 절차서는 조직의 경영시스템 이행여부를 보증하기 위하여 모든 경영시스템에 대한 내부 심사의 계획, 실행, 결과보고 및 사후 관리에 대하여 적용한다.

3. 책임과 권한

3.1 최고경영자
1) 연간 내부 심사일정 검토 및 승인
2) 내부 심사결과의 검토 및 승인

3.2 통합관리책임자
1) 내부 심사의 심사계획의 수립 및 통보
2) 심사보고서등의 관련 기록을 보관 및 보존
3) 심사결과보고서 작성 및 보고
4) 심사 지적사항에 대한 시정조치 주관

3.3 심사원
1) 내부 심사 체크리스트 작성
2) 해당부서에 대한 심사를 수행
3) 심사 지적사항에 대한 심사부적합보고서 작성

3.4 수감 부서장
1) 심사자이 요구하는 장소 및 자료를 제공
2) 심사 목적, 범위에 대한 부서원의 교육
3) 심사 지적 사항에 대한 확인
4) 심사 지적 사항에 대한 시정조치를 수행 및 결과 통보

4. 업무절차

4.1 심사구분

1) 정기심사

부서별 심사대상 분야에 따라 매년 1회 이상 실시함을 원칙으로 하며, 연간계획, 내부 심사계획서를 작성하여 최고경영자의 승인을 얻는다.

단, 부득이한 사정으로 심사일정을 조정할 필요가 있을 경우에는 심사 계획일로부터 1개월을 초과하지 않는 범위 내에서 조정할 수 있다.

2) 특별심사

통합경영시스템중 사전에 심사 승인되지 않은 중대한 결함 등이 있어 관리감독자의 요청이 있을 경우 및 최고경영자가 필요하다고 인정할 경우 실시한다.

4.2 심사준비

1) 심사의 준비, 심사팀 구성, 해당부서에 심사계획통보는 통합관리책임자의 책임 하에 실시한다.

2) 통합관리책임자는 내부 심사팀의 자격을 갖춘 자로 구성하여 내부 심사계획서를 작성하여 최고경영자의 결재를 득한다.

3) 심사원 선정 시는 피 심사부서의 업무와 독립적인 인원으로 선정한다.

4.3 자격인정 요건

1) 최고경영자는 심사원이 서면 및 구두로써 의사를 효과적으로 전달할 수 있는지 등의 의사전달 기술 보유 유무를 파악하여 심사를 원만히 수행할 수 있는 내부 심사원을 선임한다.

2) 심사원에 대한 자격 적격성을 보장하기 위해 심사원을 평가하여 적합최소한 다음 사항 중 1가지 이상 만족하여야 한다.

(1) 관련업무 내부심사원 전문교육을 수강한 자

(2) 국가기술자격증 소지자

(3) 내부심사원 자격 평가를 통과한 자

3) 통합관리책임자는 심사원으로써 갖추어야 할 요건에 대하여 필요성을 파악하여 심사원 에게 다음분야의 교육훈련을 시킬 수 있다.

(1) 해당 표준, 관련규격, 관련법규 및 기타 규제사항에 대한 지식과 이해

(2) 통합경영시스템의 일반적인 구성 및 해당요소

(3) 조사, 질문, 평가, 보고하는 심사기술, 시정조치항목을 식별하고 확인하며 심사 중 지적사항을 마무리 짓는 방법

(4) 심사 프로그램의 해당요소 등에 관한 실습 및 참관

4) 심사원에 대한 자격유효기간은 3년으로 하며 자격연장을 위하여 필요시 최고경영자는 교육 및 훈련을 실시할 수 있으며 최고경영자가 심사원으로 결격사유가 있다고 판단하여 심사원으로 배제할 수 있다.

5) 심사원은 내부 심사 또는 인증기관 사후심사에 참여한 자를 우선으로 하며 자체적으로 교육실시후 내부 심사를 하게 할 수 있다.

(주)이큐	절차서	문서번호	EQ-QEP-0902
		제정일	20XX. XX. XX
		개정일	20XX. XX. XX
	내부심사	개정번호	01
		PAGE	3/3

6) 심사원은 피심사 조직이나 업무에 독립적인 조직에 속해 있는 사람이어야 한다.

7) 심사팀장은 자격이 인정된 심사원 중에서 선정하여야 하며 통합관리책임자가 선정하고 최고경영자가 승인한다.

4.4 심사 체크리스트 활용

통합관리책임자는 안전보건품질환경에 관한 내부 심사 체크리스트를 작성하여 필요한 범위 내에서 심사한다.

4.5 심사 실시

1) 심사는 심사계획에 의거 준비된 체크리스트에 따라 심사를 진행한다. 부적합사항에 대해서는 부적합사항별로 내부 심사 체크리스트 및 내부 심사 관찰보고서에 발의한다.

2) 심사결과는 문서화하여 피심사부서의 책임자에게 전달되어 확인하도록 한다.

4.6 심사 결과의 처리

1) 통합관리책임자는 심사 대상 부서별 심사 부적합사항을 종합한 심사결과 보고서를 작성하여 최고경영자의 승인을 득한다.

2) 내부 심사원은 내부 심사관찰보고서를 해당팀장에게 통보하여 시정조치를 요구한다. 시정조치 요구를 받은 부서장은 7일 이내에 조치 계획을 수립하여 통합관리책임자에 제출한다.

4.7 시정조치의 확인

1) 통합관리책임자는 시정조치 계획을 확인하고 심사보고서 확인 결과란에 서명하며 미흡 시는 심사부적합보고서를 재발행 한다.

2) 통합관리책임자는 내부 심사 시 발행된 심사부적합보고서에 의거 시정조치 완료일로 부터 7일 이내에 확인하여야 한다.

4.8 후속심사

1) 통합관리책임자는 1개월 이내 전회 내부 심사에서 발행된 심사보고서에 대해 시정조치가 계획에 의거 시행되었는지 확인하여야한다.

2) 심사원은 실시여부를 확인 후 심사부적합보고서의 후속심사 결과란에 서명하여야 한다.

3) 통합관리책임자는 심사결과를 취합, 정리하여 경영검토자료로 제출하여 활용하도록 한다.

5. 기록 및 관리

NO	서식명	서식번호	보존연한	보관부서
1	내부심사 계획서	EQP-0903-01		
2	내부심사 실시 계획통보서	EQP-0903-02		
3	내부심사 체크리스트	EQP-0903-03		
4	내부심사 결과 보고서	EQP-0903-04		
5	자격인증 평가표	EQP-0903-05		
6	자격인증서	EQP-0903-06		

		문서번호	EQ-QEP-0904
(주)이큐	**절차서**	제정일	20XX. XX. XX
		개정일	20XX. XX. XX
	경영검토	개정번호	01
		PAGE	1/3

1. 목적

본 절차서는 경영검토 업무의 책임과 절차를 명확히 함으로써 제정된 품질환경 경영시스템(이하 "경영시스템"이라 한다.) 및 실행결과가 요구사항 및 (주)이큐(이하 "조직"이라 한다.)의 경영시스템 방침에 만족하며 효율적으로 유지·관리되고 있음을 보장하고 지속적인 개선을 유지하는데 그 목적이 있다.

2. 적용범위

본 절차서는 경영시스템의 경영검토에 대한 절차 및 책임사항에 대하여 적용한다.

3. 용어의 정의

3.1 경영검토회의
경영시스템의 운영상황, 내부감사에서 제기된 문제, 시정 및 예방조치의 효과 등을 검토하고 경영시스템 중 방침, 문서의 적합성 및 효율성을 검토하기 위한 회의이다.

3.2 준수의무
법적, 규제적 요구사항, 이해관계자의 요구사항, 조직이 정한 요구사항과 근로자 및 기타 이해관계자의 요구사항

4. 책임과 권한

4.1 최고경영자
1) 경영검토회의 의결사항 및 실행결과에 대하여 승인한다.
2) 시정조치에 대한 최종 승인을 한다.

4.2 통합관리책임자(이하 "관리책임자")
1) 경영검토 자료를 사전에 취합하여 최고경영자에게 보고한다.
2) 회의록 작성 및 보관 책임이 있다.
3) 경영검토회의 개최를 통보하고 회의 자료를 준비할 책임이 있다.
4) 경영검토회의 결정사항에 대한 확인 및 조치결과를 최고경영자에게 보고할 책임이 있다.
5) 경영검토회의 간사 역할을 담당한다.

4.3 관리감독자
1) 안건에 대한 검토 및 대책사항을 준비할 책임이 있다.
2) 경영검토회의에서 토의 및 결정한 사항에 대하여 실행할 책임이 있다.
3) 안건의 회의 회부를 요구할 권한을 갖는다.

		문서번호	EQ-QEP-0904
(주)이큐	**절차서**	제정일	20XX. XX. XX
		개정일	20XX. XX. XX
	경영검토	개정번호	01
		PAGE	2/3

5. 업무절차

5.1 경영검토회의 구성
1) 의장 : 최고경영자
2) 간사 : 관리책임자
3) 위원 : 관리감독자 또는 의장이 지명한 자

5.2 경영검토 입력 사항
1) 이전 경영검토에 따른 조치의 상태
2) 다음의 사항을 포함한 경영시스템과 관련된 내부 및 외부 이슈의 변경사항
    (1) 이해관계자들의 요구와 기대
    (2) 조직의 리스크와 기회
    (3) 준수의무사항
3) 방침 및 목표의 달성 정도
4) 다음의 경향을 포함한 경영시스템의 성과 및 효과성에 대한 정보
    (1) 고객만족 및 관련 이해관계자의 피드백 및 의사소통
    (2) 목표의 달성 정도
    (3) 프로세스 성과, 그리고 제품 및 서비스의 적합성
    (4) 사건, 부적합사항 및 시정조치 및 지속적 개선
    (5) 모니터링 및 측정 결과
    (6) 내부심사 결과
    (7) 외부공급자의 성과
    (8) 준수의무에 대한 준수평가 결과
    (9) 심사 결과
    (10) 근로자의 협의 및 참여
    (11) 리스크와 기회
5) 조직의 중대한 환경측면
6) 효과적인 경영시스템의 유지를 위한 자원의 충족성
7) 리스크와 기회를 다루기 위하여 취해진 조치의 효과성
8) 이해관계자와 관련된 의사소통
9) 지속적 개선을 위한 기회

5.3 경영검토 출력사항
상기 5.2항의 경영검토입력 항목을 바탕으로 경영검토 출력 시에는 아래사항과 관련된 모든 결정 사항 및 조치를 포함하여 출력 한다
1) 지속적 개선 기회와 관련된 결정

2) 경영시스템 변경에 대한 모든 필요성
3) 자원의 필요성에 관한 사항
4) 경영시스템의 지속적인 적절성, 충족성 그리고 효과성에 대한 결론
5) 목표를 달성하지 못했을 때, 필요한 경우의 조치
6) 조직의 전략적인 방향에 대한 모든 인식
7) 필요한 자원
8) 경영시스템과 기타 비즈니스 프로세스와의 통합을 개선하는 기회
9) 조직의 전략적 방향에 대한 영향

5.4 경영검토 자료 집계
1) 경영검토를 위한 자료를 통합관리책임자가 집계하여 정리한다.
2) 자료 5.2항의 검토항목을 기준으로 집계하며, 필요시 현황을 그대로 첨부할 수 있다.
3) 관리책임자는 경영검토 자료를 관리감독자로부터 이관 받아 경영검토서를 작성한다.

5.5 경영검토 실시
1) 경영검토는 최고경영자가 직접 주관하거나, 보고를 받을 수 있다.
2) 경영검토 시 검토내용을 경영검토서에 기록한다.
3) 경영검토 실시는 경영검토회의로 운영한다.

5.6 경영검토 결과의 처리
1) 관리감독자는 경영검토 시 지시사항이나 문제점에 대해 시정조치 계획을 수립하여 관리책임자에게 보고하고 관리책임자는 집계 검토 후 최고경영자에게 보고한다.
2) 계획에 따른 시정조치를 완료하고 관리책임자가 집계하여 시정조치 내용의 유효성을 검토한다.
3) 관리책임자는 경영검토에 대한 시정조치 결과를 최고경영자에게 승인을 득한다.
4) 보고 시 유효성 검증이 미흡할 경우 차기 검토 시 반영되도록 조치한다.

6. 경영검토 방법 및 주기

6.1 정기검토
매년 12월에 1회 실시한다.

6.2 수시(특별)검토
내·외부 환경변화로 시스템의 급격한 변화가 우려될 경우·중대 클레임 발생 하였을 경우

7. 기록 및 관리

NO	서식명	서식번호	보존연한	보관부서
1	경영검토 보고서	EQP-0904-01		

(주)이큐	절차서	문서번호	EQ-QEP-1001
		제정일	20XX. XX. XX
		개정일	20XX. XX. XX
	개선	개정번호	01
		PAGE	1/3

1. 적용범위

본 절차서는 품질환경 경영시스템(이하 "경영시스템"이라 한다.)의 통합 본으로 (주)이큐(이하 "조직"이라 한다.)의 요구사항의 충족, 이해관계자의 니즈와 기대의 충족, 경영시스템의 성과 및 효과성 개선에 대한 절차에 대해 규정한다.

2. 목적

본 절차서는 개선 기회를 결정하고 선택하여야 하며, 고객 요구사항을 충족시키고 고객만족을 증진시키기 위하여 필요한 모든 조치를 실행하는데 그 목적이 있다.

3. 용어와 정의

3.1 결함(DEFECT)
안전에 관한 것을 포함하여 의도된 사용, 요구사항 또는 합리적 기대에 충족되지 않음

3.2 시정조치(CORRECTIVE ACTION)
현존하는 부적합, 결함 또는 그 밖의 바람직하지 않은 상황의 재발방지를 위하여 원인을 제거하는데 취해진 조치

3.2 예방조치(PREVENTION ACTION)
잠재적인 부적합, 결함 또는 그 밖의 바람직하지 않은 상황의 재발방지를 위하여 원인을 제거하는데 취해진 조치

4. 책임과 권한

4.1 최고경영자
1) 안전보건품질환경과 관련한 사건조사, 시정 및 예방조치 요구서 승인
2) 시정 또는 예방조치 결과의 확인 및 발행된 시정 및 예방조치 요구서의 종결 승인

4.2 통합관리책임자
1) 시정조치 및 예방조치 활동에 대하여 확인, 검토 책임
2) 품질에 중대결함 발생 시 최고경영자에게 보고

4.3 관리감독자
1) 발행된 시정 및 예방조치 요구서에 대하여 정상적인 해결방법 제공
2) 재발방지를 위한 대책 수립 후 최고경영자에게 보고

5. 개선

5.1 개선 일반사항

조직은 개선 기회를 결정하고 선택하여야 하며, 고객 요구사항을 충족시키고 고객만족을 증진시키기 위하여 필요한 모든 조치를 실행하여야 한다.

   1) 요구사항 충족에 대한 조치

   2) 미래의 니즈와 기대를 다루기 위한 제품 및 서비스의 개선에 대한 조치

   3) 시정, 예방 또는 바람직하지 않은 영향의 감소에 대한 조치

   4) 경영시스템의 성과 및 효과성 개선에 대한 조치

6. 부적합사항 및 시정조치

6.1 부적합사항의 대처

불만족에서 야기된 모든 것을 포함하여 사건 또는 부적합이 발생하였을 때, 다음의 사항을 실행하여야 한다.

1) 부적합에 대처하여야 하며 해당되는 경우 다음의 사항을 포함 한다.

   (1) 부적합을 관리하고 시정하기 위한 조치를 취함

   (2) 결과를 처리함(환경 악영향의 완화 포함)

2) 부적합이 재발하거나 다른 곳에서 발생하지 않게 하기 위해서, 사건 또는 부적합의 원인을 제거하기 위한 조치의 필요성을 다음 사항에 의하여 평가하여야 한다.

   (1) 부적합의 검토와 분석

   (2) 부적합 원인의 결정

   (3) 유사한 사건 또는 부적합의 존재 여부 또는 잠재적인 발생 여부 결정

3) 경영시스템 리스크에 대한 기존 평가사항의 적절한 검토

4) 관리단계 및 변경관리에 따라 필요한 모든 조치의 실행

5) 취해진 모든 시정조치의 효과성 검토

6) 기획 시 결정된 리스크와 기회의 검토 및 갱신

7) 필요한 경우 경영시스템의 변경

6.2 시정조치 통보서의 발행

시정조치 통보서 발행자는 다음과 같은 경우에 시정조치 통보서를 발행 한다.

1) 경영검토 결과 시스템의 개선을 요하는 최고경영자의 지시사항

2) 수입검사, 공정검사, 최종검사 중에 부적합사항이 발생한 경우

3) 내부심사 및 인증기관 심사 시 발생한 부적합사항

4) 고객으로부터 불만사항이 발생되었을 경우

5) 경영시스템의 이행사항에 대한 불이행

6.3 대책수립 및 이행

통보서를 접수한 부서/현장은 발행내용을 검토하여 대책을 수립하여 부서장의 승인을 받은 후 담당자에게 보고한다.

6.4 결과분석 및 보고

1) 시정조치 및 예방조치 사항은 부정적인 환경영향을 완화하는 것을 포함하여 취해진 모든 시정조치의 효과성 검토 및 분석 후 취합하여 경영검토 자료로 보고한다.
2) 시정조치 통보서의 작성된 후속조치 및 시정조치의 결과는 문서화된 정보를 보유하여야 하며, 근로자(또는 근로자 대표)및 이해관계자와 의사소통 하여야 한다.
3) 시정조치 후 필요한 경우, 조직의 리스크와 기회의 검토를 통하여 갱신 하여야 한다.
4) 필요한 경우, 경영시스템의 변경

6.5 부적합의 재발방지

부적합의 원인을 제거하기 위한 조치의 필요성을 다음 사항에 의하여 평가하여야 한다.
1) 부적합의 검토와 분석
2) 부적합 원인의 결정
3) 유사한 부적합의 존재 여부 또는 잠재적인 발생 여부 결정

7. 지속적 개선

7.1 담당자는 다음사항에 따라 경영시스템의 적절성, 충족성 및 효과성을 지속적으로 개선하여야 한다.
1) 분석 및 평가의 결과
2) 내부심사 결과
3) 경영검토 출력사항
4) 경영시스템의 성과 향상
5) 경영시스템을 지원하는 문화 촉진
6) 경영시스템의 지속적 개선을 위한 조치의 실행에 근로자 참여를 촉진

8. 기록

NO	서식명	서식번호	보존연한	보관부서
1	개선추진실적보고서	EQP-1001-01		
2	시정조치요구서	EQP-1001-02		
3	시정조치관리대장	EQP-1001-03		
4	개선추진 계획서	EQP-1001-03		

ISO 품질환경 통합 양식 (샘플)

1. EQP-0401-01 내부, 외부이슈 사항파악표

주식회사 이큐	내부, 외부 이슈사항 파악표		작성	검토	승인
			/	/	/

항목	세목	아슈사항	당사현황	기회적요소	위협적요소	관리번호	비고
외부	지역적						
	법적						
	기술적						
	경쟁적						
	시장						
	문화적						
	사회적						
	경제적						
내부	가치적						
	문화적						
	지식적						
	성과적						

EQP-0401-01 　　　　　　　　　주식회사 이큐 　　　　　　　　　A4(210X297)

2. EQP-0401-02 이해관계자 파악표

주식회사 이큐	이해관계자 파악표	작 성	검 토	승 인
		/	/	/

부서명		작성자		작성일자	

이해관계자		이해관계자 요구사항	준수 의무사항
구분	조직명		
(정부)			
(고객)			

EQP-0401-02   주식회사 이큐   A4(210X297)

3. EQP-0503-01 업무분장표

주식회사 이큐	업무분장표	작성	검토	승인
		/	/	/

부서명		시행일자		작성자	

직 무	성 명	업 무 내 용

EQP -0503-01   주식회사 이큐   A4(210X297)

4. EQP-0601-01 리스크 및 기회관리 조치 계획서

주식회사 이큐	리스크 및 기회관리 조치 계획서	작성	검토	승인
		/	/	/

부서명		시행일자		작성자	

구분	주요 내용	조치 항목	추진일정	추진담당	비고
리스크					
기획					

EQP-0601-01   주식회사 이큐   A4(210X297)

5. EQP-0601-02 SWOT 분석표

주식회사 이큐	SWOT 분석표	작 성	검 토	승 인
		/	/	/

	강점 (Strengths)	약점 (Weakne00es)
내부 환경 외부 환경		
기회 (Opportunities)	S O 전략	W O 전략
위협 (Threats)	S T 전략	W T 전략

6. EQP-0602-01 환경측면 파악표

주식회사 이큐	환경측면 파악표	작 성	검 토	승 인
		/	/	/

부서명		작성자		작성일자	

NO	활동/공정	세부활동 항목	영향요인	발생조건			발생시기			발생 영향		비고
				정상	비정상	비상	과거	현재	미래	직접	간접	

EQP-0602-01 　　　　　　　　주식회사 이큐 　　　　　　　　A4(210X297)

7. EQP-0602-02 환경영향 평가표

주식회사 이큐	환경영향 평가표		작성	검토	승인
			/	/	/

현장명		평가자	
환경측면		환경영향	

발생조건 발생시기 발생영향	□정상 □비정상 □비상상태 □과거 □현재 □미래 □직접 □간접	1.방침,법규,절차서		등록판정
		2.이해관계자		□ Y
		3.위험성		□ N
		4.재정적측면		
		5.기술적측면		

NO	평가구분		평가항목		평가결과
1	방침 및 법규절차서	회사 환경방침 (15점)	정확히 언급하고 있다.	(15점)	
			불명확하나 내재되어 있다.	(10점)	
			전혀 언급이 없다.	(0점)	
		현행법규, 예규, 지침 (15점)	환경법규에서 요구하고 있다.	(15점)	
			기타 법규에서 요구하고 있다.	(10점)	
			전혀 언급이 없다.	(0점)	
		발주처에 계약조건 반영 (10점)	명백히 요구하고 있고 재재할 수 있다.	(10점)	
			요구만 하고 있다.	(5점)	
			전혀 언급이 없다.	(0점)	
	소계	40 점			
2	이해 관계자	민원·소송·진정, 벌금 (20점)	지난1년간 민원 또는벌금을 낸적이 있다.	(20점)	
			지난3년간 민원 또는벌금을 낸적이 있다.	(10점)	
			없다.	(0점)	
		환경캠페인(국제/국내) (5점)	1개월이내에캠페인활동을시행한적이있다.	(5점)	
			과거에 캠페인활동을 시행한 적이 있다.	(3점)	
			없다.	(0점)	
		매스컴보도 및 출판사례 (15점)	1개월이내에 언급한 적이 있다.	(10점)	
			과거에 언급한 적이 있다.	(10점)	
			없다.	(0점)	
	소계	40 점			
3	위험성(R) (R=PxC)	발생가능성(P) (10점)	비통제, 무방비, 미대책	(10점)	
			가끔관리, 통제	(8점)	
			지속적관리, 통제	(5점)	
		결과의 심각성(C) (4점)	인체에 치명적이다.	(4점)	
			다량 오염유발 가능성이 있다.	(3점)	
			장기적으로 볼 때 생태계에 영향을 준다.	(2점)	
			거의 심각성이 없다.	(1점)	
	소계	40 점			
4	재정적 측면	재정적 측면 (40점)	실행 불가능하다.	(40점)	
			별도 품의로 실행가능하다.	(30점)	
			실행내역으로 조치 가능하다.	(20점)	
		40 점			
5	기술적 측면	기술적 측면 (40점)	현재기술로는 개선 불가능하다.	(40점)	
			기술연구가 필요하다.	(30점)	
			현재기술로 개선이 가능하다.	(20점)	
	소계	40 점			
합계		200 점			

8. EQP-0602-03 부서별 환경영향 평가표

주식회사 이큐	부서별 환경영향 평가표	작성	검토	승인
		/	/	/

부서명				평가자	환경담당자	
평가일		승인일		승인자	부서장	

세부업무	업무분장	환경관련성 (O,x)	평가항목							관리등급
			합계	환경영향정도	환경법규와 관련성	환경방침/환경프로그램과의 관련성	이해관계자요구	업무개선용이성	업무개선기대효과	

9. EQP-0602-04 환경영향 등록표

주식회사 이큐	환경영향 등록표	작 성	검 토	승 인
		/	/	/

부서명		시행일자	
관련설비		공정명	

환경 영향 개요	
긴급 사태 조치 사항	
환경 영향 평가 결과	
환경 법규 등록부 등록번호	
특기사항	
배포처	

10. EQP-0603-01 환경법규 등록 관리대장

주식회사 이큐	환경법규 등록 관리대장		작 성	검 토	승 인
			/	/	/

번호	등록일	법률명	법률최초 제 정 일	법률최종 개 정 일	비고

EQP-0603-01   주식회사 이큐   A4(210X297)

11. EQP-0603-02 환경법규 등록표

주식회사 이큐	환경법규 등록표	작성	검토	승인
		/	/	/

개정번호		시행일자	
입수일		입수방법	
법규명		페이지	/

조항	법규주요내용
법	

배부처		기타적용검토	

12. EQP-0604-01 목표 및 세부목표 추진계획/실적서

주식회사 이큐	목표 및 세부목표 추진계획 / 실적서	작성	검토	승인
		/	/	/

작성일		부서명	
페이지		작성자	

목표	세부목표 (기간)	목표달성방법	추진일정					담당 부서	실행결과	비고
			년도	1/4	2/4	3/4	4/4			

13. EQP-0604-02 세부목표 변경요청서

주식회사 이큐	세부목표 변경요청서	작 성	검 토	승 인
		/	/	/

작성일자		작성자		작성부서	

<table>
<tr><td rowspan="2">요청부서</td><td>변경내용</td></tr>
<tr><td>변경사유</td></tr>
<tr><td rowspan="2">검토부서</td><td>검토의견

검토자 :   /</td></tr>
<tr><td>승인자 :   /</td></tr>
</table>

EQP-0604-02   주식회사 이큐   A4(210X297)

14. EQP-0701-01 설비 관리대장

주식회사 이큐	설비 관리대장	관리부서	
		PAGE	

번호	관리번호	설비 및 치구명	형식	수량	사용현장	비고

EQP-0701-01 　　　　　　　　　주식회사 이큐 　　　　　　　　　A4(210X297)

15. EQP-0701-02 설비 이력카드

주식회사 이큐	설비 이력카드	관리부서	
		PAGE	1/1

관리번호		작성일자	
설비명		형식	
구입일자		제작회사	

* 이력사항(보수, 점검, 수리, 교환, 이동에 관한 사항)

작성일자	이력사항	상태	현장명	확인자

16. EQP-0701-03 설비 점검표

설비명				설비 점검표					작성	검토	승인
설비 번호			이상발생 시 보고 순서	작업자		생산 팀장		공장 책임자	결 재		
관리 책임자	정	부		점검 일자							

					범례	정상	○	이상	×	보수	◇
						보충	□	교환	△		
					점검방법	1. 점검 방법은 범례에 준하여 체크한다					
						2. 체크는 작업자, 점검은 관리 담당자가 한다					
						3. 기타 이상발생시 현장책임자 및 관리 댐당자 에게 보고한다.					
					기타사항	1. 후면의 기계문은 감전의 위험이 있으니, 꼭 닫아주십시오.					
■ 설비 일상 점검을 철저히 합시다.											

NO	점검내용	점검 기준	표기 방법	주 기	1	2	3	4	5	6	7	8	9	10	11	12	13	14	15	16	17	18	19	20	21	22	23	24	25	26	27	28	29	30	31
1																																			
2																																			
3																																			
4																																			
확인란	작업자 확인																																		
	관리자 확인																																		

NO	일자	이상 발생 내용	원인	대책 및 조치	비고

EQP-0701-03 　　　　　　　　　　주식회사 이큐 　　　　　　　　　　A4(210X297)

17. EQP-0701-04-01 업무환경점검표

주식회사 이큐	업무환경점검표 (현장용)	작 성	검 토	승 인
		/	/	/

평가일자 :　　년　월　일

구분	번호	평가내용	평가자			평균
			(인)	(인)	(인)	
정리	1	불필요한 걸레, 장갑 등이 바르게 수집되어 있는가 ?				
	2	불필요한 치구, 공구, 부품이 바르게 수집되어 있는가 ?				
	3	설비 본체에 불요품, 사물 등이 놓여있는 않는가 ?				
	4	설비 주변에 불요품, 사물 등이 놓여있지 않는가 ?				
	5	폐기물, 불요품 등을 일정한 곳에 모아두고 있는가 ?				
정돈	6	통로, 물건 놓는 곳이 정확히 표시되어 있는가 ?				
	7	무게순으로 밑에서부터 차례로 쌓여져 있는가 ?				
	8	통로에 물건이 놓여있지 않은가 ?				
	9	두는 곳이 구분되어 있고 그곳에 바르게 놓여 있는가 ?				
	10	소화기 앞에 물건이 놓여있지 않는가 ?				
청소	11	바닥이 기름, 이물질, 물 등으로 더렵혀져 있지 않은가 ?				
	12	통로에 부품, 치·공구, 쓰레기 등이 떨어져 있지않은가 ?				
	13	설비 본체의 구석구석까지 청소되어 있는가 ?				
	14	화장실, 금연장소 주변이 깨끗하게 청소되어 있는가 ?				
	15	청소도구는 필요한 것이 갖추어져 있는가 ?				
청결	16	기계가 깨끗하게 닦여져 있는가 ?				
	17	복장이 흐트러져 있지 않은가 ?				
	18	먼지, 분진, 공기오염, 냄새나는 곳은 없는가 ?				
	19	담배는 정해진 곳에서 피우고 있는가 ?				
	20	유휴설비 기일, 책임자명을 표시하고 있는가 ?				
습관화	21	정해진 규칙은 지키고 있는가 ?				
	22	보호구는 정해진 것을 바르게 착용하고 있는가?				
	23	작업복은 바르게, 단추는 정확히 채워져 있는가 ?				
	24	안전화, 신발은 규정된 것을 신고 있는가 ?				
	25	정확히, 바르게 복장을 하고 있는가 ?				
계		25개 평가 (만점 100점)				

※특기사항

평가점수

범례	4점	상당히 좋음
	3점	보　　통
	2점	미　　흡
	1점	전 혀 안 됨

18. EQP-0701-04-02 업무환경점검표

주식회사 이큐	업무환경점검표 (사무실용)	작 성	검 토	승 인
		/	/	/

평가일자 :   년   월   일

구분	번호		평가자			평균
			(인)	(인)	(인)	
정리	1	서류, 도면, 자료 등이 바르게 보관되어 있는가 ?				
	2	개인 책상에 불필요한 비품, 자료 등이 있는가 ?				
	3	서류함 내에 불필요한 자료는 있는가 ?				
	4	폐기물, 불요품을 일정한 곳에 모아두고 있는가 ?				
	5	서류의 처리기준이 정해져 있는가 ?				
정돈	6	서류함과 비품의 표시는 한눈에 알 수 있는가 ?				
	7	통로와 물건 놓는 곳이 정확하게 표시되어 있는가 ?				
	8	두는 곳이 구분되어 있고 그곳에 바르게 놓여있는가 ?				
	9	서류와 비품은 정해진 장소에 보관되어 있는가 ?				
	10	게시판, 표어 등이 제대로 부착되어 있는가 ?				
청소	11	바닥이 기름, 이물질, 물 등으로 더럽혀져 있지 않은가 ?				
	12	통로에 쓰레기 등이 떨어져 있지 않은가 ?				
	13	청소분담 및 습관화가 되어 있는가 ?				
	14	책상, 창문 등이 구석구석 청소되어 있는가 ?				
	15	청소도구는 필요한 것이 갖추어져 있는가 ?				
청결	16	사무실에 들어왔을 때 상쾌한 느낌은 있는가 ?				
	17	복장이 흐트러져 있지 않은가?				
	18	먼지, 분진, 공기오염, 냄새나는 곳은 없는가?				
	19	담배는 정해진 곳에서 피우고 있는가?				
	20	유휴설비 기일, 책임자명을 표시하고 있는가?				
습관화	21	쓸고 닦는 청소의 습관화가 되어 있는가 ?				
	22	모범적인 태도와 능동적인 자세로 업무에 임하고 있는가?				
	23	시간에 대한 정해진 규정을 지키고 있는가(근태/회의/휴식)?				
	24	조직내 불과 규칙을 잘 지키고 있는가 ?				
	25	상호간 인사 및 의사소통은 바르고 기분좋게 하고 있는가?				
계		25개 평가 (만점 100점)				

※특기사항

		평가점수	
범례	4점	상당히 좋음	
	3점	보 통	
	2점	미 흡	
	1점	전 혀 안 됨	

EQP-0701-04-02   주식회사 이큐   A4(210X297)

19. EQP-0701-05 계측장비 관리대장

주식회사 이큐	계측장비 관리대장	관리부서	
		PAGE	1/1

NO	관리번호	계측기명	규격(제작번호)	검교정 관련			비고
				교정	점검	주기	

20. EQP-0701-06 계측장비 이력카드

주식회사 이큐	계측장비 이력카드	관리부서	
		PAGE	1/1

관리번호		용도		장비명	
규격		제작사		제작번호	
구입처		구입일자		구입가격	
부속품					

검교정 및 수리 이력

순번	검교정 일자	검교정 기관	차기교정예정일	수리이력 및 특기사항	확인

21. EQP-0701-07 조직의 지식 관리대장

주식회사 이큐	조직의 지식 관리대장	작 성	검 토	승 인
		/	/	/

부서	필요지식	관련 부문	담당자	획득 방법	보관 매체	전파/공유방법	활동내용

22. EQP-0702-01 교육훈련계획서

주식회사 이큐	( )년 교육/훈련 계획서	작성	검토	승인
		/	/	/

부서명		작성일자		작성자	

NO	교육대상	교육과정명	교육시간	교육월	교육기관(장소)	비고

EQP-0702-01 　　　　　　　　　　　주식회사 이큐 　　　　　　　　　　　A4(210X297)

23. EQP-0702-02 교육결과 보고서

주식회사 이큐	교육결과 보고서	작 성	검 토	승 인
		/	/	/

교육명					
실시일자		시간		장소	
교육기관				강사	

교육내용	교육참가자

유효성 평가

EQP-0702-02 　　　　　　　　　　　주식회사 이큐 　　　　　　　　　　　A4(210X297)

주식회사 이큐	개인별 교육/훈련 이력카드		관리부서	
			PAGE	1/1

소속		성명		직급	
교육명	교육기간	교육장소	교육비용	비고	

EQP-0702-03 주식회사 이큐 A4(210X297)

25. EQP-0703-01 의사소통 관리대장

| 주식회사 이큐 | 의사소통 관리대장 | 관리부서 | |
| | | PAGE | |

부서명 :

순번	외부기관/ 이해관계자	접수		조치		비고
		접수일	주요내용	회신일	조치내용	

26. EQP-0703-02 회의록

주식회사 이큐	회의록	작성	검토	승인
		/	/	/

문서번호		참석자	부서명	직위	성명	서명
제 목						
주관부서						
회의일시						
회의장소						
회의내용						
비고						

주식회사 이큐	환경정보 보고서	작성	검토	승인
		/	/	/

문서번호		보고일자	
수신		이해관계자	
참조		보고자	
제목	환경정보 환경사고 민원발생 보고		

	발생일시 : 년 월 일 시	발생경로	전화 문서 기타( )
보 고 내 용	주요내용 (구체적으로) 관련사항 첨부 :		
조 치 방 안 및 결 과			

28. EQP-0704-01 문서제, 개정 심의서

| 주식회사 이큐 | 문서제, 개정 심의서 | 관리부서 | |
| | | PAGE | |

심의번호 :

제목	품질환경문서 제정 심의			
신청부서	● 부서명:	● 부서장 :	● 신청일자 :	
품질환경 문서명 (문서번호)				
신 청 내 용 및 사 유				

심의	심 의 자	부서명				
		심의일자				
	●관련 부서 의견(별도의견)이 있는 경우에 기재 바랍니다.					

승인	검토		승인	
	● 검토자 : (인)		● 승인자 : (인)	
	● 일자 :		● 일자 :	
시행	● 승인자 지시사항(지시사항이 있는 경우) ● 시행일자 :			

29. EQP-0704-02 문서배포 관리대장

주식회사 이큐	문서배포 관리대장		관리부서	
			PAGE	1/1

문서명	관리번호	배포일	배포처	비고

EQP-0704-02 　　　　　　　　　　　주식회사 이큐 　　　　　　　　　　　A4(210X297)

30. EQP-0704-03 문서 목록표

주식회사 이큐	문서 목록표	관리부서	
		PAGE	1/1

부서 :

NO	파일번호	파일명	비고

31. EQP-0704-04 외부문서 관리대장

주식회사 이큐	외부문서 관리대장	관리부서	
		PAGE	1/1

NO	문서번호	문서명	발행처	제.개정 내역	비고(점검 결과)

EQP-0704-04 　　　　　　　　주식회사 이큐 　　　　　　　　A4(210X297)

32 EQP-0704-05 디스켓/CD 관리대장

주식회사 이큐	디스켓/CD 관리대장	관리부서	
		PAGE	1/1

부서 :

관리번호	위치	제목	담당자	비고

EQP-0704-05   주식회사 이큐   A4(210X297)

33. EQP-0801-01 폐기물 관리대장

| 주식회사 이큐 | 폐기물 관리대장 | 관리부서 | |
| | | PAGE | |

(① 폐기물의 종류 :   )

(단위 : 톤)

② 발생내역				③ 자가처리내역							④ 위탁처리내역						⑤ 보관량	결 재	
연월일	상태	발생량	발생량누계	연월일	처리량	중간처리		최종처리		처리량누계	연월일	위탁처리량	운반자	처리자	처리방법	위탁처리량주계			
						처리방법	처리량	처리방법	처리량										

34. EQP-0801-02 유해자재 관리대장

주식회사 이큐	유해자재 관리대장	작 성	검 토	승 인
		/	/	/

현장명		유해물질명		(단위 :)

일자	입고	출고	재고	확인	비고

EQP-0801-02 　　　　　　　　　　주식회사 이큐 　　　　　　　　　　A4(210X297)

35. EQP-0801-03 유해물질 자재목록

주식회사 이큐	유해물질 자재목록	작성	검토	승인
		/	/	/

현장명 : PAGE /

환경 위해 자재명	사용목적	보관장소	보관 및 관리	영향 및 대책	비고

견적서

362-88-01185

貴中　　　　　　　㈜ 이큐

주 소 :

참 조 :　　　　　　　　대표이사 :

대표전화 :

년　월　일　　　FAX :

000 에 대하여 아래와 같이 견적합니다.　　관리번호 : EQ- 0000000

見積金額 :			원정(VAT 별도)				
순번	品　名		規　格	數　量	單　價	金　額	備　考
	합계금액						

주　기 :
1. 대금지불조건 :
2. 견적유효기간 : 견적 후 0 개월 이내

EQP-0802-01　　　　　　　주식회사 이큐　　　　　　　A4(210X297)

37. EQP-0802-02 계약 검토서

주식회사 이큐	계약 검토서	작 성	검 토	승 인
		/	/	/

작성부서		시행일자		작성자	

1. 사업개요

가. 사 업 명		발 주 처	
나. 사업기간		담당부서/담당	
다. 계약금액		전 화 번 호	
라. 특기사항			

상기 내용을 참조하여 고객요구사항 절차서에 따라 검토 내용을 회신 바랍니다.

2. 주요 검토 항목 및 의견 (검토의견이 많을 경우 별지 작성)

검토부서	검토항목	검토의견	검토자
구매팀	- 자재 수급 여부 - 자재 재고 현황		
품질(환경)팀	- 고객 요구 품질(환경) 실현 가능 여부 - 고객 요구 사항 실현 시 발생할 수 있는 부적합 사항		
생산팀	- 생산 관련 설비의 가용성 - 생산인력의 확보 - 납기내 출하 가능 여부 - 고객 요구 품질(환경)을 실현 시킬 수 있는 설비 및 기술 자료 여부		

EQP-0802-02 주식회사 이큐 A4(210X297)

38. EQP-0803-01 비상사태 훈련계획서

주식회사 이큐	( )년 비상사태 훈련계획서	작 성	검 토	승 인
		/	/	/

작성일자		작성부서		작성자	

NO	훈련내용 (비상사태 내용)	훈련대상	훈련시간	훈련일자	훈련장소	비고

39. EQP-0803-02 비상사태 훈련보고서

주식회사 이큐	비상사태 훈련보고서	관리부서	
		PAGE	1/1

부서 :

제목	
최초 사고접수	
연락	
상황진행 및 종결	
평가	
보완사항	
작성자/일자	
비고	

EQP-0803-02 　　　　　　　　　　주식회사 이큐 　　　　　　　　　　A4(210X297)

40. EQP-0803-03 비상연락망 체계표

주식회사 이큐	비상연락망 체계표	관리부서	
		PAGE	1/1

직책	성명	지역번호	전화번호	이동통신

EQP-0803-03 　　　　　　　　　　주식회사 이큐 　　　　　　　　　　A4(210X297)

주식회사 이큐	설계 및 개발 검토/검증서 (□ 검토 □ 검증)	관리부서	
		PAGE	1/1

1. 사업번호			
2. 사업명			
3. 검토 요청자	부서	성명	서명
4. 검토대상 설계자료 (설계도서 1식)	□ 중간성과품 발행 후 □ 유효성확인 이전 □ 기타필요하다고 판단되는 경우		
5. 작성일	※ ( ) 안에는 검토방법 기재		
6. 검토대상설계자료			
	보 고 서 ( ) 입 찰 안 내 서 ( ) 검 토 도 면 ( ) 시 방 서 ( ) 목 록 설 계 예 산 서 ( ) 설 계 기 준 서 ( ) 설 계 계 산 서 ( ) 수 량 산 출 서 ( ) 설 계 입 력 자 료 ( ) 단 가 산 출 서 ( )		
7. 검토 회신기한			
8. 붙임			

※ 검토자 선임란 및 처리

구분	검토자					일자	검토분야
	부서명	분야별책임 개발자 (실무P.M)		검토자			
		성명	서명	성명	서명		
해당부서 분야별책임 개발자 (실무P.M)							

42. EQP-0804-02 설계 및 개발 검토/검증 체크리스트

주식회사 이큐	설계 및 개발 검토/검증 체크리스트 (□ 검토 □ 검증)	관리부서	
		PAGE	1/1

사업명		범례	
		Y	적합
검토분야		N	부적합
		NA	해당없음

번호	검토요소	결과	이견조정	비고
1				
2				
3				
4				
5				
6				
7				
8				
9				
10				
11				
12				
13				

추가검토 사항

부적합사항 및 처리방안

구분	이름	서명	일자
검토자			
주관부서장			
관련부서장			

43. EQP-0804-03 설계 및 개발 협의서

주식회사 이큐	설계 및 개발 협의서	작성	검토	승인
		/	/	/

과업명				
협의일자	년 월 일 시 분부터 시 분까지	협의장소		
참석자	발주처			
	회사			

협 의 내 용 및 조 치 결 과

일반사항	
~을	~으로

부적합 사항	
부적합 내용	조치결과

기타사항

44. EQP-0804-04 도면 관리대장

주식회사 이큐	도면 관리대장	확인	당방	부서장
			/	/

NO	일자	적용장비	재고번호 or 품번	품명	관리유형 신규	관리유형 변경	개정 차수	개정내용	배포 부서	책임자 (인)

EQP-0804-04   주식회사 이큐   A4(210X297)

45. EQP-0805-01 구매요청서

주식회사 이큐	구매요청서	작성	검토	승인
		/	/	/

작성일		작성자	

NO	품명	규격	단위	부서별 구매량			보수용	합계	재고	구매량	발주	입고

EQP-0805-01 　　　　　　　　　주식회사 이큐 　　　　　　　　　A4(210X297)

발주서

0000

년 월 일

본사 :

TEL :

貴中

FAX :

품명	규격	수량	단가	금액	납품일자	납품장소	비고

* 납기일은 필히 엄수하시고, 납품의 불이행 및 제품상의 하자에 대한 모든 책임은 납품 업체에 있습니다.

상기 물품을 정히 발주함

년 월 일

담 당 : (서명)

입고, 출고, 재고관리

입고, 출고, 재고

품목	단위

No.

년 월 일	설명	증빙번호	입고	출고	재고	비고

EQP-0805-03 주식회사 이큐 A4(210X297)

48. EQP-0805-04 업체실태 조사서

주식회사 이큐	업태실태 조사서	작 성	검 토	승 인
		/	/	/

조사일자		조사자	

업체명		대표자		설립년월	
		사업자등록번호		업종 및 업태	
주소				TEX	
				FAX	
주요납품 품목			납품 가능 품목		

주요품목 성능평가(별첨가능)

49. EQP-0805-05 협력업체 관리대장

주식회사 이큐	협력업체 관리대장		관리부서	
			PAGE	1/1

업체명	주소	취급품목	담당자	전화번호	등록일	등급	정기평가일	차기 정기 평가일

EQP-0805-05 · 주식회사 이큐 · A4(210X297)

50. EQP-0805-06 신규업체 평가표

주식회사 이큐	신규업체 평가표	작 성	검 토	승 인
		/	/	/

업체명		평가일자	
취급품목		평가자	
평가방법	□ 방 문, □ 서 면	판정	

1. 이행능력

세부평가내용

평가항목	배점	세부항목	평가점수
1. 회사 설립년도 (또는 거래품목 생산기간)	10	10년 이상 (10)	
		5 ~ 10년 (8)	
		5년 이하 (5)	
2. 종업원 수	10	20명 이상 (15)	
		10명 이상 (8)	
		10명 이하 (5)	
3. 생산설비 보유 (취급품목 생산설비)	10	자체설비 충분함 (10)	
		일부 부족함 (8)	
		해당 안됨, 부족함 (5)	
4. 기술 및 품질(환경) 인원 확보	10	각각 확보 (10)	
		1분야 확보 (8)	
		미 확보 (5)	
5. 거리 및 공급방법	10	1시간 이내, 직접공급 가능 (10)	
		2시간 이내, 직접공급 가능 (8)	
		직접공급 불가(당사가 구입) (5)	
평가 결과	50		

2. 품질환경 / 기술능력

평가항목	배점	세부항목	평가점수
1. 품질환경관리 실시 정도	10	자체 및 공인기관 의뢰 및 관리 (10)	
		자체검사 성적서 발행 (8)	
		성적서 미 발행 (5)	
2. 생산관리 실시 정도	10	생산계획 수립 및 일정관리 (10)	
		납기일정 관리 (8)	
		관리 미흡함 (5)	
3. 유사업체 공급 실적	10	방산 기구물 공급유지 (10)	
		일반 공작기계 기구물 공급유지 (8)	
		일반 시장판매 (5)	
4. 기술자료 확보 여부(규격, 도면, 기술표준 등)	10	확보 / 관리되고 있음 (10)	
		확보되어 있으나 관리되지 않음 (8)	
		관련표준을 갖추고 있지 않음 (5)	
5. 제품, 시스템 인증	10	ISO, WSQ 인증 (10)	
		기타 시스템, 제품 인증 (8)	
		인증 없음 (5)	
평가 결과	50		

3. 평가자 의견 :

51. EQP-0805-07 협력업체 정기평가표

주식회사 이큐	협력업체 정기평가표	작 성	검 토	승 인
		/	/	/

업체명		평가일자	
취급품목		평가자	

1. 방문실사 평가

세부평가내용

평가항목	배점	세부항목	평가점수
1. 품질환경관리 실시 정도	10	자체검사 및 부적합품 관리되고 있음 (10)	
		검사는 하고 있으나 성적서 미 발행 (8)	
		관리 미흡함 (5)	
2. 생산관리 실시 정도	10	생산계획 수립 및 일정관리 (10)	
		납기일정 관리 (8)	
		관리 미흡함 (5)	
3. 생산설비 관리 정도(취급품목 생산설비)	10	주기적 점검 및 예방보전 관리 (10)	
		예방보전 및 기록관리 (8)	
		관리 미흡함 (5)	
4. 문서 및 기록관리 정도	10	문서 확보 및 기록 파일링 관리되고 있음(10)	
		어느 정도는 관리되고 있음 (8)	
		관리 미흡함 (5)	
5. 자재 취급 및 환경관리 정도	10	자재식별관리, 현장 5S 관리되고 있음 (10)	
		어느 정도는 관리되고 있음 (8)	
		관리 미흡함 (5)	
평가 결과	50		

2. 실적평가

평가항목	배점	세부항목	평가점수
1. 품질환경 불량율	10	품질환경불량 없음 (20)	
		불량률 0.5% 미만 또는 불량 1건 발생 (15)	
		불량률 0.5% 이상 또는 불량 1건 초과 발생 (10)	
2. 납기 준수율	20	납기지체 없음 (20)	
		납기지체 5% 미만 또는 지체 1건 발생 (15)	
		납기지체 5% 이상 또는 지체 1건 초과 발생 (10)	
3. 협력도(단가, 긴급조치 등)	20	가격협의 및 긴급조치 협조 우수 (10)	
		가격협의 및 긴급조치 협조 보통 (8)	
		가격협의 및 긴급조치 협조 미흡 (5)	
평가 결과	50		

3. 종합평가

평가항목	점수		후속 관리 및 조치
방문실사평가(50)			☐ 일반(71~80점) : 1년 단위 재평가
			☐ 우수(81~90점) : 2년 단위 재평가
실적평가(50)			☐ 최우수(91~100점) : 3년 단위 재평가

※ 평가 점수 미달(70점 미만)인 경우, 당사 자체 판단하에 재평가 및 거래 중지를 진행한다.

52. EQP-0805-08 수입검사 성적서

주식회사 이큐	수입검사 성적서	확인	당방	부서장
			/	/

품번		약도
품명		
검사일자		
LOT NO		
합부판정	※ 合( ) 不( )	

검사방식	AQL	N	n	Ac	Re

항목 번호	검사항목	판정기준	검사방법	판정데이터 X1	X2	X3	X4	X5	판정	비고

| 특기사항 | | | | | | | | | 종합 판정 | |

53. EQP-0806-01 작업표준서

주식회사 이큐	작업표준서	작 성	검 토	승 인
		/	/	/

제품명	공정명	작업표준서 번호	설비명

중점관리항목	관리기준	관리방법	이상발생시 조치사항

작업내용(약도/공정도)		작업방법	

부분설비명	예상문제점	조치사항	안정유의사항

제·개정일	개정내역/근거	확인	제·개정일	개정내역/근거	확인

54. EQP-0806-02 작업지시서

주식회사 이큐	작업지시서	담당	사장
		/	/

사업명		의뢰일자	년 월 일
품번		출고 예정일	년 월 일
제품명		현장상황	완. 급. 시급

주식회사 이큐	제조/QC 공정도	작성	검토	승인
		/	/	/

작성자			작성일자	
품영			재고번호	
제품식별번호			QC공정도번호	

도시기호	공정명	공정관리						관련표준	이상발생시 조치	
		관리항목	검사항목	검사기준	주기	담당자	계측기		방법	책임자

56. EQP-0806-04 연간생산 계획 및 실적

주식회사 이큐	( )년 연간 생산 계획 및 실적	작성	검토	승인
		/	/	/

제 품 명		1/4분기				2/4분기				3/4분기				4/4분기				합계
		1월	2월	3월	계	4월	5월	6월	계	7월	8월	9월	계	10월	11월	12월	계	
	계획																	
	실적																	
	계획																	
	실적																	
	계획																	
	실적																	
	계획																	
	실적																	
	계획																	
	실적																	
	계획																	
	실적																	
	계획																	
	실적																	
	계획																	
	실적																	

EQP-0806-04 　　　　　　　　　　주식회사 이큐 　　　　　　　　　　A4(210X297)

주식회사 이큐	월간생산 계획 및 실적	작성	검토	승인
		/	/	/

품명	목표량	구분	1	2	3	4	5	6	7	8	9	10	11	12	13	14	15	16	17	18	19	20	21	22	23	24	25	26	27	28	29	30	31	계
		계획																																
		실적																																
		계획																																
		실적																																
		계획																																
		실적																																
		계획																																
		실적																																
		계획																																
		실적																																
		계획																																
		실적																																
		계획																																
		실적																																
		계획																																
		실적																																
		계획																																
		실적																																

EQP-0806-05 　　　　　　주식회사 이큐　　　　　　A4(210X297)

58. EQP-0806-06 공정검사 성적서

주식회사 이큐	공정검사 성적서	확인	당방	부서장
			/	/

관리번호		공정명	
품명		공정번호	
원부자재 Lot번호		작 업 자	
제 조 Lot 번 호		검사일자	
로트크기 N		검사요원	

※검사 및 시험 Data

항목 번호	검사항목	판정기준	사용경비	검사 Data						판정	비고
				X1	X2	X3	X4	X5	X		
특기사항									종합 판정		

59. EQP-0806-07 최종검사 성적서

주식회사 이큐	최종검사 성적서	확인	당방	부서장
			/	/

검사일자		제품번호	
품명		검사원	

구분	검사항목	판정	비고
			종합판정
검사원 의견			

| 주식회사 이큐 | (제품이름)
제품검사 기준서 | 관리부서 | |
| | | PAGE | 1/1 |

도면번호		부품명(원자재명)		Rev No
규격명		재고번호		

검교정 및 수리 이력

(참고도)							
결점등급	항목번호	항목명	기준	품질확인 방법	시료채취 방법	AQL	비고

61. EQP-0806-09 고객자산 관리대장

주식회사 이큐	고객자산 관리대장		관리부서	
			PAGE	1/1

품명				규격				단위		
입고관리				출고관리				현재고	확인	
일자	LOT 번호	입고량	누계	일자	LOT 번호	출고량			창고	관리

EQP-0806-09   주식회사 이큐   A4(210X297)

62. EQP-0806-10 자재점검일지

주식회사 이큐	자재점검일지	관리부서	구매팀
		PAGE	1/1

점검일자		점검자		확인자	

NO	항목	점검상태	점검결과	비고
1	창고의 청결상태	재고창고는 항상 깨끗하게 청소 되어 있는가?		
2	자재의 정리상태	자재는 품목별로 분류되어 있는가?		
3	자재의 청결 및 외관상태	자재는 외관상 청결하고 녹이 슬거나 부식된 곳은 없는가?		
4	재고자재 목록표와 일치상태	자재목록표와 수량이 일치 하는가?		
5	창고의 시건상태	자재의 도난을 방지하기 위한 시건장치는 잘되어 있는가?		
6	장비 및 공구류	공구의 청결상태는 깨끗하게 유지되고 있는가?		
7		공구의 작동상태는 이상이 없으며 부속품은 분실 또는 훼손된 것은 없는가?		
8		공구는 공구 품목표의 수량과 일치 하는가?		
9		수리를 요하는 공구는 자체 수리대기 혹은 외주 수리를 위하여 분리되고 있는가?		

EQP-0806-10 　　　　　　　주식회사 이큐 　　　　　　　A4(210X297)

63. EQP-0806-11 자재수불대장

주식회사 이큐	자재수불대장							관리부서	구매팀
								PAGE	1/1

일자	내역	규격	단위	반입			반출	사용	재고	비고
				구입	전입	누계				

EQP-0806-11 　　　　　　　　주식회사 이큐 　　　　　　　　A4(210X297)

64. EQP-0806-12 시효/위험자재 관리대장

주식회사 이큐	시효/위험 자재 관리대장	관리부서	구매팀
		PAGE	1/1

사진	품명	재고량	제조일자	입고일자	유효기한 (제조후)	비고

EQP-0806-12 　　　　　　　　　　　주식회사 이큐 　　　　　　　　　　　A4(210X297)

주식회사 이큐	완제품 점검일지		관리부서	구매팀
			PAGE	1/1

점검일자		점검자		확인자	

NO	항목	점검상태	점검결과	비고
1		제품은 지정된 장소에 보관되어 있는가?		
2		재질별, 류별로 구분 저장되어 있는가?		
3		특채, 설계 변경품, 부적합품은 지정 장소에 구분하여 보관되고 있는가?		
4		제품은 찾기 쉽고 알기 쉽게 구분되어 있는가?		
5		적재 높이의 규칙은 이행되고 있는가?		
6		선입선출이 가능하도록 적재되어 있는가?		
7	완제품 관리	창고내의 청결상태는 양호한가?		
8		창고 내 누수 부위는 없는가?		
9		통풍은 잘되고 있는가?		
10		직사광선으로부터 보호되고 있는가?		
11		바닥에 파레트를 사용하여 적재하고 있는가?		
12		식별표시는 정확히 부착되어 있는가?		
13		소화기는 비치되어 있는가?		

66. EQP-0806-14 변경점 관리대장

주식회사 이큐	변경점 관리대장	관리부서	구매팀
		PAGE	1/1

NO	프로젝트명	품명	품번	4M 변경사항					적용 호기	변경 내용	공급자 신고후 진행			수요자 승인 후 진행			재승인여부
				사람	설비	재료	방법	기타			신고일자	적용일자	신고 NO	공정검사일자	적용일자	승인 NO	재승인/해당없음

EQP-0806-14 · 주식회사 이큐 · A4(210X297)

주식회사 이큐	부적합 보고서	관리부서	구매팀
		PAGE	1/1

부 적 합 보 고 서				결재	담당	검토	승인

발행번호	발행일	적용기종	품명	발생수량	

발생 원인처	발생공정	업체명	도번	발행부서	발행자

발생 부서	■ 부적합 현상	제조처	□ 사내 □ 외주 □ 혼류 □ 수입 □ 사급 □ 기타
		원재료	□ 유상 □ 무상 □ 직구매 □ 기타
		담당	확인

발생 부서	원인	□ 가공 □ 소재 □ 취급 □ 설변 □ 설계 □ 발주오류 □ 기타( )		
	판정	□ 합격 □ 특채 □ 수정 □ 불량 □ 기타		
	판정 내용		담당	확인

조치 부서	수정 및 개선			
	불량 처리	□ 교환 □ 반송 □ 변상 □ 자체폐기 □ 기타	담당	확인

결과 확인	1차	결과: 일자: 확인자 (서명)	
	2차	■ 유효성 평가	
		결과: 일자: 확인자 (서명)	

주식회사 이큐	부적합 관리대장	관리부서	
		PAGE	1/1

불량품 처리대장 년 월									
순	일자	기종	품명	품번	수량	결함분류	부적합내용	발생원인	기타

EQP-0807-02 주식회사 이큐 A4(210X297)

69. EQP-0807-03 특채 관리대장

주식회사 이큐	특채 관리대장		관리부서	
			PAGE	1/1

NO	발행 번호	발생 일자	고객사	품명	품번	특채 신청 사유	특채 수량	결정 사항	처리 부서	승인자	승인일자

EQP-0807-03   주식회사 이큐   A4(210X297)

70. EQP-0901-01 년 성과지표 관리대장

주식회사 이큐	( )년 성과지표 관리대장	관리부서	
		PAGE	1/1

순번	성과지표항목	측정주기	주관부서	목표(계획)	추진실적												
					1	2	3	4	5	6	7	8	9	10	11	12	종합

71. EQP-0901-02 고객만족도 조사서

주식회사 이큐	고객만족도 조사서	작 성	검 토	승 인
		/	/	/

회사명		작성일자	
근무부서		작성자	

1. 타사와 비교하여 당사 제품 혹은 서비스에 대하여 다음의 항목별로 귀사 및 귀하의 만족정도를 기록하여 주십시오.(귀하의 업무와 관련된 항목만 기록 하셔도 됩니다.

항목	배점	만족도	주요경쟁사			비고	평가기준
품질	20						
납기	20						20 : 아주 만족
가격	20						17 : 대체로 만족
개발 대응력	20						15 : 양호
서비스	20						10 : 불만족
합계	100						5 : 개선 요망

2. 다음 중 당사 제품 및 서비스에 대해 귀하께서 가장 불만족스러운 항목(1개 이상)에 ○ 표시하여 주십시오.

품질		납기		가격		개발 대응력		서비스	
불량율		납기 준수도		품질대비 가격		신모델 개발력		친절성	
품질산포		긴급납기 대응		신속한 가격 협의		개발 적기 대응		약속이행	
사고성 불량		소량납품		가격관리의 유연성		문제해결 능력		연락의 용이성	
품질 향상도		포장상태		결정가격의 신뢰감		귀사 SPEC 대응력		요구사항 처리 속도	

3. 귀하가 판단하시기에 당사에서 가장 시급하게 개선해야 할 점이 무엇인지 구체적으로 기술하여 주십시오.

_____

_____

_____

*조사에 응하여 주셔서 대단히 감사합니다.

72. EQP-0901-03 고객만족도 평가서

주식회사 이큐	고객만족도 평가서	작 성	검 토	승 인
		/	/	/

회사명		작성일자	
근무부서		작성자	

1. 항목별만족도

항목	배점	만족도	주요경쟁사			비고
품질	20					
납기	20					
가격	20					
개발 대응력	20					
서비스	20					
합계	100					

2. 불만사항 발생건수

품질		납기		가격		개발 대응력		서비스	
불량율		납기 주수도		품질대비 가격		신모델 개발력		친절성	
품질산포		긴급납기 대응		신속한 가격 협의		개발 적기 대응		약속이행	
사고성 불량		소량납품		가격관리의 유연성		문제해결 능력		연락의 용이성	
품질 향상도		포장상태		결정가격의 신뢰감		귀사 SPEC 대응력		요구사항 처리 속도	

3. 기타의견

_____

_____

_____

_____

_____

_____

73. EQP-0902-01 준수평가 계획

주식회사 이큐	준수평가 계획	관리부서	구매팀
		PAGE	1/1

부서명 :

분야	대상	방법	빈도/주기	비고
환경경영 시스템				
법규제사항 준수 (운영관리 절차)				
자주적인 환경대책 (에너지 및 자원 절약/측정)				

EQP-0902-01 　　　　　　　　　주식회사 이큐 　　　　　　　　　A4(210X297)

74. EQP-0902-02 준수평가 체크리스트

주식회사 이큐	준수평가 체크리스트	관리부서	
		PAGE	1/1

점검분야		점검일	
점검대상		점검자	

점검항목	점검결과		개관적 사실
	양호	불량	
조치 담당 동의		부서장	

EQP-0902-02 주식회사 이큐 A4(210X297)

75. EQP-0903-01 년 내부심사 계획서

주식회사 이큐	( )년 내부심사 계획서	담당	작 성	검 토	승 인
		/	/	/	/

작성일자 :

감사구분	대상부서	1월	2월	3월	4월	5월	6월	7월	8월	9월	10월	11월	12월	비고
□정기 □특별														
□정기 □특별														
□정기 □특별														
□정기 □특별														
□정기 □특별														
□정기 □특별														
□정기 □특별														
□정기 □특별														
□정기 □특별														
□정기 □특별														
□정기 □특별														
□정기 □특별														
□정기 □특별														

EQP-0903-01   주식회사 이큐   A4(210X297)

76. EQP-0903-02 내부심사 실시 통보서

주식회사 이큐	내부심사 실시 통보서	담당	작성	검토	승인
		/	/	/	/

작성일자 :

심사구분	□ 정기심사　　　　　　□ 특별심사
심사목적 및 범위	가. 목 적 : 가. 범 위 :
부서별 심사부서 구성	<table><tr><td>구분</td><td></td><td></td><td></td><td></td><td></td></tr><tr><td>심사일자</td><td></td><td></td><td></td><td></td><td></td></tr><tr><td>심사부서장</td><td></td><td></td><td></td><td></td><td></td></tr><tr><td>심사요원</td><td></td><td></td><td></td><td></td><td></td></tr></table>　* 내부심사요원 양성과정 교육 이수자 중심으로 감사부서 구성
심사일정 및 심사항목	
특기사항	
붙임	

77. EQP-0903-03 내부심사 체크리스트

주식회사 이큐	내부심사 체크리스트	결재	심사원	심사팀장
			/	/

심사부서 :

문서번호 (절차서번호)	점검항목	관련기록	특기사항

78. EQP-0903-04 내부심사 결과 보고서

주식회사 이큐	내부심사 결과보고서	담당	작성	검토	승인
		/	/	/	/

심사기간 :　　　　　　　　　　　作성일자 :

심사구분	☐ 정기심사　　　　　　☐ 특별심사
심사목적 및 범위	가. 목 적 : 가. 범 위 :
심사대상 부서 및 장소	
심사부서 구성	
심사 일정	
주요 심사내용	
심사 결과	
특기사항	

79. QP-0903-05 자격인증 평가표

주식회사 이큐	자격인증 평가표	작 성	검 토	승 인
		/	/	/

자격인증종목		□검사원　■내부심사원　□특수작업자　□ 설계자		
신청대상자	소속		직위	
	성명		기타	

자격구분		자격인증 기준	검토 결과
검사원	학력	고졸이상	
	경력	품질관리 또는 검사업무경력 2년 이상 (타사포함)	
내부심사원	학력	고졸이상	적합
	경력	당사근무 4년 이상의 관리직 또는 품질 및 관리 분야 경력 3년 이상(타사포함)	적합
특수작업자 (용접)	학력	고졸이상	
	경력	당사근무 2년 이상의 작업자 또는 용접작업 경력 3년 이상(타사포함)	
설계자	학력	고졸이상	
	경력	당사 설계부 근무 1년 이상의 관리직 또는 설계분야 경력 2년 이상(타사포함)	

특기사항 :

위사람은 자격인증 기준에 따라 평가 결과 자격 인증 기준에(■적합, □부적합) 합니다.

년　월　일
평가자 : (소속)　　　　　(성명)　　　　　(인)

주식회사 이큐	(내부심사원) 자격인증서	관리부서	
		PAGE	1/1

해당부문	내부심사원	관리번호	
성명		최종학력	

자격사항

1. 해당 자격요건

2. 근무경력

구분	근무부서	근속기간
당사		
타기관		

3. 교육이수사항

교육명	교육기간	교육시행기관

4. 자격, 면허

종류 및 등급	취득일자	발급기관

작성	작성일자 : 년 월 일 작성자 : (인)	검토 및 승인	작성일자 : 년 월 일 작성자 : (인)

81. EQP-0903-07 자격인증 관리대장

주식회사 이큐	자격인증 관리대장		관리부서	
			PAGE	1/1

No	소속 및 성명	자격승인일	자격인증목록	인증번호	유효기간	비고
1						
2						
3						
4						
5						
6						
7						
8						
9						
10						
11						
12						
13						
14						
15						
16						
17						
18						
19						
20						

EQP-0903-07 　　　　　　　　　　주식회사 이큐 　　　　　　　　　　A4(210X297)

주식회사 이큐	품질환경 경영검토 보고서	작성	검토	승인
		/	/	/

검토일자   PAGE   (1/2)

검 토 항 목		입력사항(보고 요약)	비고(첨부)
이전 경영검토에 따른 조치의 상태			
품질환경 경영시스템 변경사항	외부 및 내부 이슈의 변경사항		
	이해관계자 요구사항 기대의 변경(환경)		
	중대한 환경측면 변경사항		
	리스크와 기회의 변경사항		
품질환경 경영 시스템의 성과 및 효과성	고객만족 이해관계자 피드백		
	품질환경목표 달성 정도		
	제품 및 서비스의 적합성		
	부적합 및 시정조치		
	모니터링 및 측정결과		
	심사결과 (내부,고객,인증기관)		
	외부협력업체의 성과		
자원의 충족성			
리스크와 기회를 다루기 위하여 취해진 조치의 효과성			
개선기회			

출력항목		출력사항(결정사항)
경영검토 출력사항 (결정 및 조치사항)	개선기회	
	품질환경 경영시스템 변경에 대한 필요성	
	자원의 필요성	
	품질환경 목표 미달성 조치사항	
	기타 조직의 전략적 방향 및 대표 지시사항	

최종결론 : 품질환경 경영시스템의 적절성, 충족성, 효과성, 정렬성 평가

□ 만 족

□ 불만족 :

83. EQP-1001-01 개선추진 실적보고서

주식회사 이큐	개선추진 실적보고서	작 성	검 토	승 인
		/	/	/

개선대상		활동기간	
개선항목		작성자	

문제점	개선내용	효과내용

개선전	개선후

절감금액	

주식회사 이큐	시정조치 요구서	관리부서	
		PAGE	1/1

요구서번호		발행일자	
처리부서		조치요구일자	

제목	(발행근거 :)

부적합 사항 (시정조치 요구사항)

		발행		
결재		작성	검토	승인
		/	/	/

□ 첨부 :

시정조치 결과

1. 부적합 원인

2. 시정내용

3. 재발방지 대책

조치자 : 부서   직책   성명   □ 첨부 :
조치일자 :

조치 결과 확인

확인자 : 부서   직책   성명   □ 적 합 □ 부적합
확인일자 :

유효성 확인

□ 확인일자 :
□ 대상기간 :   . . ~ . .
□ 첨부 :

	확인(승인)		
결재	작성	검토	승인
	/	/	/

85. EQP-1001-03 시정조치 관리대장

주식회사 이큐	시정조치 관리대장		관리부서	
			PAGE	1/1

발행 번호	발행 일자	제목	시정조치 요구사항(요약)	완료 요구일	완료일	조치부서	효과성 검증일

EQP-1001-03 · 주식회사 이큐 · A4(210X297)

주식회사 이큐	개선 추진계획서	작성	검토	승인
		/	/	/

부서명		계획	
개선 프로젝트명		실시	

단계	일정\항목	( )년												담당자	비고
		1월	2월	3월	4월	5월	6월	7월	8월	9월	10월	11월	12월		
계획	형상파악														
	원인분석														
	목표설정														
실시	대책수립														
	대책실시														
확인	효과파악														
조치	표준화														
	사후관리														
피드백	반성														
	향후계획														

현상파악	원인분석

- 세부 실천계획

NO	실천항목	요구투자비	담당자	예정일	완료일	비고
1						
2						
3						
4						
5						

EQP-1001-04　　　　　　　주식회사 이큐　　　　　　　A4(210X297)

[부록4] ISO 경영시스템 인증 프로세스

해당 프로세스	추진담당	프로세스 설명	비고
경영시스템 구축 기획 ↓	TFT	1. 해당 조직의 핵심 프로세스 및 절차서, 지침서 등을 결정 (핵심 프로세스는 KPI를 결정) 2. 추진 계획수립-해당 부서별 업무 분장(추진기간, 소요 예산 포함) 3. 필요시 컨설팅/자문기관 선정	ISO 표준 TFT 업무분장표 공정도
요건 및 실무교육 ↓	TFT Leader	1. 전체 직원/핵심 인원에 대한 교육-품질/환경경영시스템 구축에 대한 선언적 개념/표준에 대한교육 - ISO 요구사항, 경영시스템의 필요성, 내부 심사원 과정 등	교육계획서, 교육일지/수료증
추진 세부 계획 수립 ↓	해당부서장 /TFT	1. 추진세부계획 및 일정수립 및 담당 결정/업무분담 - 조직의 규모에 따라 문서화의 정도가 달라질 수 있음	세부계획서
추진 실무 ↓	해당부서	1. 문서화-Manual, Process, 절차서(Procedure), 지침서/수칙 및 표준류/기준서, 기록 등 - 매뉴얼: 문서목록, 프로세스 맵, 비즈니스 맵, 인증범위, 조직도, ISO요구사항 - 프로세스: 핵심문서로 성과지표를 결정(6~12개 정도가 일반적임) -절차서: 해당 프로세스에 속하여 각 프로세스 당 1~4개가 될 수 있으며 더 많은 절차서도 가능하다. - 지침서: 조직의 필요에 따라 정해지는 하위문서 - 표준류/기준서: - 기록물: 경영시스템에서 요구되는 증거물	매뉴얼, 프로세스, 절차서, 지침서, 표준류/기준서 양식파일
내부심사 실시 ↓	내부심사원	업무가 프로세스나 절차서에 규정된 대로 진행되는지 여부를 점검하고 시정조치를 실시하는 행위	내부심사원 적격성 평가, 내부심사 계획서 내부심사보고서
경영검토 실시 ↓	해당부서장	회사의 경영을 위한 계획, 성과 등을 평가	경영검토 입출력 사항 등
심사신청 / 심사	추진부서	이큐인증원(주)에 인증심사를 신청하여 평가를 받음 (www.eqcert.co.kr)	인증서

저자소개

송형록

현) 이큐인증원(주)원장(KAB 인정기관)
현) DWC아카데미 대표(ISO심사원 양성교육기관)
현) ISO 국제심사원 (9001/14001/27001/27701/45001/22000)
현) 디스플레이웍스(주) 대표이사
현) 경희사이버대학교 겸임교수
dwca@dwca.co.kr/010-5527-2248

이상국

전) (주)풍산 외 20여년 제조업체 근무
현) ISO9001 국제심사원(500여 업체 심사)
현) ISO14001 국제심사원(300여 업체 심사)
현) ISO45001 국제심사원
현) 이큐인증원(주) 선임 심사원
magguly2@naver.com /010-9924-9001

한재영

경남대학교 산업공학과 졸업
현) (주)큐에이코리아 선임심사원(ISO9001/ISO14001)
현) 부천테크노파크 기술평가위원
현) 창업보육협회 창업보육매니저
현) 중소벤처기업진흥공단 외부전문위원

김형진

인하대학교 경영학 석사
현) 한국경제인증원(KECR)부원장
현) 에이치제이세계경영연구원 대표
현) 해외인증지원전문컨설턴트(중소기업 수출지원 센터)
현) ISO 국제심사원(ISO9001/ISO 14001/ ISO 45001/
ISO 22000/ISO 13485)

송경일

아주대학교 산업공학 박사
전) 한국뷰로베리타스 교육실장, 자동차인증팀장, 상근심사원
현) 로이드인증원 상근심사원, 전문강사(IATF / VDA/ISO 21001)
현) 오산대학교 산업공학과 외래교수
현) 단국대학교 경영대학원 경영학과 외래교수

한상호

전) 1986~2011 GM Korea 근무
현) JOININC 대표
현) 중소기업벤처기업부 전문위원
현) LS산전 스마트공장추진 전문위원
현) ISO9001 국제심사원

박기찬

현) 1996~현재 삼성중공업 근무
현) 삼성중공업 안전보건 강사
현) 한국폴리텍대학 전문강사
현) 삼성중공업 협력사 안전보건 담당자
현) ISO45001 국제선임심사원

<참고문헌>

ISO 9001: 2015 품질경영시스템 요구사항

ISO 14001:2015 환경경영시스템 요수사항

ISO 9000:2015 품질경영시스템-기본사항 및 용어

<Web Site>

www.iso.org

중소기업 ISO 경영시스템 담당자 및 컨설턴트를 위한
품질_환경 경영시스템 길라잡이

ISO 경영시스템 구축 실무 가이드

1판 4쇄 발행 2025년 1월 6일

저자 송형록, 이상국, 한재영, 김형진, 송경일, 한상호, 박기찬

발행인 이 병 덕

발행처 도서출판 정일
등록날짜 1989년 8월 25일
등록번호 제3-261호

주소 경기도 파주시 한빛로 11
전화 031) 946-9152(대)
팩스 031) 946-9153

ISBN 978-89-5666-282-4(93300)

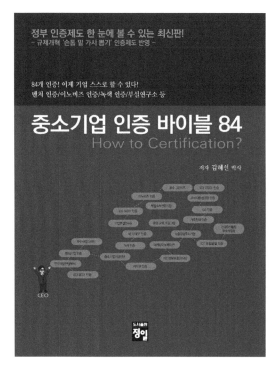

정부 인증제도 한 눈에 볼 수 있는 최신판!

중소기업 인증 바이블 84
How to Certification?

벤처 인증, 녹색 인증,
기업부설연구소-이노비즈 인증,
신기술(NET)·제품(NEP) 인증 등
중소기업 인증제도 활용법 해부

넛 크래커(Nutcracker) 현상으로 한국의 제조업의 중요성이 강조되어 왔다. 이제는 신(新) 넛 크래커 현상이 대두되면서 제품 가격, 원천 기술 보유, 품질 경쟁력과 더불어 연구개발투자, 글로벌 무역장벽 등이 중요한 변수로 나타나고 있다. 이러한 시대에 제조업과 지식기반 서비스업 기반의 기술혁신형 기업을 육성하기 위해 정부에서는 벤처 인증, 이노비즈 인증 등의 혁신형 인증을 집중·육성하고 신제품이나 신기술 인증을 통한 공공구매를 유도하는 정책을 펴고 있다.

이제 창조형 글로벌 리더로 성장하기 위해 글로벌 협력과 통상 강화를 위해 이제 인증제도 전략 수립은 필수적이다.

저자는 중소기업이 인증제도를 제대로 활용하여 벤처 천억 클럽으로 등록되고 세계 최고시장 점유율을 자랑하는 글로벌 강소기업으로 성장하기 위한 발판으로 삼길 기대하며 선도기업이 중점적으로 추진했던 인증제도를 요약·정리하고 인증 획득을 위한 혁신의 비결을 책에 담았다.

이 책은 혁신형기업 인증, 연구소 인가, 시스템 인증, 제품 인증, 친환경 기업 인증, 기술·제품 인증으로 신기술 혁신하기, 창조경제 우수기업 성장하기, 수출 혁신기업, 농축수산식품 친환경 우수기업, 중소기업 가점 챙기기, 정보보호 실천기업 전략 등 인증제도에 대한 인사이트를 제공한다. 스타트업과 제조업, 유통업 등의 변화를 모색해야 하는 기업들은 필수적으로 읽어야할 내용을 담았다.

특히, 책에 제시된 84가지 인증제도를 A 파트에서 K 파트별로 구분하고, 대분류-중분류-소분류로 도표로 제시하였고 기업이 해당 인증을 신청·접수·관리하기 위해 도움이 되는 웹 사이트 주소를 같이 기록하였다. 또한 인증별로 유효기간이 상이하기 때문에 기업이 인증 연장 신청 등을 미리 체크해서 관리할 수 있도록 정보를 수록하였다.

또한 창업 연차별로 취득할 수 있는 인증을 제시하고 예비창업부터 창업 후 5년차까지 단계별로 준비할 수 있는 인증제도를 소개하고 있으며 제품경쟁력을 가지기 위해 저작권 및 우수산업 디자인제도(Good Design)를 제시하고 있다. 최근 창업 초기 기업에 필요한 R&D, 투·융자, 경영전략 등 전문가 진단을 받는 중소기업건강진단사업도 소개하고 있어 인증 획득 시 전문가 도움을 받을 수 있는 방법을 알려주고 있다.

한편, 산업분야별로도 인증 제도를 분류하여 제시하고 있는데, 식품·축산분야, 친환경분야, IT/소프트웨어분야 등으로 구분하고 최근 규제개혁 '손톱 밑 가시 뽑기' 정부 인증제도 혁신 방안을 반영한 최신 내용을 담고 있다. 중소기업 제품의 인지도 향상과 정부조달 인센티브 확보를 위한 기업 체질 개선을 위해 인증을 기업 스스로 실천할 수 있는 안내서이다.